中国校本教研与校本课程数字出版平台
中国校本教研网 www.schooledu.com.cn
◎特别推荐◎

课堂，诗意地栖居

吴书华◎著

江苏教育出版社

图书在版编目（CIP）数据

课堂，诗意地栖居/吴书华著．—南京：江苏教育出版社，2013.7

ISBN 978-7-5499-3229-0

Ⅰ.①课…　Ⅱ.①吴…　Ⅲ.①语文课—教学研究—中小学—文集　Ⅳ.①G633.302-53

中国版本图书馆 CIP 数据核字（2013）第 176414 号

书　　名	课堂，诗意地栖居
作　　者	吴书华
责任编辑	李　丹　闫丽春
出版发行	凤凰出版传媒股份有限公司
	江苏教育出版社（南京市湖南路 1 号 A 楼　邮编 210009）
苏教网址	http：//www.1088.com.cn
照　　排	润星之源文化有限公司
印　　刷	三河市华润印刷有限公司
厂　　址	三河市杨庄镇杨庄村
开　　本	787 毫米×1092 毫米　1/16
印　　张	16.25
字　　数	283 千字
版　　次	2013 年 7 月第 1 版　2013 年 7 月第 1 次印刷
书　　号	ISBN 978-7-5499-3229-0
定　　价	30.00 元
网店地址	http：//jsfhjy.taobao.com
邮购电话	025-85406265,85400774　短信　02585420909
E - mail	jsep@vip.163.com
盗版举报	025-83658579

绿草求她地上的伴侣

书华对于看云很重要，对于所有使用《日有所诵》的孩子也一样。

大约在2007年，那时市面上还没有《日有所诵》这个按年级为小学生量身定做的“儿童诵本”，但是立志以儿童为本位，真心服务儿童的“日有所诵”已星星点点地在很多班级、家庭开展。借助网络，看云策划、常丽华主编的《新编童诗100首》《神奇的窗子》《用绳子牵着的月亮》悄悄进入了很多班级和家庭。因为是自己印刷的，如果硬要给个统一的名字，那就只能叫作“班本教材”竟或“家庭教材”。其中大约就有书华的班级。

一至三年级的班级诵本都是清一色的儿歌、童谣、童诗。那时候，看云和朋友在电话里讨论最多的，就是这个与流行的“唐诗宋词”“四书五经”断然不同的“儿童诵本”。编写四年级诵本的时候，书华在电话里说：“低年级诵读儿歌、童诗对于孩子、老师都是幸福的事情。四年级了，确实应该读唐诗了，然而，我不同意到四年级就把童诗一下子停掉。为什么不可以将童诗进行到底呢？孩子是多么喜欢童诗！老师们是多么需要童诗！”

于是，上届云门弟子就有了名为《唐绝句VS飞鸟集》的自印诵本。实践证明：《日有所诵》套餐式的编排体例，很受老师、孩子们的欢迎。很少有人知道这与书华的关系。

说了这么多的题外话，我想表达的意思是：书华对于母语教学有着敏锐的直觉，书华有一颗呵护童年的温软的心。在今天这种教育环境下，一位教师能够保有这样的敏感和温软，自是一班学生的福气；在今天这种教育环境下，多一个这样的同道，自是看云的福气。尽管敏感和温软必给我们带来疼痛，但我们知道：疼痛，乃是灵魂没有麻木、没有死去的证明。

所以啊——“诗意课堂”“阅读与思考”——点开电子邮件，看到这些文字，看云笑了。

最喜欢书华的课堂记录。我知道在高年级，听孩子诵读、与孩子聊书的感觉。好容易培养出来的一拨小知音！有限的朝夕相处的日子里，怎舍得不跟他们尽情沉浸于书香！从《给儿子的祈祷》到《少年中国说》，从《麦兜的故事》到木木的《小雪人》，从《晏子使楚》到《瓦尔登湖》——情之所至，有时写着写着，书华的思绪就逸出课堂，变成自言自语了。这也是看云常有的“跑题”。

一位真正的教师，最愿意向人们展示的，还是自己的孩子。于是读到很多让书华激赏不已的学生日记——它们也令看云激赏不已，同时也看到自己的差距。

要付出多少心血，才能有这样的收获和快乐！课堂之外，夜阑人静的阅读，正是为了这样的课堂、这样的幸福。

读书华的文字，时时感觉是在读自己；和书华商榷，也是在质疑自己曾经追求的深度。

书华，还记得那个电话，还记得《唐绝句 VS 飞鸟集》吗？

绿草求她地上的伴侣。

树木求他天空的寂寞。

“小草才对伴侣孜孜以求呢。真正伟大的人是不畏惧孤独的。孤独是英雄的宿命。可以根据你内心感受到的孤独的程度，来衡量你已经达到的生命高度。”曾经这样解读《飞鸟集》中的这两句诗，并且以为得意。

而今，我才知道：看云是一株小草，书华是我身边的另一株小草。足步虽小，但我们拥有脚下的土地。

感谢书华让我认识了自己，并为这样的认识感到幸福。

书华的家庭令人羡慕的幸福。丈夫是优秀的中学教师、一位成功的小学校长，儿子是风华正茂的青年才俊。看云以为，书华此生最得意的文章，其实不在这里，而是在她的家中。

春节将至，祝书华——也祝看云全家幸福！

薛瑞萍

2013 年 2 月

序

吴书华，一位小学语文教师，执着于童书阅读，执着于绘本研究，把童书和绘本引入课堂，带领孩子进入阅读的天堂。受孩子的影响，家长也加入童书与绘本阅读的队伍中。在与吴老师的交往中，我的面前总是呈现出三幅画面：师生共读的画面，生生共读的画面，亲子共读的画面。这些都是令我欣慰的画面。

在功利的社会中，总有很少的人不为功利所动，做他们自己想做的事；在功利的教育中，总有很少的教师不为应试所动，做他们自己认定的事。对于这些人，我是由衷敬佩的。

我敬佩吴书华老师，一是她做的是我想做的事，二是她那种坚定执着的精神，三是她记录自己所作所为的那种孜孜矻矻，四是那些灵动的文字，我自叹不如。

我是一个语文教师，后来走上了基层教育管理岗位，从事教研工作。无论是自己教语文，还是后来与老师们打交道，在 30 多年的教育生涯中，我深深感到，在应试教育的影响下，基础教育似乎离阅读越来越远，语文教学离阅读也越来越远，自己有时不禁因此黯然神伤。所以，这些年来，我在自己所处的位置，利用自己的职务便利，在学校里努力推进阅读，期望阅读的薪火能够呈现燎原之势。《书是你我的心灵鸡汤》《语文教学的根本任务和实现这个任务的根本途径》，是我这几年来为老师作讲座的题目，由此可见我推广阅读的那颗拳拳之心。我虽然努力，但效果却不那么明显。因此，当走进吴书华老师的语文课堂，看孩子们展示汇报《海鸥乔纳森》时，我感动；当吴书华老师将她为推动童书和绘本阅读而写的书稿用电子邮件传输过来时，我更加感动。

吴书华老师坚定而执着。教育是人人都可以说三道四的行业，自然也是遭受诟病最多的一个行业，一些家长明知教育有这病那病，但轮到自己的孩子，仍然脱不了升学竞争的套路，所以选择好学校，选择好老师，逼着孩子走进各种补习班，逼着孩子远离课外阅读。如果一位教师居然要孩子们抛开教科书，走进童书和绘本，那无疑是犯大忌的事情，弄不好家长是会闹翻天的。我想，吴书华老师在起始阶段一定会碰到这些问题，但她凭着自己的坚定执着，引领着孩子们向前走，再让孩子们把家长带进来。于是就有了语文教学的一片新的天地，有了孩子们精神成长的一艘“诺亚方舟”。

吴书华老师孜孜矻矻。引领孩子们进入阅读天地说来容易做来难啊！要引导孩子们阅读，教师自己得先阅读，或者与学生一起阅读。教师与学生共读，才有共同的话语，才有思想的碰撞，才有激情的濡染。吴书华老师剔罗搜攫，购童书，买绘本，广涉泛猎，从中选出精品推荐给孩子们，这种勤勉的精神是令人敬佩的。不仅如此，吴书华老师还是一个勤勉的思想者和记录者，她把自己在读书中、教学中的所思所得，一篇篇地做了记录，近60篇文章就是这种所思所得的生动记录。作为一个忙忙碌碌的小学老师，这种精神是多么难能可贵啊！

吴书华老师的文字灵动美丽。收入文集中的这些篇章是可以当作散文来读的，因为这些文字美得可以。这本书的名字是《课堂，诗意地栖居》，当看到这个书名，你千万不要以为仅仅是谈语文教学的书而错失读它的机会。它里面有感人的故事：她搜书的故事，她读书的故事，她与学生的故事，她与家长的故事；它里面有灵动的文字，这些文字于干净柔美中奔涌着一股激情，犹如强力胶，会粘住你的眼睛，使你欲罢不能。

陈祥俊

2013年3月

目　　录

诗意课堂

我对孩子们的祈祷　/ 3
生命也可以如阳光一样灿烂　/ 5
我们的生活小品　/ 9
亲爱的蚂蚁，你会来信吗　/ 13
言辞的力量　/ 18
14 只老鼠去春游　/ 21
春天杂记　/ 25
清明节彩蛋和方块字的世界　/ 30
小山上的风，吹啊吹　/ 33
最好的时光　/ 36
传奇，也可以这样走近我们　/ 40
珍贵的微尘　/ 44
这一页，不该错过　/ 47
石头碎裂，开放成花朵　/ 50
未来的“自然”意识　/ 54
永远的三丁目的夕阳　/ 57
何处无明月，何处无松柏　/ 60
蛐蛐穿过草叶，照亮我的心　/ 64
收获的麦，每粒都闪着汗的光　/ 69
心灵的花园在生长　/ 72
千亿个梦，只有一种幸福　/ 76
幽默是水，你是鱼　/ 81
红蜻蜓，低低地飞　/ 86
海上的风一来，就绽开万朵浪花　/ 90

音乐声中，生活在继续 / 94
静静地读，耐心地等 / 98
学期结束时，也可以这样美丽 / 102
新学期，从这一点开始 / 107
谁在点燃树上的蜡烛 / 111
怀念一位母亲和她的儿子 / 115
极地特快 / 119
请记住，你很特别 / 124
风跌倒了，才有了美丽的落叶 / 128
创新的“苹果”永不凋谢 / 132
纪念是为了前行 / 136
那时，云在青天，风在树梢 / 139
送给世界的礼物 / 143
《蒂莉和高墙》给予我们的思考 / 148
做个古代的人也很好 / 153
有首歌藏在园子里 / 157
空间魔术师——《变焦》 / 163
遇见 100 % 的巴尼亚伊 / 169
日记里的日子，日记里的世界 / 173
木木老师和小雪人的故事 / 178
总是愿意相信美好 / 185
鸟巢，是大树的另一种风景 / 189
撒冷之王给予少年的是什么 / 193
自由心灵的歌唱 / 197
生命对于那些勇于实现天命的人总是慷慨的 / 202
《父与子》给予我们的礼物 / 206

阅读与思考

开在时间深处的一朵蓝花 / 213
在挫折与失败中成长——《土鸡的冒险》 / 215
天使就是弟嘟的模样——《绿拇指男孩》 / 218

在燃烧中永恒——宫泽贤治童话　/ 221
儿童与绘本阅读（一）　/ 223
儿童与绘本阅读（二）　/ 230
永恒的金蔷薇及其他　/ 237
阅读，或者只为遇见　/ 240

后记　做一条守望幸福的安康鱼　/ 244

诗意课堂

小学语文教学对于学生学习知识和提高素养都有关键作用，尤其是阅读和写作。童书和绘本的引入，为语文课堂带来一股新的活力，教师乐教，学生乐学。在师生共同的阅读和交流感悟中，课堂散发出诗意的气息，诗意让课堂更生动，让教师更投入，也让学生更沉醉。

我对孩子们的祈祷

开学第一节课，我给孩子们朗诵道格拉斯·麦克阿瑟的文章——《对儿子的祈祷》。

“啊，上帝，请给我造就这样一个儿子，他将坚强的足以认识自己的弱点，勇敢的足以面对恐惧，在遇到正当的挫折时能够昂首而不卑躬屈膝，在胜利时能谦逊而不趾高气扬……”

我问孩子们：“知道老师为什么要朗诵这样一篇文章吗?”

孩子们一片沉默，是那种很久未见的生疏，也许是假期玩儿得太厉害了，心还没有收回来吧。

“还记得我跟大家介绍过的美国作家海明威吗?他曾经参加过第二次世界大战，后来战争结束，他写下伟大的作品《永别了，武器》。战时他是一个战士，战后他成为了一位了不起的作家。今天我为大家朗诵的文章《对儿子的祈祷》也是一位颇具传奇色彩的人物写的，他叫道格拉斯·麦克阿瑟。麦克阿瑟是美国著名的军事家，五星上将军衔。第二次世界大战时期，他历任美国远东军司令、西南太平洋战区盟军司令，战后出任驻日盟军最高司令和‘联合国军’总司令等职。他是天才军事家，也是一位传奇人物。退休后，他作了他最有名的演讲《老兵永不死》，他极为自豪地宣示‘老兵永不死，只是渐凋零’。麦克阿瑟将军是一位真正意义上的英雄，他仪表堂堂，威严十足，令人望而生畏。他是一位威震四海的军人、学者、天才政治家，也是一位不多见的慈父啊！那时的他已脱掉一身戎装，穿着便服，经常独坐桌前看书写作。我猜想白发苍苍的将军在凝视儿子的时候，一定是一脸的慈祥啊！你看他话语不多，但句句动人，他谆谆教导儿子要坚强、勇敢、慈悲、幽默、真诚、谦逊、虚怀若谷与温文尔雅。这是老将军对儿子的期许，也是老师对你们的希望啊!”

下午阅读学生的寒假日记，绝大多数同学都写得出奇的好，令我欣慰。

蔡丕泽在《飞镖秘籍》一文中称他掌握了飞镖绝活之一——穿透镖把，他这样写道：“我家的镖把和镖头都是国际标准的，厚度分别是 2.3 厘米和

2.5 厘米。站在 3 米远的地方投镖，无论用多大的力气都不可能穿透镖把，可是在 4.5 米到 4.8 米的地方轻轻一投，连声都没有就能直接穿透镖把。把镖把反过来看，就会发现镖尖露出来。”这样的描写真令人叫绝。

才女谭晰元照例交来一本打印好的集子，她已经坚持了几年。读读她的题目就让人开心，有《离奇掉牙记》《惊喜连连》《泰国曼谷之旅》《夏威夷之旅》《新加坡的鸭子船》《咖喱鸡》……阅读这样的集子真是令人赏心悦目。

《离奇掉牙记》中有一段描写得特别生动有趣：“我走到阳台上，唱起了风靡全世界的神曲《忐忑》。演唱这首歌需要表情丰富、口齿伶俐，刚好我就符合这些条件。我放声高歌‘啊啊啊啊哦，啊啊啊啊哦嘿……’唱到高潮处，突然‘嘣’的一声，一颗牙齿掉下来了！老天爷，下次掉牙要提前通知我一声，不要让我在唱《神曲》时掉牙，我唱的又不是《掉牙神曲》呀……”

唐浩绘声绘色地描述了放鞭炮的情景：“过了一段时间，我放起了我的美丽使者——‘幸福花’。只见‘幸福花’借着火力‘嗖’的一声冲上天去，不一会儿就迸射出许多五彩缤纷的小星星，小星星的周围还出现了一丝丝天蓝色的装饰。”哦，这真是“我的幸福花装饰了我美好的新年”。

有三个同学写了连载故事，分别是周浩伟的《拯救侏罗纪》、卢邵菁的《泡泡旅行记》和郭悦红的《简单道理》，任宸娴因为参加了深圳市的《春晚达人秀》，故写了系列报导，让我较为细致地了解了她参加活动的整个过程。看得见的收获，看得见的成长。

最后，我读到了性格文静的陈思文同学的日记，她观察事物之细致，超出了我的想象。深圳的寒冬、落叶、年俗、花市，在她的笔下都有了特别的韵致，如她写落叶：“今天，我再去那一片小树林，找到自己做过记号的那一棵树，并找到它树梢上的一片布满窟窿眼的叶子。它旁边的叶子已经掉光了，可就在我来了不久之后，这片叶子终于把一辈子的遗憾放下，像一艘小船，慢悠悠地往下飘。我觉得这是我看过的、最敬佩的一片叶子。这时没风了，风躲起来了，我不是说过么！风也敬仰神圣。我觉得，这个冬天好像只有一片树叶飘落。待这一片老叶飘到地上时，小树林更幽静了。冬天，一片树叶飘落。”静默，恬淡，亦透着悠然的沉思。在《期末反省》里，她提到我在上学期最后一天跟他们说的话：不管你走过多远的路，也不管你看到过多么美丽的风景，最后，你们都将回到这里认认真真地做自己的事。

是的，孩子们在寒假里需要适度的休息，但是绝不能放纵自己！不知那几个虚度假期的同学是否真正理解了老师的这句话。如果他们能再次读读《对儿子的祈祷》，老麦克阿瑟的心思就没有白费。

生命也可以如阳光一样灿烂

开学第二周，我们照例举行读书交流会。不需要太多的交代，因为所有的程序都已默记在心，我们要做的就是坚持，再坚持。

高漪安最先上来，他边播放幻灯片边讲解："尼魔岛上住着一个小女孩叫妮恩，她爱幻想，喜欢陪父亲杰克做科学实验，身边还有许多动物玩伴。她的动物玩伴有琪琪、佛烈德和奇卡。琪琪是只母海狮，喜欢捉弄蜥蜴佛烈德。佛烈德平时很喜欢坐在妮恩的肩上玩耍，它胆小，爱生气，看到椰肉就流口水。奇卡是一只绿海龟，它喜欢妮恩挠它的下巴，还喜欢在玩椰子足球比赛时作弊。在杰克去寻找浮游生物遇到暴风雨时，妮恩在杰克的邮箱里发现了大作家艾利斯·罗维的一封信……一段奇幻冒险的故事由此展开。如果你喜欢这个故事，就请去阅读《尼魔岛》好了。"

最后，他还谈了自己的一些感想："如果有一天，你需要自己在一个荒无人烟的小岛上生活，你将会以怎样的态度去面对呢？想必你是不会喜欢冒险的生活的，我也如此！但是看完《尼魔岛》后，那个机智勇敢、坚强聪明的小女孩妮恩让我看到了生的希望和力量！她的故事告诉我，困难并没有想象中那么可怕，当你用自己的方法去解决它时，你会觉得战胜困难实际上也是一件非常开心的事情！你会看到战胜困难的过程充满了生活的乐趣和希望！"说得多好！台下爆发出热烈的掌声。

第二个上台交流的是才女谭晰元，她介绍的是《曾有一个人爱我如生命》，她为我们讲述了一个哑父的故事。哑父虽然不会言语，但他用自己的手语表示，就算倾家荡产也要把身患重病的女儿给救回来。多么令人感动的"一句话"，这句话包含了多么深沉的父爱！就像文章作者说的那样，人间充满了爱的交响曲，我们要学会倾听、表达与感受。

是的，人世间有许多爱的表达都是无声的，只是我们往往忽略了这样的表达，以为越浓烈越好。殊不知，恬淡而持久的爱更具感人的力量。我在一张张稚气的脸上寻找，希望他们能早点懂得感谢父母。

"我来介绍一个新朋友给大家，它的名字叫'帅狗杜明尼克'。"这是蔡天恺同学的开场白，“其实它是一条生性活泼的小猎犬，它渴望见识外面的世界。就这样，它带着梦想出发了。征途中，它遇见了一头姓‘獾’的老猪、一只会写字的黄蜂、一头懒驴和一只乌龟。它救了一只姓‘狐狸’的母鹅，成全了一头野猪的婚事，还遇上了‘世界末日土匪帮’的一群无恶不作的坏蛋……故事充满了惊险，打斗的场面也很壮观。杜明尼克凭着勇敢、热情与智慧，很快成了远近闻名的铲奸除恶的大英雄，最终觅得了一位美丽的伴侣，并准备开始更伟大的冒险。喜欢这个故事的同学还有不少吧，我们可以一起交流。”蔡天恺匆匆结束了自己的发言，生怕占用了同学们的宝贵时间。

“哈，哈，哈……”这时教室里爆发出了欢快的笑声，这是从快乐童心中流淌出来的一段音乐。

“还是听我讲讲《明朝那些事儿》吧，我知道有些同学对历史不感兴趣，因为有的人以为历史就是断瓦残垣、古墓荒冢和发黄的史书，其实那是对历史的误解。历史本身很精彩，历史也可以写得很耐看，《明朝那些事儿》的作者‘当年明月’以小说的形式向我们讲述了一个朝代崛起的故事……”这是才子张桢熙在台上侃侃而谈，他谈到朱元璋的家世，以及朱元璋乞讨、流浪的生活。

“虽然他没背景，没后台，没依靠，但这一切都没有打垮他的意志，因为他有理想，有志气，有魄力。最终，他推翻了元朝，建立了大明王朝。”

“朱元璋从社会最底层，凭借自己的勇气与决心，一步一步地向上攀登，最终成为了大明天下的创造者。”

“其实命运之神并不存在，他也不会将什么宝剑和天下交给一个乞丐。在朱元璋最痛苦、最绝望的日子里，并没有人去同情和可怜这个人，他的一切都是自己争取来的。”

“通过阅读这本书，我明白了坚强的意志和顽强的毅力可以战胜一切困难，执着的信念与无畏的心灵才是最强大的武器。”

阅读史书，让这个小小少年拥有了超出一般同学的成熟。

短暂的沉默，也许是在咀嚼张桢熙同学那精彩的结语吧。

“我来介绍一个同龄人写同龄人的故事吧，这本书的书名是《我的乡村伙伴》……”个子小小的王韵雅打开幻灯片开始讲述那些留守儿童的故事，他们的悲欢离合曾深深感动了她，今天她借着讲述又将这份感动传达给了孩子们和我，让我们深切感受着身边的幸福。

小胖子伍杰锋一上台就引起了一阵小小的骚动。也许是因为他胖嘟嘟的小脸，还有那双圆溜溜的眼睛吧。他娴熟地打开幻灯片，开始讲述《书本里的蚂蚁》：“一只被书夹扁了的小蚂蚁，带领着书中的文字，组成了一个个变幻无穷的故事。你不想结识这只神奇的小蚂蚁吗？其实我不想讲述这只小蚂蚁的某一个故事，我只想跟大家读一读作家王一梅写的一段话，特别感人，我都读了好几遍呢！”他像个老师那样开始朗诵下面一段话。

“我想过这样的生活——种一朵花，它的花朵是蓝色的，很小很小，每天开一朵。养一条虫，它的身体是圆形的，经常打滚，每天变色。住一间房，它的四周是水，水边有粉红的蔷薇花，屋后是竹林，竹笋从床底下冒出来。养一只鸭，每天下一个蛋，它常常忘记自己把蛋下在了哪里，当我散步的时候，在河边忽然捡到了这个蛋。和一条狗做朋友，每天清晨狗陪伴我走过上学的路，傍晚，它乖乖地等在我放学的路上，我们一起回家。读一本书，书里住着一只小蚂蚁，这不是童话，这是真的！30年前的我，犹如《书本里的蚂蚁》中的那个小姑娘，每天都期待新的故事，30年之后的我，希望自己成为《书本里的蚂蚁》中的那只小蚂蚁，不断写出新的故事。”

教室里静静的，特别的安静，让我想到故乡的竹林、池塘、开满野花的小路、夏日里娇艳的荷花、水塘里觅食的鸭子。一切都静静地舒展、开放，生机无限。

班上最贪玩儿的小女孩陈家丽竟然也走上了讲台，“我介绍的是《梦幻飞翔岛》，作者是海因茨·雅尼施，是奥地利人，他获得过多种文学奖项。对雅尼施来说，儿童文学的创作像是一份礼物，让他成为创造奇迹的人，所以他的作品常常追求一种神秘、奇妙的童话世界。他希望能写出让八岁到八十岁的读者都能满意的书籍，他真的做到了，他创作的《梦幻飞翔岛》就是这样一部作品。这本书中有一艘叫‘无止号’的奇妙的船，之所以叫‘无止号’，或许是因为这次航行中的每一位乘客都带着自己的梦想，而这种梦想或许是永无止境的航行吧……”

接着是万浩然的《男孩的冒险书——中国版》，郝玎玎的《水路茫茫》，任宸娴的《飞翔吧，乔舒雅》，刘缙缙的《品格的力量》，可惜我没有办法那么详细地记录下他们个个都是那么精彩的发言，那我就记录他们发言中最精粹的几句吧。

万浩然说：“每天我都会按照书中的方法，去做一些老祖宗就在做的游戏，这些游戏让我兴趣盎然，每次实验成功后我都有一种无法用语言形容的成就感，它会让你觉得自己是无所不能的！”

郝玎玎说：“其实，一个人也好，一个民族也好，如果忘记历史，忘记耻辱，危机就像狼一样，已经在你的周围潜伏着了！”

任宸娴告诉我们：“如果我们不能静下心来，倾听自己内心的声音，我们就找不到回家的路。倾听内心，你会发现我们真正的愿望是什么，然后你会朝着一个方向努力。”

刘缙缙则以另一种方式告诉我们：“生活，如果只有晴空丽日而没有阴云笼罩，如果只有幸福而没有悲哀，如果只有快乐而没有痛苦，那么，这样的生活根本就不是生活——至少不是人的生活。”

最后，是刘缙缙同学对今天读书交流的总结，言简意赅，点到为止：“今天，我们在交流中学习，在交流中感悟，在交流中分享，在交流中感受心灵的距离。只有了解别人，才知道自己跟别人有多大的差距，才知道怎样做可以缩短距离，真正追上优秀同学的步伐。”

她的话语恰如密集的鼓点，声声敲打着同学们的心灵，也为今天的阅读交流画上了圆满的句号。

行所当行，止所当止，这是教育的一种境界，亦是为人的智慧。我常常自省：我做到了吗？

窗外，宽大的芭蕉叶轻轻摇晃着，风里带来些春日的暖意。我一边回味着交流中的精彩片段，一边为没有机会上台交流的同学感到遗憾，毕竟这是一次难得的机会啊！

生命的成长是需要精神滋养的。平日里，我尽量给学生提供这种养分，今天，我却获得了来自学生的供给，这让我感到了精神的欢愉。才女谭晰元曾经提到：“生命是可以如阳光般灿烂的！”今天的场景，让我对此话深信不疑。面对这些稚嫩的花朵，如果我们不断地用智慧的泉水灌溉它们，假以时日，花园里一定会姹紫嫣红、美不胜收。

第二天上学，黄沛云对我说：“我做了幻灯片，想跟大家交流读书心得。”这让我欣喜异常，因为她平时是一个羞于表达的人。

读到朱青青的日记，我以为她会为昨天没有时间上台发言而生气呢，不料看到她又写了一篇读后感《要做一个完整的人，别做一个不完全的人》，我在她的日记中读到了这样的句子：“在人生的这条路上，每个人真正的成长，都得从自身的独立开始。人生的必修课是你只有学会独立，才能生存、思考和发展，因为你依赖不了别人。”

我心生感慨：朱青青，你真的长大了！

继续阅读学生的日记，还有几个同学为没有机会交流而遗憾呢。一个男孩儿的日记引起了我的注意。他说：“我准备了很久，以为可以上台发言了，可是时间到了。正在我懊悔的时候，听到老师说：‘蔡丕泽同学也做了精心的准备，可惜时间不够，那就等下次吧。’我这才知道，原来我的发言稿就像是最后的王牌，只是没有机会出场罢了！”

哈哈，蔡丕泽！你自信满满，下次就看你的了！

我们的生活小品

每天早上到校，照例是指导学生诵读古诗。听稚嫩的童音诵读古诗，在我看来是莫大的精神享受。

听他们读“三月残花落更开，小檐日日燕飞来”，我的眼前展开的是落红满地、燕子啁啾的春日丽景。

听他们读“江头落日照平沙，潮退渔船阁岸斜”，我的眼前出现的是落日余晖里渔船靠岸的画面。

听他们读“胡马，胡马，远放燕支山下。跑沙跑雪独嘶，东望西望路迷。迷路，迷路，边草无穷日暮”，耳朵里隐约听到的是“哒，哒”的马蹄声，衰草斜阳里，守关的将士们血染战袍，战败而归，无路可退……

也许这样的诗句不是他们这个年龄能懂的，金戈铁马、尘土飞扬的场面是电影中的镜头。他们应该读的是“黄梅时节家家雨，青草池塘处处蛙”，去雨里蛙声中寻找诗意的江南，或是去读“微微风簇浪，散作满河星”，去体会风吹浪涌、星河光舞的绮丽与壮观。但是，我仍希望他们读一读这些气势雄浑、慷慨悲壮的边塞诗，藉此感悟汉唐诗人洒脱、豪迈的风骨。

今天又读到孩子们的日记。他们的日记让我开心，因为我从中看到了点滴的进步。

陈思文的《霜冻里的生活小品》让我开怀大笑，是说她早晨醒来，看到玻璃窗上满是霜，以为是在下雪，又迷迷糊糊地睡了。妈妈一声狮子吼，震得地动山摇，吓得她滚了一圈，就掉到地上了。

“还好，是抱了一个枕头落地的，再怎么受伤也找了个垫背的。等我回过神来，捡回枕头，却发现枕头已被我压扁，弄得像个压缩饼干了，不管我用什么办法都无法使它恢复原样了。一个曾经胖得不能再胖的枕头，如今却瘦得不能再瘦了。这个小品可把我的枕头害惨了呀!”

“哈哈哈”，同学们听了也大笑起来。

朱青青写的是童年趣事，还在她上幼儿园中班的时候，有一次帮妈妈淘米，以为淘米是像洗衣服一样，于是把米倒进了洗衣机——还好没放洗衣粉，结果是看到洗衣机里的米变成了米浆。妈妈为此还笑了她好久呢。

说的都是小时候发生的趣事，让人忍俊不禁。童年就是这么好玩儿！

王韵雅的写作水平也大有长进，看看她写的《汤汤家族》就知道了：

我们午托班有一个好听的名字——汤汤家族。说起来与喝汤有关，因为每次回到午托班，第一件事就是喝汤。一班的同学回来，喝汤；二班的同学回来了，也是喝汤；接着，三班、四班的同学回来了，也是喝汤。这已经成为我们的“国际惯例”了。

“我们这一桌子的同学都喜欢喝汤，干脆就叫‘汤神’吧！”刘缙缙首先倡议道。

虽然我们知道她是开玩笑的，可是也都当起真来，就开始叫起“汤小妹”“汤大姐”“汤大婶”“汤大妈”来了……哈哈，够好玩的。

“那干脆就叫‘汤汤家族’吧！”汤小姐提议道。

“这个主意好！”大家附和道。

在一阵笑声中，我们的“汤汤家族”诞生了。

没有午托班的独特经历，也就不可能“诞生”这么富有生活气息的好作文。我感慨道：生活才是最重要的，离开了生活，再美的语言都是空洞的。

最富有创意的日记当属班上另一个才女胡梦霖的，她是班上看书最多的学生。从她的《和蜘蛛谈话》一文中，我看到了新的突破。

昨天放学回家，又是我一个人走在路上。唉，我无聊透顶地掰掰手指头，看看灰中带黄的天，真够沉闷的了。要知道，白羊座的人最讨厌孤单了。

随着双腿的运动，我不知不觉就要到那个十字路口了。忽然，一个奇怪的小东西把我吸引住了：那是一只小蜘蛛。

小蜘蛛一动不动地趴在白色的栏杆上。细看，它的身子可谓五彩缤纷：小小的身子是红色的，脸是橙色的，黑黑的眼珠子下有两个白白的、类似牙齿的东西，姑且就叫牙齿吧，又细又长的腿是黄色的，末端是黑色的。这五颜六色的打扮，再加上无辜的眼神，根本没有一丝毒蜘蛛给人的恐怖感觉。我竟然有点喜欢它了。

我盯着蜘蛛，稍稍弯腰，丝毫没有注意到旁边就是闹市，有无数人经过这里。

我问蜘蛛："你是什么东西？你从哪里来？"

蜘蛛也用它那黑而大的眼珠看着眼前这个巨大的生物，像在说："我，我也不知道，我只知道我是蜘蛛，我不知道我从哪里来。"那眼神里明显夹杂着惊慌失措。

"你很不爽的样子！"我说。

"……"有语言困难，因为它什么也没说。

"我看你的牙很白，怎么刷的？"我拍了一下手，问。

蜘蛛的眼睛闪动了一下："天生的。"我看见它的眼睛里闪着橙色的光芒，旋即又低下头去。唉！好羞涩的蜘蛛，估计还没有到青春期呢。小蜘蛛茫然地看看四周。

两种沟通困难的物种，就这么僵持着。你看看我，我看看你，都觉得不大协调。

啊！绿灯又要过了！我是要过马路的，我突然想起来。

其实，已经过了好几个红绿灯了。

拜拜，小蜘蛛，我要去等绿灯喽！

我几乎笑出眼泪来，谁说我们的儿童缺乏创造力呢！她的语言表达能力早已超出了五年级学生的水平，这让我既惊又喜。她是以这样的方式告诉我们，她内心也有孤独的感受。可是，很多时候我们忽略了这些，以为孩子们都很快乐呢！孩子，原谅我，在热闹的人群中有一个孤独的你，是我以前所不知道的，以后我会关注你的。

最后，我跟同学们透露了一个秘密，才女谭晰元准备创作一本书，以我们五（3）班的同学为素材，书名暂定《同学大集合》。全班同学兴奋起来，个个嚷着想知道她准备写什么。

"这个嘛，暂时保密，不过谁和她关系好，可以先看一两个章节也没有问题，这要征得本人同意才行。"我不失时机地卖起了关子。

"写我了吗？我在哪个章节？"几个同学嚷嚷起来。

"我的学号是第二号，肯定已经写过我了。"吕城很自信地说。

我看了看谭晰元，她也是一脸的兴奋，不过她什么也没有说，一副气定神闲的样子。

够沉稳，是块做大事的料，我暗自想着。

"其实，不一定要等着别人来写自己，也可以去写别人嘛。"我笑了笑，又添了一把火，我想看看这把火能烧到什么程度。

"嗯，我在写……"陈思文小声说道，那样子还带点羞涩。

“我也在画呀，我画的就是系列嘛。”万浩然有点不服输的样子。

“那我们到时候就开个新闻发布会吧！”我补充道。

全班同学的脸上都流露出了兴奋的神色。我知道，他们都在期待那一刻的到来。

生活的小品还在继续，我也在期待着。

放学时分，学校院墙边的几株旅人蕉在落日的斜晖里，仿佛镀上了一层金色。它们又长高了。

我的孩子们也长高了！

亲爱的蚂蚁，你会来信吗

诗无达诂。

庄子亦云：得意忘言。

过多的诠释往往会冲淡诗歌浑然天成的美。如明代高启曾有一首《寻胡隐君》的小诗，寥寥二十字，便将人带到春深似海、满眼繁花的诗意江南了。

渡水复渡水，
看花还看花。
春风江上路，
不觉到君家。

正因为如此，在教学儿童诗歌时，我毅然放弃传统的讲解方法，而是放手让学生去诵读，让他们在不断的诵读中感悟诗歌的节奏、情感与韵味。

于是，在我的课堂上，多数是同学们放声的朗诵，从小声的，到几个人的，然后就是交响乐般的效果了。

“接下来我们要分角色朗诵，还是先听听大家的意见吧。”我环视一圈后提议道。

“分小节让几个同学领读吧，我觉得这样比较好。”涂胜首先提议。

“每小节开始的一句话请一个学生领诵，然后是男女声的合诵。大家看怎么样？”我征询着大家的意见。

“好啊，让谭晰元、刘缙缙和钟昊宜来领诵吧。”几个同学已经开始点名了。

于是，开始了分角色朗诵。稚嫩的诵读声如春潮一般涌上来，也如松涛般一阵阵传出教室，传向高高的云天。

“我想把小手安在桃树枝上，/带着一串花苞，/牵着万缕阳光，/悠啊，悠——悠出声声春的歌唱。”

……

“我想把我自己种在春天的土地上，/变小草，绿得生辉，/变小花，开得漂亮。/成为柳絮和蒲公英，/更是我最大的愿望。/我会飞啊，飞——飞到遥远的地方。……”

哈哈，是开心的笑。我知道他们从这样的诵读中感受到快乐了，是一颗颗童心沉浸在诗情中感受到的单纯的快乐。

“今天我们还将欣赏几首儿童诗，是胡梦霖为大家准备的。”我请胡梦霖上来领诵。

捉月亮的网

希尔沃斯坦（美）

我做了一个捉月亮的网，
今晚就要外出捕猎。
我要飞跑着把它抛向天空，
一定要套住那轮巨大的明月。
第二天，
假如天上不见了月亮，
你完全可以这样想：
我已捕到了我的猎物，
把它装进了捉月亮的网。
万一月亮还在发光，
不妨瞧瞧下面，
你会看清，
我正在天空自在地打着秋千，
网里的猎物却是个星星。

诗的喷泉（十首）

杨唤

黄昏

壁上的米勒的晚钟被我的沉默敲响了，
骑驴到耶路撒冷去的圣者还没有回来。
不要理会那盏灯的狡猾的眼色，
请告诉我：是谁燃起第一根火柴？

路

车的轮，马的蹄，闪烁的号角，狩猎的旗，

不疲惫的意志是向前的。
为什么要抱怨那无罪的鞋子呢?
你呀!熄了的火把,涸池里的鱼。
……

第一首诗的作者是希尔沃斯坦，我曾经介绍过，他们曾读过这位天才作家的绘本《阁楼上的光》，印象最深的该属那首《作业机》。因此，这首诗理解起来并不困难。但是第二组诗则有点难了，我知道对他们来说是有些难度，不过接触一下也没什么，毕竟他们是要长大的。另外，古诗古文那么难懂，他们尚且能日有所诵，这样的诗读读也未尝不可。

接下来是刘缙缙带来的几首儿童诗，比较符合孩子们的审美情趣。如林染的《蚂蚁》，表现的就是一派天然的童趣，立即引起了孩子们的共鸣。

蚂蚁

一只蚂蚁背走了我的童年，
是那只我曾圈过的蚂蚁。
我的风筝、万花筒、彩色蜡笔，
我的动画片们，
我的弹性绝佳、皮球一样
整天欢蹦乱跳的淘气，
全让它一股脑儿背走，
藏在春天的哪一片草叶下。
像一阵谁也无法留住的风，
眨眼间一只蚂蚁爬远了，消失了，
我知道永远再不会遇见它了。
亲爱的小蚂蚁，
你会来信吗?
我相信，
它会守住好伙伴的秘密，
我在小小班尿裤的事，
它不会向谁宣扬。

“哈哈，还有小小班尿裤的事呢，原来这也可以写进诗里呀!”

“蚂蚁会写信吗?”

“当然会。青蛙还会读信呢!”

一脸惊喜，一番议论，一段快乐的时光。接着又是一阵热烈的朗诵，朗诵里有美丽的想象，朗诵里有童心的飞扬。

“今天我们读了这么多、这么好的儿童诗，老师希望以后你们还要多写儿童诗哦。”我望着班上四十八张兴奋的笑脸说到。

“我可不会写。”是一个调皮的男孩子的声音。

“下面，我给大家欣赏一首大哥哥的诗，作者叫陈皓南，现在已是中学生了，是我上届教过的学生，写这首诗的时候他才上四年级。”

“好啊，好啊！”“花果山众猴子”的喧闹声，带着几分急切。

小猪的诗意冬天

陈皓南

明天会下雪吗？
小红狐狸说，
明天会下雪的，
预备好一双棉鞋吧，
第二天阳光照耀田野，
小猪买好了棉鞋。
田鼠说，
明天会下雪的，
越冬的棉衣做好了吗？
第二天阳光照耀田野，
小猪找出了棉衣。
明天会下雪的，
村里的人都这样说，
可是雪还是没有下。
冬天，
总是要下雪的，
准备好棉鞋，
准备好棉衣，
准备好了就下了。
雪不来，
是怕大家没有准备好。

“写得好吗？”读完后，我用探寻的眼光扫视着教室里那一张张笑脸。

“现在不会写也没关系，只要多读，自然就会了。再说，写诗需要灵感，灵感不来时，想写也写不出来呢。这灵感从哪里来呢？自然是——”

“多读，多思，多写。”学生齐声答道。

“是的，有了这‘三多’的法宝，灵感自然来敲门。到时候，亲爱的小蚂蚁理所当然会写信，青蛙王子自然会等着来信，我们呢，都会等待一段美丽的故事。”

哈哈，笑声冲出了教室。我看到有几个同学已经跃跃欲试了，从他们凝思的眼神里我读出了三个字：我要写。

言辞的力量

《晏子使楚》一课的交流还在进行中，同学们已被晏子精妙的外交辞令所折服。

“男子汉大丈夫说话当如金石，掷地有声，晏子就是这样的大丈夫，他凭借自己的三寸不烂之舌，驳得楚王节节败退，颜面尽失，不得不收起君王的傲慢，赔起笑脸向晏子道歉了。由此我们可以看出，精妙的辞令足以打败对手，取得外交中的胜利，这就是言辞的力量。”

“我还想和同学们交流一个问题：晏子作为齐国的上大夫，也是著名的政治家，作为国君的楚王总该有所了解吧？为什么他会如此傲慢呢？”我抛出了一个大家意想不到的问题。

“我们前面讨论过，是因为晏子身材矮小，楚王瞧不起他。”一个同学说道。

“还有，楚王很想让晏子出丑，借以羞辱齐国。”另一个同学补充道。

我点点头。“同学们说的都很有道理，但我还是想请大家看看课文的第一句话，文章中交代齐国和楚国都是大国，这句话大有深意。它的意思是说齐、楚两国势均力敌，实力相当，楚国在外交上不一定能取胜，所以楚王从内心深处是很想借羞辱晏子来打击齐国的，这说明他骨子里的傲慢。作为国君，他当然知道晏子的政治才能，抓住他身材矮小的短处来羞辱他，正说明楚王的妒忌之心。妒忌而又傲慢，此乃人性的最大弱点，大家一定要时常提醒自己，尽力克服这些弱点，否则它将成为你身上的毒瘤啊！”

“同学们都注意到了晏子语言的精妙，却忽略了课文最明显的一种写作手法——对比。只有在对比中，人物的个性特点才会更突出。对照楚王的傲慢与偏见，我们看到了晏子的冷静与机智，以及他在外交中的不卑不亢与善于应对，我们看到了一个政治家处乱不惊、游刃有余的大智慧，实在是令人敬佩啊！”

同学们静静地听着，对晏子的理解又加深了一层。

“我们的课还没有结束，对历史人物的了解应充分尊重史实，占有的材料越多越有利于我们全方位地认识一个人物。下面是胡梦霖同学为大家带来的故事，通过她的讲解你们会看到晏子的另一面。”

胡梦霖打开了她制作的幻灯片，同学们看到了这样的介绍：

晏子是春秋后期一位重要的政治家、思想家、外交家。晏婴是齐国上大夫晏弱之子，以生活节俭、谦恭下士著称。据说晏婴身材不高，其貌不扬。齐灵公二十六年（前556年）晏弱病死，晏婴继任为上大夫。

不仅如此，胡梦霖居然还找到了《晏子使楚》的古文，看得大家都惊呆了。

胡梦霖朗诵道：晏子将使楚。楚王闻之，谓左右曰：“晏婴，齐之习辞者也。今方来，吾欲辱之，何以也（倒装句）?”左右对曰：“为其来也，臣请缚一人，过王而行。王曰：“何为者也?”对曰：“齐人也。”王曰：“何坐（倒装句）?”曰：“坐盗。”

起初是胡梦霖一个人读，后来读的同学越来越多，最后变成全班齐读了。

“老师，我听不懂啊!”一个男生喊了起来。

“哪一句不懂可以提出来，我可以帮着解答，胡梦霖也可以帮着解答。”

“‘齐之习辞者也’这句话是什么意思?”

“意思是‘齐国擅长辞令的人’。”我解释道。

“再说就算不是太理解也没关系啊，听听也无妨，课文已经学过了，大致的意思你们还是猜得出来的，是吧?”我鼓励道。

接下来，胡梦霖讲了晏子的三个故事，分别是《晏子数罪》《晏子发笑》和《华而不实》，其中大家最感兴趣的是《华而不实》，且录在下面吧：

齐景公对晏子说：“东海里边，有古铜色水流。在这红色水域里边，有枣树，只开花，不结果，什么原因?”

晏子回答：“从前，秦缪公乘龙船巡视天下，用黄布包裹着蒸枣。龙舟泛游到东海，秦缪公抛弃裹枣的黄布，使那黄布染红了海水，所以海水呈古铜色。又因枣被蒸过，所以种植后只开花，不结果。”

景公不满意地说：“我装着问，你为什么对我胡诌?”

晏子说：“我听说，对于假装提问的人，也可以虚假地回答他。”

好一个“以虚假回答虚假”！缺乏才智的人此时又该如何应答？是“王顾左右而言他”，还是三缄其口？侍奉在君王之侧，恐怕是很难蒙混过关的吧？

哈哈哈，又是一阵开怀的大笑声，一定是感受到晏子巧妙应对的机智了。

我扫视了一周，看到一张张兴奋的笑脸。

“同学们，还是刚才那句话，言辞是有力量的。对于一个侍奉在君王身边的政治家来说，恰当的言辞可以改变君王错误的决定，甚至可以挽救无辜者的生命，当然，也可以兴利除弊，为百姓谋福利啊！晏子之所以成为著名的政治家，靠的是卓越的才智，亦与他精妙的言辞分不开呀!”

课后，读到鄢冉冉的一篇读后感，她说刚读《杨氏之子》这篇课文时，真是“一头雾水”。“但是课文不易懂不要怕，要慢慢顺着蔷薇的藤蔓向上爬，一点点越过一根根长长的刺，慢慢地你会看见盛开的、飘着香气的蔷薇花。”然后是括号说明：此处的“蔷薇花”是指思考后的收获。

哈哈，这回轮到我开心地笑了，因为她知道思考的价值了。

疲惫的工作之余，再次捧读《瓦尔登湖》。

梭罗在《瓦尔登湖》一书中写道：“做一个哲学家不仅需要深奥的思想，甚至不仅要建立一个学派，而且要热爱智慧的哲理，并按照它的要求过淳朴、独立、宽厚和信任的生活。不仅从理论上，而且从实际上解决生活中的一些问题。杰出的学者和思想家的成就一般是一种朝臣式的，而不是君王式的或男子汉式的成就。他们仅靠墨守成规没法应付生活，几乎和他们的父辈一样，他们绝不会成为更为高尚的人类的先驱。可是人类为什么会退化？是什么使得家庭没落？使国家衰弱并毁灭的奢侈，它的性质究竟是什么？我们能够肯定在我们自己的生活里没有这种东西吗？哲学家即使在生活的外部形式方面也走在他的时代的前面。他和他的同时代人在吃、住、穿衣和取暖上都不同。一个人若不能用比别人更好的方式来保持他生命的热量，还怎么能够称得上是哲学家呢?”

那么，以此观照晏子的生活，他也应该是一个哲学家了。他一定用了比别人更好的方式来保持他生命的热量。

时光飞逝，岁月无情，恶劣的环境过度消耗我们的生命，我们该用怎样的方式来保持自己生命的热度呢?

14 只老鼠去春游

今天读学生的日记，看到很多学生都写了关于 14 只老鼠去春游的故事，特别开心。想起上周跟学生一起欣赏绘本《14 只老鼠去春游》时的情景，不觉笑出声来。

“老师，不要给我们看这样的绘本，太幼稚了吧?”一个男孩子叫起来。

我笑了笑，说：“看看吧，不看怎么知道好不好呢?”

“那好吧，但我还是觉得这个故事实在是太简单了……”一副欲言又止的样子。

我看了一眼那个同学，然后说：“那你知道这 14 只老鼠在一天的春游中发生了多少有趣的故事吗？你知道哪只小老鼠淘气？哪只小老鼠乖巧？哪只小老鼠可爱？哪只小老鼠胆小？所以我们还是来欣赏绘本吧。”

打开投影仪，我翻动书页，初春时节那清新的画面跃入眼帘，姿态各异的小老鼠吸引了孩子们的目光。肖梓鹏和张桢熙开始读起来，嗲声嗲气的。

“今天天气太好啦，我们去原野上郊游吧!”

“带上饭团，带上水壶，春游真开心!”

“春天的阳光好灿烂！长尾山雀的小宝宝出生了，听，小鸟在‘啾啾’地叫呢。”

又有几个男孩、女孩跟着读起来了，他们读得更起劲了。

“紫萁探出胖乎乎的小脸蛋儿。雨蛙也醒了，‘呱，呱，呱’。春天来到啦!”

“‘看啊!’老九发现了紫罗兰，还有栗棠花、百合花、笔龙胆，森林里百花盛开。”

“那就让我们来认识一下这些花吧！看看紫萁、笔龙胆、栗棠花在哪里呢？除了这几种花你们还发现了什么呢?”

“嗯，还有好多我们不认识的花儿。”几个孩子抢着说呢。

“到原野了。很辽阔啊，一眼都望不到尽头。老五和老八在看什么呢?”

“瞧，它们站在树枝上，一定是看到远处的风景了。”一个女孩子很大声地喊着。

“嗯，我猜也是吧。好，翻过来看看，果然是的。你们看，辽阔的原野上盛开着鲜花，14只老鼠实在是太兴奋了，它们跑啊，跳啊，别提多开心了!”我的声音里也充满了兴奋。

噢！又是一阵惊呼。草丛里的一只大大的癞蛤蟆醒来了，草叶上的蜗牛爬呀，爬呀，一只小老鼠掉到小溪里了，找一找封面上的它，认出来了，那是老六……

“哦，真好玩儿!”

“这些小老鼠太可爱了!”

我看到了一张张红扑扑的笑脸和一双双亮晶晶的眼睛，他们是那么兴奋，就好像刚从原野回来，身上还带着花香呢。我相信那里有被我点燃的火种。

“可惜，故事太短了……”

“要是长一点该多好啊，我真喜欢这些小老鼠。”

“其实最好的故事不在书上，而是在你们的脑子里……”我故意卖关子。

“只要你喜欢，我们也可以写一写14只老鼠的故事，我更希望读到的是你们创造的故事，怎么样?”我笑了笑，我知道他们会给我一个惊喜的。

话音刚落，《14只老鼠去春游》的绘本就被孩子们抢走了，他们再次津津有味地读起来。

果然，我收到了他们给我的“礼物”，丰盛得让我眼花缭乱，《14只老鼠去春游》《14只老鼠去游泳》《14只老鼠过夏天》《14只老鼠捡树叶》……实在是太精彩了！在此，我选卢邵菁的《14只老鼠去春游》以飨读者。这个学生的写作水平中等，或许这样的习作更有意义。

14只老鼠去春游

“叽，叽，叽。”调皮的老十最先从被窝里跳出来。

“呀——”奶奶伸了个懒腰，打开用树叶做成的帘子，发出沙沙的声音。

调皮的老十在家里跳来跳去的，把剩下的12只老鼠全吵醒了。

奶奶做好了14份早餐，香喷喷的。

“嗯——什么东西？好香啊！今天是不是烤面包加果酱?”贪吃的老五

馋得直流口水。

妈妈把所有的窗子都打开了，“呀，今天的天气真不错，我们去春游吧?”

“耶——”小老鼠们兴奋得跳了起来。

“来，来，大家先吃好早餐，再去玩哦!”爸爸说道。

吃完了早餐，大家就忙起来啦！老大一手拿着笛子，一边还在找小旗子。

老二可悠闲了，它从来都是不着急的。

老九在帮着妈妈包饭团，还有青菜。

爷爷、爸爸也在收拾东西呢。

“我们的队伍出发了！啦，啦，啦……”老四的歌声给单调的旅途带来了许多情趣。

老大举着小旗，昂首挺胸走在队伍的最前面，老大后面跟着一个小跟屁虫——老二，他正摆弄着老大的笛子呢。

白发苍苍的老爷爷走在队伍中间，它好像返老还童了，正东瞧瞧西看看的，别提有多开心了。

老三拿了一个铃铛，摇啊摇，摇啊摇，好像它跟铃铛从来都是粘在一起的。

突然看到了一条清亮亮的小溪，溪水里游动着一大群金色的小鱼。孩子们都不肯走小木桥，非得跳过去。

“咔通——，咔通——”，孩子们全都跳进了溪水里。

“一，二，三，四，五，六，七，八，九，咦？还有一个老十呢?”

“咕噜，咕噜……”，水面上冒出了一个个水泡，呀！原来是老十不够高，没能把头露在外面。

10 只小老鼠都爬上了岸，一个个湿漉漉的。老大像只小狗似的甩着身体上的水，老二则在草地上打滚，其他的都在脱湿衣服呢。

走啊，走啊，它们又看见了一片金色的花海，真的是太美了。

“我们就在这儿野餐吧!”爸爸发出了指令。

“耶!”孩子们欢呼起来。

包袱打开了，竹叶包裹的饭团也打开了，真香啊！

高高的天空，白白的云朵，摇曳的花朵，这个世界太美了！

14 只老鼠在野餐……一切的一切是那么宁静，美丽。

这篇习作写得多美呀！明丽的色彩，动感的画面，活泼的人物，鲜活的语言。读着这样的习作，还有谁会说我们的孩子缺乏创造力呢？原因只是很多人在教学时不敢这样去做，唯恐耽误了所谓的正常教学时间。

我一直在思考如何将好的绘本引入语文教学。不是有意为之的“教”，而是和孩子们一起沉浸其中的“悦读”。为一些美丽的画面所吸引，为一个故事而开心，为一个形象而感动。没有刻意的分析，甚至也不去思考故事所揭示的道理，只为那些精彩的片段和细节所带给我们的快乐，这就够了。语言的学习及思维的培养自然蕴含其中，只要看看孩子们那兴奋的眼神就可以感受到了。如果我们培养的孩子狂热地爱上了阅读，你还需担心他不会学习吗？

一直很喜欢梭罗在《瓦尔登湖》中写到的一段话：“如果响起钟声，我们为什么要跑？我们还要听听是什么音乐呢。让我们安顿下来，把脚向下伸，穿越观点、传统、欺骗和表象的泥沼，那覆盖地球的淤泥层，穿越巴黎和伦敦，穿越纽约、波士顿和康科德，穿越诗歌和哲学的宗教，直到我们抵达坚硬的底部和稳固的岩石，可以称为现实的地方，并且说，这就是了，没有错。”有时候，我们需要的就是这样的一份自信，力排众议，而又坚持不懈。

写到这儿，想起最近给孩子们读过的王立春的诗——《乡下老鼠》，忽然为那只乡下老鼠感到悲哀！什么时候，乡下老鼠也能像日本作家岩村和朗笔下的 14 只老鼠那么自由、幸福呢？

春天杂记

早晨到学校，看到新生的爬山虎，那淡紫的藤蔓顺着假槟榔粗壮的枝干往上爬，已有一人多高了。远看，就像是贴在树干上的装饰画，有一种说不出的美感。旧教学楼的外墙上，多有这样的爬山虎，老藤新叶，相映成趣，为乍暖还寒的春日平添了许多生机。

淡淡的阳光照在玻璃窗上，室内暖意融融。肖梓鹏带着同学们在读《给甲壳虫的一封信》和《春天杂记》。兹录《春天杂记·22》在这里。

春天杂记·22

陈诗哥

忧伤是一门学问
这连你也懂，老鼠
但我太痴。在我的书柜上
你练习了多久？
你读“四书”，也背“五经”
甚至必要的时候
你吞下那无味的书页，夜夜长啸
噢，老鼠，我看见了神仙
但你走得太远
但事情不会偏离轨道太久
老祖宗，为了规矩
我使出三十六计
终于，某夜你不再来到我跟前背书给我听
我躺在床上，辗转反侧
安静
却几乎是一首悲歌

不知道我亲爱的孩子们读懂了多少，能懂多少算多少吧！这样的阅读，本想让他们受一点诗的熏陶，如果能有些收获，那就是莫大的惊喜了。如梭罗所说："我不相信没有种子，植物也能发芽，我心中有对种子的信仰。让我相信你有一颗种子，我等待着奇迹。"我心里知道，这样的等待已经很多年了，虽然奇迹还没有发生，可是我还是愿意等待。毕竟人生怀着期待是美好的。

这几日忙着读书，竟然没有写一个字，心里不觉有些怅惘。虽然我知道"羚羊挂角，无迹可求"是一种境界，但却做不到如此超脱。

打开学生的日记本，看到那些熟悉的字迹，竟然有些莫名的感动，想到他们坐在灯下，一个字一个字地写下心中的喜、怒、哀、乐，我就不好意思怠慢那些文字了。于是，就慢慢地读，细细地赏，"岁月静好，流水绵长"，就是这样的意味吧。

我读到李泳茵的日记《蚂蚁》，题目下面画了一个小雪人，旁边还有一张戴着方框眼镜的酷酷的脸。是表示内心的喜悦吧，我猜测。

我看着那细得可怜的东西在桌面上蠕动着，它的腰微微地弯曲，好像很疲倦似的，如一个60多岁的老人刚跑完100米的样子，我暗笑它的无能及渺小。它不断地利用它的触角小心翼翼地向四周探索，像要寻找什么东西的模样，如一个猎人拖着猎犬到处搜索刚射中的猎物似的。终于，那"猎人"找到了它的猎物——一小块吃剩下的蛋糕。

读着这样准确而生动的描述，我暗自吃惊。以李泳茵现在的水平，很难达到这样的水准。或许有一种可能——在读到这样的好文字时，特别喜欢，就忍不住全段运用到了自己的日记里。刚开始学习语言时，经常有学生这样做，我能理解。毕竟这样的运用也是一种很好的学习方式，虽然我并不提倡这样做。但对于基础薄弱的学生来说，有意识地借用总比毫无规则地乱写好一些。

接着读到了郝玎玎的《康乃馨之死》，她的语言表达总让我惊讶，一个10岁的女孩，也可以用如此鲜活的语言来表现生活。

"Oppes!"我大叫。

"呵呵，这就是你的含苞欲放的漂漂康乃馨哟？真的好'美丽'呀！"冉冉在一旁猛扇"凉风"。

"可是……"我想为自己争一小点理由，但被冉冉打断了——"行了，我相信你养过它！可是现在你把它养死了！它干死了。你叫我怎么见证你的花？虽然这粗壮的枝干倒可以显示出它生前的辉煌。唉，你能把这么壮的花给养死，我真的……好……佩服。”冉冉一个劲地“冷嘲热讽”。

唉，这也不能全怪我呀，寒假那段时间我们全家去旅游了。

看看那草茎，又黄又干，用手触碰，那茎叶就像薯片似的咯吱响。太可怜了吧！

看来又要重新种了……

生活中永远蕴藏着最生动的故事，用语言记录倒是其次的了，这就是作家为什么总是说要向生活学习的原因了。

与女孩子不同的是，男孩子更关注生活中的“打斗”场面，钟昊宜的《巨鼠战花猫》可谓是最生动的例子了。

吃过晚饭，我就在小区里散步。

突然，“嗖”的一声，从草丛里蹿出一只大老鼠。这只老鼠有我一个手臂那么长，真正是个大老鼠。

这么大的老鼠我还是头一次见，所以在看到的瞬间我已被吓得魂飞魄散、脸色苍白。就在这紧急关头，有一只猫从草丛里蹦了出来，估计刚才它就一直在后面追呢。

只见它对巨鼠大吼一声，可是那巨鼠没有丝毫的恐惧，可能是觉得自己从形体上占了优势吧，它居然向花猫发起了进攻。不过，这一招不灵，因为这是只身手非凡的猫呢。只见它轻巧地小跳了一下就躲开了巨鼠的进攻，然后稳稳地落在了巨鼠的身后。

巨鼠还没有反应过来，就被花猫抓了四条血痕。这当儿，花猫使尽吃奶的力气，来了一个“究极神咬”。嗨，神了！那巨鼠当场死亡。

不过，花猫并没有马上离开，还是摆出随时准备战斗的样子。原来草丛里还有一只巨鼠，这只老鼠比刚才那只的体形还要大，看来是鼠王吧。

花猫见了，立刻扑上去一阵猛咬，那老鼠也不甘示弱，不停地反击着。过了十几分钟，胜负结果出来了——因为那只鼠王死翘翘了。

耶！我欢呼起来，为花猫的胜利。

耶！我也为钟昊宜同学的精彩记叙而欢呼起来。

其实，为同学们的精彩文字而欢呼，何止这一次！我经常会为此兴奋地跳起来，然后就想找一个人一起分享，聊聊我的这些“天才学生”的习作。我觉得，这是做老师最幸福的一件事情！

我注意到新近转来的张皓明的写作水平有了很大的提高，这让我欣喜万分！真没想到他进步得这么快，也许这一切都归功于我们的班级氛围——用自己喜欢的文字表现生活，是我们班学生的共同爱好。我发现他也是爱写“打斗”的，看来，男孩子都喜欢观察这类生活场景。

忽然，一个“怪物”出现在我面前，它头上有一对触须，身体扁而薄，有点像蝉。我仔细一看，原来是一只蟑螂。

我很害怕，就跑了出去，可是过了好一会儿，那只蟑螂还在地板上。我顺手拿了一只拖鞋，轻手轻脚地走过去。我想：爸爸妈妈都不在家，只有靠自己了。

我拿着拖鞋，狠狠地拍下去，结果那只“小强”（指蟑螂）逃跑了。我找遍了我的房间也没有找到它。

出人意料的事情发生了，我看到它竟然飞到了我刚想吃的面包上。

我一点胃口都没有了。这次我没有手软，用力朝着面包拍过去，面包被我拍扁了，那只蟑螂也像受了伤，不过它并没有死，而是停在了椅子上。

我再次狠狠地打过去，特别准！我打了两下，它终于死了。我把它扔到了垃圾桶里。

阅读这样的日记，总是能引导我思索更多的问题：能够促使儿童成长的，也许不是大人们的“提”和“拎”，而是相互之间的感染。像春天的原野，一朵花的开放会唤醒另一朵花，然后彼此感染，竞相开放，遂引来百花盛开的春天，这就是所谓的“唤醒”吧。儿童潜在的创造力需要我们去唤醒。儿童本身就是了不起的创造者，他们的潜力一旦被唤醒，将迸发出无法想象的创造力，并给成人世界带来无法计算的快乐。

丁海东在《儿童精神：一种人文的表达》一书中这样写道：“儿童那诗意盎然的奇思妙想，荒诞不经的精神逻辑，无拘无束的嬉戏玩耍，毫无矫饰的喜怒哀乐、爱恨情仇，天真好奇的哲学发问，泛灵主义的童话世界，超印象派的绘画天赋，是跳跃在人类精神画卷上的浓墨重彩，是奔涌在人类精神脉搏中的鲜活血液，是彰显人性之初的灵光异彩。古代老子认为，儿童是‘弃智绝圣’的圣者。”从某种程度上来讲，我不认为是我们教会了孩子运用语言，而是他们通过阅读学会了写作。日记只是他们在生活中运用语言的一个例证，其实他们运用语言的能力远比我们预计的要好。

终于读到《牧牛小马斯摩奇》（美国作家维尔·詹姆斯）的结尾，一颗纠结着的心，终于慢慢舒展开来：

克林特听到这声嘶鸣，抬头看到眼前的一切，惊讶得水桶都掉到了地上——

离他不远的地方正站着一匹灰褐色的老马，身上油光发亮，眼睛里闪烁着生命与智慧的光芒。

斯摩奇的心复活了，完完全全的。

是无限辽阔、自由自在的原野，医好了斯摩奇身上的伤痕，也唤醒了它内心深处的温柔。马和人一样，只有精神上真正的舒展了，眼睛里才有可能“闪烁生命与智慧的光芒”。

要让孩子的心灵自由，就给他们一片辽阔的原野吧！让孩子们在水泥森林的世界里，也能看得到高远的天空，感受到风儿的轻轻吹拂。孩子的精神真正舒展了，与你对视的眼睛里，自然就会闪烁出生命与智慧的光芒！

清明节彩蛋和方块字的世界

清明休假结束，同学们给我带回来小半桶花花绿绿的彩蛋。这份孩子们亲手制作的礼物，让我高兴了好久。

夏雪同学带回了两个彩蛋，是她和陈源一起做的。这个清明节，陈源（从本班转到香港读书）从香港回来，她们俩在玩耍之余，一起制作了两枚彩蛋，真是一份难得的友情！我想起了那个圆脸蛋的小姑娘，不知是否适应香港的学习生活。

用了六种颜色的彩虹蛋是卢邵菁的作品；绘着四朵郁金香的是蔡天恺的杰作；画有太阳、小花和儿童的彩蛋是唐浩的作品；光滑润泽、浑然天成的彩蛋是刘缗缗的作品。张桢熙的作品，还特意用粉红皱纹纸包裹着；吕城的作品小巧如橄榄球；万浩然制作的骷髅头彩蛋，最是恐怖。郝玎玎的作品，构思最奇特：在大片洒金的深蓝色中，透出些许紫红色，有说不出的诡异和神秘。

同学们都说制作时要特别小心，否则就会坏掉了。他们哪里知道，这正是我的良苦用心啊！

课后读到几篇关于做彩蛋的学生日记，黄沛云的记述尤为好笑，就辑录在此了。

复活节彩蛋

黄沛云

今天下午，我制作了复活节彩蛋，过程中当然也少不了失误及意外喽！

首先，我煮了两个蛋，以预防制作过程中鸡蛋破裂，又得煮一次。谁知“预言”果然成真了，而且给了我两倍的“回礼”——两枚鸡蛋都爆了！无奈，我只好再煮。在一连串的焦急等待后，还是事与愿违，又爆了！为了不让我家的鸡蛋惨遭“灭绝”，我只好挑了个有很小缝隙的蛋。

我在网上找到了两只小熊的图片，作为画画素材。首先用铅笔小心翼翼地画着，惟恐一不小心戳个洞，画错时就用橡皮擦轻轻擦干净。可是就算两只小熊占了不少地方，还是有许多空白，所以我就画了一些花呀，草呀。

小熊的身体轮廓及五官画好后，下一步就是着色啦！我用紫色涂衣服，用粉色来涂耳朵。熊的皮肤是什么颜色呢？想了想后，就用黄色来涂皮毛的色了。经过一番努力后，就大功告成了！

做清明节彩蛋是十分有趣的，你也可以借此来提高自己的绘画能力！做一个彩蛋放在床边小柜上，是不错的点缀哦！

再读蔡天恺写的《复活节彩蛋》，典型的家庭合作学习模式，真值得家长们好好学习呢。

我用针在鸡蛋上扎出了一个小小的洞，把它放在碗里。半小时过去了，我走过去一看，啊哈，蛋清只漏下一滴。“真是太失败了！”我想。我不停地摇晃鸡蛋，想把蛋清和蛋黄都摇出来，结果用力太猛，竟然把鸡蛋甩出去了。最后，鸡蛋被摔得粉身碎骨，“因公殉职”了。

妈妈看我着急的样子，决定助我一臂之力，她打电话给她的朋友询问做彩蛋的技巧，还真学到了一个绝招。我们就分工来做，妈妈扎孔，我上色。妈妈扎孔时，我仔细观察，她先用指甲刀在鸡蛋的上方磨出一个方形，然后把蛋壳敲破，然后再用针扎破里面的一层膜，用筷子把蛋清蛋黄搅散，然后蛋清和蛋黄就很快流出来了。没想到看似很小的一件事，做起来却并不简单。

鸡蛋里的东西终于清干净了，我拿起彩笔小心翼翼地在鸡蛋壳上画画，至于“成果”嘛，上学时你们就知道了。

今天做彩蛋，看起来似乎很简单，可事实并非如此，不仅要有技巧，还要有耐心，我想以后做任何事都得如此才对。

嘿，没想到这份特别的作业，带给学生们这么多的收获。其实，动手制作的过程就是最好的学习过程，而且能激发他们表达的欲望呢！真要感谢报纸上介绍的西方复活节的那篇文章，也特别感谢那些将复活节彩蛋习俗移植到中国的人们。是他们的努力，为我们提供了绝好的学习机会，这样的机会真不该错过。多给孩子们一些机会，让他们在实践中了解中西方文化的异同，其实并非难事，为什么不顺势而为呢？

下午的品德与社会课，由朱青青和卢邵菁主讲，课题是《方块字里探春秋》。她们制作的幻灯片，内容相当丰富，不仅介绍了中国汉字六千年的演变史，还特别介绍了甲骨文的特点：

因为字是用刀刻在较硬的兽骨上，所以笔画较细，方笔居多。

由于甲骨文是用刀刻成的，而刀有锐有钝，骨质有细有粗，有硬有软，所以刻出的笔画粗细不一，甚至有的纤细如发，笔画的连接处又有剥落，故显得浑厚粗重。

结构上，长短大小均无一定，或是疏疏落落，参差错综；或是密密层层，十分严整庄重，故能显出古朴多姿的无限情趣。

甲骨文，总体上虽然大小不一，错综变化，但已具有对称、稳定的格局。

她们不仅介绍了甲骨文的特点，还出示了许多甲骨文字让同学们来猜呢。“骑马射鹿”四个字就让同学们猜了好久，夏雪和蔡天恺给同学们作了详细的解释，大家才彻底地明白过来。

“其实，竹简也是汉字发展历史中不可忽略的一段，如‘韦编三绝’说的就是用熟牛皮绳穿的竹简，因为太笨重，经常会把穿的牛皮绳给弄断了。现在如果我们去北方的一些大型博物馆还可以看到竹简呢!”我补充道。

然后大家就练习绕口令，什么“东洞庭，西洞庭，洞庭山上一根藤，……”，什么“南南有个篮篮，篮篮装着盘盘，盘盘放着碗碗……”，什么“白猫黑鼻子，黑猫白鼻子……”，一时间教室里人声鼎沸，喧闹异常。

最后就是学习哈佛自习室里的名言：

我荒废的今日，正是昨日殒身之人祈求的明日。

觉得为时已晚的时候，恰恰是最早的时候。

每次品德与社会课结束时，我们就会朗诵几条，这已成为我们班的学习习惯。

瑞吉欧幼儿教育的创始人马拉古奇，曾以诗意的语言盛赞这个世界：“孩子有一百种语言，一百双手，一百个想法，一百种思考，游戏，说话的方式。一百种总是倾听、惊奇、爱的方式，一百种歌唱与了解的喜悦。一百种世界等着孩子们去创造，一百种世界等着孩子们去梦想。”看看孩子们的作品，听听孩子们自己上的课，就知道这样的赞美毫不为过。

小山上的风，吹啊吹

没有一个人能告诉我：
风从什么地方来，
风到什么地方去。
它从某个地方飞来，
以它最快最快的速度，
我总是没法儿留住它，
我拼命跑也赶不上它的脚步！
……

一上课，王韵雅就带着同学们诵读《小山上的风》，随后还读了《妈妈》这首儿童诗。

接着，我们就开始学习课本内容了。今天的主要目标是梳理《桥》一课中关于大雨和洪水的描写，并分析这些描写的作用。

同学们很快就梳理出来了：

1. 黎明的时候，雨突然大了。像泼。像倒。
2. 山洪咆哮着，像一群受惊的野马，从山谷里狂奔而来，势不可当。
3. 近一米高的洪水已经在路面上跳舞了。
4. 死亡在洪水的狞笑声中逼近。
5. 水渐渐窜上来，放肆地舔着人们的腰。
6. 水，爬上了老汉的腰。
7. 小伙子被洪水吞没了。
8. 老汉似乎要喊什么，猛然间，一个浪头也吞没了他。
9. 一片白茫茫的世界。

任宸娴同学是这样分析的：这些描写，既表现了突然来袭的雨势之凶猛，也表现了洪水涨势之快，更表现出情势之危急，人们渴望脱离险境的心情之急迫。危急形势的不断渲染，愈加突出村支书的沉稳、果断与无私。滚滚洪水中屹立着一个高尚、伟大的形象，那是村支书如山一般的身躯。

白茫茫的水世界，并不意味着空虚，留给人们的不仅是绵绵的哀思，亦有无限的人生思索。

“为什么对暴雨、洪水及人物语言描写大多运用短句呢？如‘像泼’‘像倒’‘桥窄’‘不要挤’……”课堂上，总有问题引导我们进行更深入的思考。

“那是因为雨来得突然，而且很猛，这样的描写可以表现人们心里的焦急。”一个同学说。

“村支书无法说更多的话，他冒着大雨，还要组织人们紧急疏散。”一个同学补充道。

“是的，危急之下来不及抒情、来不及修饰，所以语言最简洁。就像百米冲刺的最后一刻，观众喊的是‘冲’；紧急情况下的交警，挥手动作表示的意思是‘停’。暴雨、洪水中，村支书最要紧的是指挥大家撤离，所以他喊出的话就只能是‘桥窄’‘不要挤’。虽然语言压缩到最简洁，含义却依然丰富，如‘泼’和‘倒’，两个字即可凸显雨势之凶猛。古人有成语‘一字千钧’，由此可见一斑。”

接下来，胡梦霖给大家推荐杨清舜的小小说《画痴》，全文 805 字，压缩后大意如下：

画痴自幼习画，画龄已逾四十，没有亲人。

画痴嗜画成癖，以画为业，素不与人交往。虽一事无成，却带有艺术家的癫狂。画痴终生未娶。

画痴参加过九十九次画展，无一幅获奖，无一幅卖出！

虽多次遭人讥讽，却仍在画！

画痴穷困潦倒，为画画而卖血，捡垃圾中剩饭菜果腹。世人皆视其为怪物。

后画痴疯狂，抱画而熟睡。待将其怀中之画偷出展开，见一绝色女子笑于画中。仔细看时，忽觉那女子于画中走动，并发出银铃般的笑声。世人大惊，定神后复看，皆产生此幻觉，乃连声同叹：神画！

消息传出，世人大奇，争购其画。旋即，画痴之神震动画坛，画价暴涨。但画痴却一病不起。

一年后，画痴病愈重，医院称其将离开人世。是日，画家和新闻记者挤满画痴病塌前。见画痴骨瘦如柴，一世界著名画家叹曰：“可惜一画坛奇才，竟疯癫沦落如此……”言毕，画痴忽然清醒，猛坐起而云：“倘若我精神不失常能成奇才么？”话毕，暴笑而亡。

“为什么要给同学们讲述《画痴》的故事呢？”我笑着问。

“我觉得这个画家哪怕再贫困潦倒，也不放弃自己的理想，是个很了不起的人。”胡梦霖解释道。

“嗯，的确如此，能为自己的梦想而奋斗，哪怕一无所有也无怨无悔，很让人感动!”我也表达了自己的看法。

“如何理解这个‘痴’字?”

“没有理由的喜欢，舍弃一切地去追求，这就是‘痴’。”一个同学的解释。

最后，我在黑板上写下这样一句话：“全身心地投入、无怨无悔地追求理想的人，是值得敬佩的。”

我看到同学们若有所思的样子，不知他们是否真的理解了画痴的艺术追求。

忽然想到最近读到的《月亮和六便士》，这是英国作家毛姆的作品。书中的主人公查理斯·思特里克兰德本是一位证券经纪人，人届中年后突然响应内心的呼唤，抛家别子，舍弃一切到法国巴黎学习绘画。后辗转来到南太平洋的塔希提岛，与土著人一起生活。他从土著人那里获得了绘画灵感，创作出许多艺术杰作，后不幸身染疾病，死在岛上。临死前，他吩咐土著女子爱塔点燃了他们居住的木头房子，放火烧掉了他精心创作的大型壁画。或许在画家看来，他已经得到了自己所追求的东西，也看到了自己创造的美好世界，死后无须留下什么来证明自己。伟大的杰作只存在于传说中，一如我们想象的那般美好与脱俗。

毛姆这部作品的原型，依据的是法国印象派大师高更。不过，高更的艺术作品并没有毁掉。但是，高更的确是以自己的生命为颜料来创造的，那些色彩鲜艳的画作恰似一束束燃烧的火焰。画家似乎要以此种方式告诉人们：他是以燃烧生命为代价，来创造所有艺术作品的。

理解了高更也就理解了画痴，理解了他们也就理解了所有的艺术家。

小山上的风儿吹过，“一丛野草在渐浓的暮色中变成金黄，坚忍，闪烁，有着难以测度的可能。”(哑石)

只要有风儿吹过，祖露的心灵就可以捕捉到那清凉的一刻。

“一个人的光芒能持续多长?”也许村支书和艺术家们都没有想过，但是平凡如草芥的我们依然能感受到，因为我们都有一颗敏感的心。

最好的时光

早上到校，由伍杰锋带领大家诵读《孟子（节选）》。

“万乘之国，弑其君者，必千乘之家；千乘之国，弑其君者，必百乘之家。万取千焉，千取百焉，不为不多矣；苟为后义而先利，不夺不餍。”

“未有仁而遗其亲者也，未有义而后其君者也。”

王亦曰“仁义而已矣，何必曰利?”

继续诵读。

挟太山以超北海，语人曰：‘我不能。’是诚不能也。为长者折枝，语人曰：‘我不能。’是不为也，非不能也。故王之不王，非挟太山以超北海之类也；王之不王，是折枝之类也。

老吾老，以及人之老；幼吾幼，以及人之幼：天下可运于掌。

没想到他们读得那么好，也许这就是长期坚持诵读的结果吧。

课堂上，我们继续学习《悟空出世》。吕城详细介绍了《西游记》这部名著及著作者吴承恩，钟昊宜和曹斯睿出示幻灯片为大家做人物分析。

“我不太满意他们两人的分析。”朱青青举手道，“我觉得应该对人物的性格特点进行分析，而不是简单介绍孙悟空这个人物都做了些什么。”

我点头道：“你说得很有道理，就请你来为大家分析吧。”

朱青青说：“我查阅了很多资料，加上自己的理解，对孙悟空这个人物形象做了归纳。”下面就是她的分析：

他乐观、聪明、勇敢、顽皮，他热爱自由，叛逆无畏，充满了斗争精神。起初，他像不懂事的孩子，看似缺乏教养，其实是他天性热爱自由，习惯率性而为。尽管他将天宫搅和得天翻地覆，我们还是觉得他可爱，因为这就是他与生俱来的天性，这就是他孙悟空的特色。五百年后得以重回人间的孙悟空，在经过了多年的沉寂之后，变作了另一种成熟的可爱。他不会再那么骄狂，他的心中拥有了一个更宏伟的目标，不再为个人的自由奋斗，而是为他人的幸福奋斗。最终他与伙伴一起克服重重困难，清除祸害，完成伟大的事业，造福众生。

最终我们欣喜地看见，他完成了这样的使命，他的可爱又变作了第三种，那是英雄的可爱，无论放到任何一个时代，都会被人们喜欢和崇拜！

下面是热烈的掌声，这掌声中也包括我的一份感动。

真是太可爱了！不只是孙悟空，还包括眼前这个聪明的孩子！她一定花了很多心思去寻找、去整理，然后才形成这样的答案。

也许这个答案对她已经不重要了，更重要的是她追寻答案的过程。

“那你们知道孙悟空为什么是从石头里蹦出来的？作者这样写有什么意图吗？”我故意抛出一个有点“刁”的问题。

“是说他像石头一样硬吧？”

“嗯，不错。作者这样写是大有深意的。我想，作者可能是为了更好地突出孙悟空无君无父，也就无所谓门第及家教的约束，所以他无拘无束、无所畏惧、敢作敢为，还敢自封‘齐天大圣’。理解了他的生平经历，就能更好地理解他的性格特点，理解他以后的所作所为，这就是作者要在第一回写‘悟空出世’的原因。”

下午是习作交流。首先上来的是蔡丕泽，题目是《可怜的蝴蝶》，他写的是一个男孩“肢解”一只蝴蝶的故事，心里充满了悲伤的感情。

我就坐在一旁静静地看着，心里感觉很怪异。袁山从笔盒里拿出尺子和橡皮擦，做了一个简单的“跷跷板”，他把蝴蝶放在尺子的一端，然后高举拳头，准备猛地砸向尺子的另一端。

我简直就不敢看，只听“啪”的一声，蝴蝶飞到三尺多高，然后狠狠地落下来。但是袁山觉得蝴蝶反正没有什么感觉，多摔几次也无所谓。

于是他开始虐待蝴蝶，他把蝴蝶放进装了半瓶水的瓶里，疯狂地摇啊摇，然后，把蝴蝶拿出来，发现它还是活的！

这时的袁山有点不甘心，于是就用尺子对准蝴蝶的头部，一“刀”切下，头没了，可身子还在动。我想，这可能就是“第二脑”吧？

然后，那个可恶的“杀手”开始用尺子和铅笔解剖蝴蝶！

一只多么美丽的蝴蝶，就这么活活地被玩儿死。如果蝴蝶有来生，它一定不会再生为蝴蝶！

这只蝴蝶太可怜了，我为你默哀。

真是一个善良的孩子！我要为他鼓掌，不仅因为他的文字好，更因为他有一颗善良而敏感的心。

邓康延在《老课本　新阅读》中如是说：“教育的最高境界是使人对生

命敏感。我想起一本当代西方杂志上有一个相似的命题：‘物换星移不及一个小孩在谷仓一角沉思麻雀之死那样动人。’”我亦有同感。

接下来是伍杰锋的习作《外星人的仙水汁》，朱青青的日记《买生日礼物》，文笔都不错。前者是男孩子带点幻想意味的救世理想，后者是女孩子的生活琐记，但都是极好的练笔。尤其是后者，虽是流水账似的日记，但可以训练孩子们观察生活与记录生活的能力，特别是，留意生活中的细节对训练眼力极有意义。

不得不提的是刘缙缙的练笔。刘缙缙是一个自觉追求人生理想的孩子，每一次读她的练笔都会受到强烈的震撼，这次也不例外。同学们都静静地听她吐露心声：

法国著名启蒙思想家卢梭说过：“人生而平等，却无往而不在枷锁之中。”我觉得这句话不能反映我们生命的真实状态，真实的状态应该是：“人生而不平等，却无往而不在打破自己生命枷锁的努力之中！”付出不一定会有收获，但有收获就一定要付出。是的，我们必须付出，无论多大的代价。

读她的日记和练笔，我看到了一个孩子的精神成长。这一切都来源于课外阅读，是书籍教会了她思考，是书籍给了她成长的力量！

下课后，才发现忘记介绍卢邵菁的读后感了。

《沉思录》有一种不可思议的魅力，它甜美、忧郁而高贵。

马可·奥勒留使人有这么一种朴实的信仰：面对宇宙自然，一颗高贵的道德良心是任何民族、国家，是任何革命、任何发现也都不能改变的。

明知这是从书中抄来的句子，但我还是被感动了。找卢邵菁借来《沉思录》翻看果然是的，前面抄的是美国费迪曼《一生的读书计划》中的一句，后面抄的是法国雷朗的话。《沉思录》是一位古罗马的帝王马可·奥勒留在鞍马劳顿中写的一部书，虽然他的勤奋工作没有能够挽救古罗马，但是他的《沉思录》却成为西方历史上最为感人的伟大著作。

我忽然想起刘缙缙曾读过这本书，一问才知道她已读过几遍，家中有四个版本的《沉思录》。我大为惊讶。

不是所有的孩子都能读这种具有深刻哲理意味的书的。这个年代，能静心读这样的书的孩子已经不多了。但愿我的孩子们能通过这样的阅读培养起真正的哲学精神来。

著名电影导演侯孝贤曾有这样的一首诗：

生命中许多吉光片羽，无以名状，难以归类，

也构成不了什么重要意义，
但它们就是在我心中萦绕不去。
譬如年轻时我爱敲杠，
撞球间老放着歌 Smoke Gets Your Eyes……
我称它们是，最好的时光。

内心的波澜渐渐平息，耳边的喧嚣渐渐停止，回味一天的工作，那些精彩的、灵光一闪的瞬间霎时重回眼前。

品着一杯普洱茶，然后一个字、一个字敲着键盘记下心中的感动，这样的生活于我就是“最好的时光”。

传奇，也可以这样走近我们

早上，读古诗词，读《孟子》节选，然后再读《三十六计》，这几乎成了我们每日的习惯。听着孩子们读啊，读啊，竟然觉得经典并未走远，传奇亦可以以这样的方式走近我们。

今天的课堂交流，是关于第五单元元明清古典章回小说中的人物性格分析。高漪安对曹操和刘备两个人物的分析略显简单，所以大家不太满意。李泳茵是非常积极的，还做了幻灯片，但大家对她的分析还是不太满意，黄沛云对廉颇和蔺相如的分析倒是恰如其分，谭晰元亦做了补充分析，内容如下：

廉颇为人暴躁鲁莽，但他有胆有识，勇武非凡，真诚豪爽，是赵国有名的将军。

蔺相如为人深谋远虑，稳重谨慎，宽宏大量，机智聪慧，是受人爱戴的相国。

伍杰锋倒是查了不少资料，但大家都说他做的是人物生平简介，不能算人物分析，只有刘缙缙的分析最合乎要求，所以我录在下面了：

曹操，雄才大略，慧眼独具！胸襟博大，乐观宏达，且多在危难之中见精神。性格的复杂性和多重性在他身上得到了充分的展现和融合。胸有大志，心系天下，目光远大，识英雄、重英雄。曹操是一个受过良好教育且有真才实学的英雄。怀着拯救天下于水火的远大抱负，一生霸道但绝无忤逆之心。他的人生目标只是治理天下，力挽狂澜，一生绝无背叛汉室之心。从《短歌行》可知，他只是想做周公那样的人物。但《三国演义》一书，把曹操刻画成一个心狠手辣和野心勃勃的人物，实在是有悖史实。

刘备，弘毅宽厚，知人待士，盖有高祖之风，英雄之器焉。他能屈能伸，思路敏捷，城府很深，英气不显于外，且遇事审慎，临危不乱，多有决绝之举。在《三国演义》中，作者把刘备描写成“仁”的代表，汉室皇权正统的继承者，因而对刘备的仁爱、宽厚和知人善任的性格特征着力描画，极尽夸张，所以刘备给人以仁慈和重义的感觉。

电视剧中的刘备常常以泪洗面，哭与泪虽然表现了刘备的“仁”，但又给人以刘备的天下是哭出来的印象，扭曲了刘备作为英雄的真实形象。

“刘缗缗同学的分析倒也中肯，当然也有瑕疵。仅凭曹操的一首诗就判断他是怎样的人，这也未免太简单了，因为历史人物是很复杂的，所以我们在分析时要多参考一些资料才好。另外，《三国演义》毕竟是一部文学名著，分析文学作品中的人物不能与历史上的人物完全等同起来，这是要注意的。”我提醒道。

“至于文学作品中的人物该如何分析好呢？有没有好的办法？”针对同学们过于简单的分析，我提出了问题。

“我认为要从三个方面来考虑，一是根据手边的各种参考书；二是要通过互联网，查找相关资料；三是可以阅读相关品评类书籍，如《话说三国》之类的书籍。”张桢熙同学帮忙给予了路径指导，我认为是可行的。

“一定要结合自己阅读后的感受来分析；别人的分析只能作为参考，因为对每个人物我们都会有自己的看法，不要人云亦云。”我又提醒道。

虽然我知道还有一些同学没有读过或是已经读完了四大古典名著，但是通过这样的交流与学习，或许就会让一些同学爱上这些名著，经典或许就会不期然地走近我们。

下午读学生日记，读到许多精彩的文字，特别值得一提的是毛振铭——一个“小步走路”的同学，他的题目是《金蝉脱壳》，写的是一只正在脱壳的蝉：

它全身都是红的，身上有一些泥巴，湿湿的，有两个拇指的指甲那么大，没长翅膀。突然我看见它的头“嚓”的一下裂开了，裂缝慢慢延伸到它的“腰”部。一个小小的脑袋出来了，然后是身子，接着它慢慢变成了黄白色，我看着它一动也不动地待在那里。

第二天再去草丛里寻找，却只看到一个壳，它早已不知去向。我猜它一定爬到树上去了，但我没有听到它的鸣唱。也许还要等几天吧。

郭伟俊的观察也相当细致，他发现：

蜘蛛总是白天休息，晚上才开始活动。傍晚那只蜘蛛慢慢从屋檐下的瓦片底下爬出来，沿着细长而柔软的蛛丝爬过去，这有些像马戏团的杂技演员走钢丝一样。

突然，一只蚊子闯入了蜘蛛的领地。这时蜘蛛飞快地冲了过去，那只蚊子也就被蜘蛛抱在嘴边，成了蜘蛛的一顿美餐了。

我还发现蜘蛛结网十分精巧，它总是先织一些弯曲的地方，然后再织横的。

就这样观察着，记录着，郭伟俊已经坚持很久了。一个男孩子能做到这一点，真不容易啊。

最后不能不提的是刘缙缙，说到日记总也绕不开她，这个女孩子实在是太优秀了，我惊喜地发现她越来越有思想了，这篇《游外伶仃岛》让我见证了一个女孩的成长。

节选一个段落吧：

游外伶仃岛

从香洲港坐船两个半小时，我们踏上了这神奇的岛屿。海风一吹，心情不禁舒畅了起来，湛蓝的海水，隐约透着几块礁石，这样含蓄的美，让我想起了一个词——淡雅。这个涛声不绝的外伶仃岛因文天祥的一首诗《过伶仃洋》而出名，“人生自古谁无死，留取丹心照汗青”的诗句也深深镌刻在我的心里。

今天，伶仃岛上的天祥路还在延续，在向游客诉说着那段历史、那段传奇。而多年后，我来了，我领悟着那段厚重的历史却无力续写传奇。

我们放下行李，倍感轻松，一出门便是沙滩，我来到海边，看着碧蓝的海水，眺望远处那烟云迷离的岛屿，再往前望去，就是水天相接的地方，从黄色的沙滩，变成浅青色的海水，然后渐变成深青色，深蓝色……直到那远处的海平面，带给我那样一段听涛的浪漫……

清晨第一缕阳光穿透窗户，照到了我的脸颊，我微微睁开眼睛，一股海的腥味扑鼻而来，虽然是腥味，却让我感到阵阵轻松、自然。此刻，我在倾听海浪的诉说，诉说这个岛屿的美丽传奇。

吃完早餐，我们便开始了今天的行程。我们说说笑笑走在上山的路上，一片林荫，一片绿地，一片阳光。几只蝴蝶，几团花影，几声鸟鸣，还有人们的笑声。

我们一边贪婪地欣赏着美丽的景色，一边与蝴蝶嬉戏。就这样，不知不觉来到了半山腰。

我向四周环望着，这满山遍野的景象让我吃了一惊！哇，这天然形成的山石错落在这山间真可以说是万山棋局！

登高远望，整个万山群岛犹如一把翡翠散落在伶仃洋上。而群岛星罗棋布，又像是一盘棋，任由我思绪驰聘，指点江山。在不同的季节，这儿的气候肯定也变化莫测，群岛肯定也风云变幻，气象万千。海作棋盘岛作子，不知谁人能下！

……

我相信这样的文字来源于不断的阅读与积累，从这里，我看到了阅读的神奇力量。刘缗缗已经开始从阅读中有所收获了，很多同学都和她一样开始从阅读中收获了。同时，我也从他们的习作中收获了快乐。

想起最近读到的《苍凉的独白书写》（蒋勋）一书，这是他专为苏轼的《寒食帖》而写的导读。书的前言中有一句话打动了我：打开传说中的书，原来就是打开了自己的梦想与未来。

借助于传说中的书，孩子们逐渐打开了自己的梦想与未来。每想到此，我都感到欣慰。

累着，也是快乐的。

珍贵的微尘

果戈理说：“我对我国字字珠玑的语言感到惊异，每一个声音都不啻一件礼品；全都饱满而又硕大，就像珍珠，真的，有些东西的名称比东西本身还要可贵。”

康·帕乌斯托夫斯基也如是说：“俄语中有许多字本身就放射出诗意，一如宝石之放射出闪烁不已的神秘光泽。”

诚哉斯言。我也会常常从阅读中感悟到汉字的神奇与美妙。此处并不想啰嗦，也许读一读孩子的习作你就可以体会到汉字的魅力。

康·帕乌斯托夫斯基还说：“凡是存在于自然界的一切：水、空气、天空、云、太阳、雨、树林、沼泽、河流、湖泊、草地、田野、花朵和青草，在俄语中都有大量传神的字眼和名称。”

他主张我们要向农民、船夫、牧人、养蜂人、猎人、渔夫、手工业者、农村画家、手艺人等以及一切饱经世故的人学习语言。

“他们不开口则已，一开口无不字字金石。”

我深以为然。就连小孩子也是这样，他们常常是我学习语言的老师。我把他们的习作当成了宝贝，这些“珍贵的微尘”给予我的快乐，甚至超过了许多作家的作品。

我想起最近读到的一篇文章《听听老歌吧》，是才女谭晰元的一篇日记：

“夜来香，我为你歌唱，夜来香，我为你思量……”邓丽君的声音有些低沉，但正好诠释了此曲的神秘感。我好像看见了月光下小小的、白白的夜来香散发着浓郁的清香。

听着听着，我不知怎么的，泪水溢满了眼眶。

相比之下，你会发现女孩子往往写得委婉、抒情，而男孩子则显得热烈、奔放，一发而不可收，如万浩然的《空间大战》。

“叮铃、叮铃、叮铃！”又下课了，我立即找来刘琛明玩“空间大战”。

这是一个实体游戏，玩法很简单，你只需折几个纸飞机，然后用上你灵活的四肢就可以了！

首先，刘琛明分在楼梯间下面，我则分在上面。下面的有三个纸飞机，上面的有两个纸飞机。

开始了！刘、万两国在相互用大炮（纸飞机）轰炸对方，它有可能把对方的国王给“黄金爆头”了，也有可能用太大力让飞机飞得很不稳，最后从三楼楼梯间飞到一楼楼梯间，当然更有可能飞机不朝对方飞去，而是拐弯抹角地飞回来了。“灵活的四肢”就是用在躲“大炮”上的。

我经过许多次失败才想到：光靠大炮单个单个地打是打不中对方的，因为刘琛明灵活得就像猴子一样，就差在楼梯间种棵树让他在上面飞了，可想而知很难命中。但可以用散弹呀！一个大炮打不死你，但我用连环炮看打不打得死你！哼！

正想着，刘琛明就一个一个地把飞机扔了上来。

“嗯，正合我意！”我捡起这些飞机，然后一股脑把所有飞机给射了出去。结果一个也没有命中，都跑到二楼去了！趁刘琛明去捡飞机这个空档，我下去把刘琛明的“城”给占领了！

哈哈！我现在是美尼斯二世了！假如把楼梯间比作“埃及”的话，那现在“上埃及”和“下埃及”都被我“统治”了！

我！美尼斯二世！统一了埃及！

哈！哈！哈！

现在，你可以体会到一个会学习的孩子是多么善于表达了，他们的语言能力完全超出了我们的想象！

马斯洛曾说：“几乎任何一个孩童都能在没有事先计划的情况下即兴创作一支歌、一首诗、一个舞蹈、一幅画或一个剧本，一个游戏。”反过来说，儿童的艺术王国里那些童话、诗歌、表演和游戏等，都在为儿童的创造力提供着一个可以自由挥洒、恣意奔涌的广阔空间。

诗意地理解生活，诗意地理解我们周围的一切。这是孩子在习作中随心所欲表达的，也是孩子通过那些生动的文字告诉我们的，虽然他们自己并未意识到这一切。

在语言的学习过程中，儿童创造性地运用语言的能力远远超过了成年人。或许有一天，他们就能从这样的写作练习中获得某种启示，并从此爱上写作。

再如卢邵菁同学的一篇习作，其独特的观察与感受和个性化的表达，让你难以相信这是出自一个五年级的孩子之手：

星期六，本是一个平常的日子，可是，我却遇到了一个很不平常的人，他就是里宁!

在深圳，知道里宁的人一定很少吧，因为他只是一个街头艺人。

他没有华丽的舞台，也不要炫丽的彩灯，只要匆匆的路人，停下脚步，在热闹的城市里，感受一丝丝的宁静。他也不要钱，只要聆听者!

我静静地听他拉完一首小提琴曲子，心里顿觉好安静。静静地站在那儿，好想再听下一首。

他也停下来，看着我们这些聆听者，脸上浮现出了一丝丝的笑容，让人觉得好美。

他笑着说:“我来自桂林，让大家见笑了，大家对我的演奏有什么建议，尽管提出来，我会改进的!呵呵，我在桂林已经小有名气了!”

“哇——见到明星了耶!”我拿起他说的那个“留言本”写了起来。

我写的是“你好”，我不知道我写错什么了没有，我本来想写:您好!可是，我觉得写“你好”就好像把他当成了老师和朋友那般亲近。

他依然用那样温柔的眼光注视着我们，好温暖!

不知道是人让我受感染了，还是优美的琴声让我受感染了，也许二者都有吧，毕竟这样面对面近距离接触艺术家还是第一次。

我知道接下来的路，还很长很长，我们都需要独自走过。

神秘莫测的世界，是什么在前方等着我，我不知道，但这段音乐，还有这个街头音乐家，会在心底温暖我。

只要有时间，我还可以举出更多的例子来证明:我的孩子们是多么富于创造力!有些时候，不是我们在教育和影响儿童，而是儿童以自己独特的行为和方式在影响着我们。是他们如阳光般灿烂的诗意语言，将我平淡的日子照亮!

跟孩子们在一起，我不想说教育，我更愿意和他们一道分享高品位阅读带给心灵的快乐!这种简单的方式，更有助于唤醒儿童沉睡的“人格心灵”。

蒙台梭利说:“儿童是每一个人的温情和爱的感情汇聚的唯一焦点。一谈到儿童，人的内心就会变得温和愉快。整个人类都享受他所唤起的这一深厚情感。儿童是爱的源泉。我们一触到儿童便触及爱。”对此，我深信不疑!

不知道是谁说的了:上帝等待着人在智慧中重新获得童年。

我憧憬孩子们能拥有一个幸福的童年，它包括有宽度、有深度的阅读，有质量、有热度的生活。藉此感悟自然，体验人生，从而健康成长。

请相信一句话:心灵成长了，内在的语言也会自然成长。

这一页，不该错过

阅读关于母亲节的日记，绝对是一种超值享受，这是我多年来的经验。

打开日记本，果然是惊喜连连。

全班有二三十个孩子是写做饭的，他们想用这种独特的方式来表达对母亲的感谢。他们的表述都很精彩。

周浩伟同学的《咸咸的胡萝卜丝》，绝对是一道独具特色的“美味”：

我像妈妈平时切菜一样，将胡萝卜切成丝，虽然我尽了力，可还是切得不太好。

接下来就是炒菜了。先倒点油，油热以后，把胡萝卜倒进去翻炒，再放盐，可是我手一抖，把好多盐倒进去了，糟糕！可倒也倒了，只好将盐炒匀了。

等妈妈回来后，我把炒好的胡萝卜丝端给她。妈妈激动得说不出话来。

我问妈妈：“味道咸吗？”

妈妈说：“伟伟做的菜，无论怎样，都是最好吃的！”

肖梓鹏因病在家待了很久，所以对母亲特别有感情。他既买了鲜花还包了饺子，而且居然能把饺子煎成金黄色，这样的举动能不打动妈妈吗？结果妈妈“流下了激动的泪水”，还直夸儿子长大了、懂事了。

夏雪也是买鲜花，制作精美的贺卡，然后和爸爸一起为妈妈准备丰盛的美味大餐。看看这位妈妈的反应吧：

看到桌上的鲜花、贺卡和美食，妈妈哭了。

“妈妈，你怎么哭了？”我问。

“没事儿。”妈妈拍拍我的头说。

听到这话，我心想：肯定是我以前没有做好，才会让妈妈那么惊讶！

夏雪呀，你哪里知道是你的爱心感动了妈妈，可你却还在检讨自己呢！假若你的妈妈看到这篇日记，还不知道会有多么感动呢！是发自内心的。

唐浩同学平时一副心不在焉的样子，可在母亲节这一天，他居然也为妈妈买了一个小型蛋糕和一个小礼品，结果“妈妈的眼泪像断了线的珠子一样流个没完没了”，下面的话就更有趣了：

我急忙劝道：“您别哭，您为我做了那么多事，我也没有天天抹泪，我就做了这么点事也不至于吧！您要是喜欢我天天给您买。”妈妈一听更是泣不成声了。

唉，我想不明白，为什么父母在孩子的感恩行动中如此脆弱呢？

是啊，母亲们的举动，孩子们现在怎么可能理解呢？也只有当孩子们也为人父母的时候，才可能真正理解。

为妈妈买上一份小礼物，或是制作贺卡、小礼物、叠幸运星的同学也不少，这样的表达也很富有童趣。

谭晰元是为妈妈们写了一首诗附在卡上：

在这个万人瞩目的日子里，

你们是那么的闪耀。

天下的母亲，都是我们的母亲。

天下的母亲，我爱你们！

在刚刚结束的校科技节上，万浩然同学为班级夺得动力小车大赛团体第一名立下了汗马功劳！他想为妈妈制作一个“惊喜”，可是这位妈妈居然忽略了他的爱，可以想见他的失落：

我把科技节比赛留下的气球吹得大大的，再打个结，还特意在气球上画了个大大的笑脸。

可是妈妈回来看到我的礼物感觉很幼稚，但我想说：“这东西虽然幼稚，但代表了我对你的爱呀！这是爱！”

唉！妈妈忽略了我对她的爱呀！

烦人！

真是一个粗心的妈妈呀！希望天底下的所有母亲，都不要忽略了孩子们的真情流露。哪怕是微不足道的爱，也都是源自孩子们清澈的心田。

我很欣赏卢绍菁的表达方式及叙述语言：

我拿起装满祝福星星的瓶子，做了三次深呼吸，向妈妈的房间走去。

“老妈，节日快乐！”

我感觉到温暖流遍了房间的每一个角落。

妈妈，今天属于你！今天的世界属于你，今天的鲜花属于你！今天的阳光、树木和新鲜的空气，一切的一切，全都属于你！

如果她的妈妈此刻读到这样的文字，我相信她一定会激动地流下眼泪，不是因为一份小小的礼物，而是因为爱的独特表达。

还有一个为妈妈叠幸运星的，是任宸娴。平日里大大咧咧的“武术之星”，现在变成“窈窕淑女”了：

五分钟过去了，十分钟过去了，半小时过去了。呼——终于折完了！我把两个小瓶子拿在手上想了想，最后选中那个有蓝色丝带的可爱的小瓶子。一颗、两颗……看着亲手折的星星一颗颗装进了瓶子，我心里是止不住的高兴与激动。

“妈妈，母亲节快乐！”我双手递上瓶子，嘴角上扬25度地说。

好温馨的画面啊！

可惜没有留下照片，否则就成为回忆中的“经典画面”了。

给妈妈写一封信，这样的表达也许不太新鲜，但是可以恒久，因为留下了精彩的文字。刘缙缙和陈思文都选择了这样的表达方式。

刘缙缙在信中对妈妈说：“不管岁月多么无情，我们彼此之间的爱永远不会改变。也许在长大后的某一天我再次拉着你温暖的手，那时已经是一双满是皱纹的手了，但妈妈给我的爱永远不会改变。”

陈思文则是趁妈妈出去的当儿，写好了一封信，连同几个月前早就做好的礼物，一起放到了妈妈的床边。她说：“您教会我走路、梳头、握筷子、骑单车……我慢慢长大，您慢慢变老，开始忘记一些事，我含泪给您一遍遍回忆。慢慢地，您开始走不动，我便会扶着您，就像您当年牵我走路一样。”

我当然知道这段话引自互联网，但是陈思文的信还是感动了我。恍惚中，我好像也看到了老母亲慈祥的身影和含笑的模样。我自责没有好好地向母亲表达我的爱。

还是刘琛明说的好：“我们究竟拿什么来孝敬母亲呢？难道非要等到长大吗？难道现在就不可以付出吗？即便是为母亲做一点微不足道的小事也好啊！帮妈妈洗洗碗、捶捶背总可以做到吧！”

是的，只要想做是可以做到的，因为母亲要求的总是很少。

关于爱，自由音乐人叶子说出了我的心里话：“爱是不嫉妒不自夸不做害羞的事，爱是恒久忍耐。”

理解了这句话，就知道什么是爱了。相处在一起的人们也就不会互相抱怨了。

但愿我的孩子们记得自己为母亲带来的快乐，并时时记得付出爱。

石头碎裂，开放成花朵

早上继续诵读古诗词。薛瑞萍老师说："日不间断的记诵，就是炼心的过程。水滴石穿，绳锯木断，天长日久，积累的是语言，培养的是诗性，也是定力和静气。"我深以为然，生怕因为自己一时疏懒而中断了每日的功课，所以常常在心里提醒自己。

我听孩子们读："伫倚危楼风细细，望极春愁，黯黯生天际。草色烟光残照里，无言谁会凭阑意……"恍惚间，有清风拂面；草色烟光残照里，诗人的身影被斜阳拉得长长的……

再听孩子们读："伊吕两衰翁，历遍穷通，一为钓叟一耕佣，若使当时身不遇，老了英雄……"我看见，从事耕种的伊尹作为奴隶陪嫁给商汤，晚年在渭水边垂钓的姜子牙遇到了周文王……

我突然想到：历史从未化作沙砾随风而去，而英雄也并未老去，他们依然那么鲜活地留在世人的记忆中。

然后再读张晓风的《我喜欢》，冰心的《说几句爱海的孩子气的话》，梁实秋的《雅舍》……

时间在悄悄流逝，孩子们在慢慢成长。

课堂上，是对经典的梳理与回味。

余瑞琪首先对短文《小嘎子和胖墩儿比赛摔跤》进行语言特色分析。

他的分析极为简洁：一是动作描写极为细腻，通过"站、围、蹦、转、抓、挠、揪、推、拉、拽、顶、扳"等表示动作的词语，从不同的方面对小嘎子的摔跤动作进行了细致的描写；二是夹杂着对小嘎子心理活动的描写，表现出小嘎子争强好胜的性格特点。

"分析得不错，我想补充一点，其实这段话还运用了对比的写法，这样更能突出小嘎子的机灵、活泼与不服输的性格特点。"刘琛明补充道。

"大家都认为这段话写得生动，是因为运用了比喻的修辞手法。大家去读读这几个比喻吧。"我也补充了一点。

接着是对严监生这个人物的分析与评价。

蔡天恺分析得不错：严监生是个爱财如命的人。他死前，总断不了气，却一个劲儿地伸出两个指头——原来他看到灯盏里点着两茎灯草，怕多费了油。多点了一茎灯草，竟会使一个行将就木的人放心不下，难以断气。这种艺术的夸张，活生生地刻画出严监生这个守财奴的形象。

肖梓鹏的补充也很有道理：以往评论多把严监生视为贪婪无比的吝啬鬼，其实并非如此。严监生虽然很吝啬，但并不贪婪，没有成为"鬼"，充其量不过是一个胆小怕事、勤俭本份的封建土财主而已。

"其实世界文学画廊中还有一些很典型的吝啬鬼形象，如莎士比亚的《威尼斯商人》中有一个叫夏洛克的高利贷商人，他就是一个贪婪、阴险、凶残的吝啬鬼形象。法国剧作家莫里哀的《悭吝人》中也有一个有名的吝啬鬼形象——阿巴贡，他爱财如命、吝啬成癖，他不仅对仆人及家人十分苛刻，甚至自己也常常饿着肚子上床，以致半夜饿得睡不着觉，便去马棚偷吃荞麦。他不顾儿女各有自己钟情的对象，执意要儿子娶有钱的寡妇，要女儿嫁有钱的老爷。当他处心积虑掩埋在花园里的钱被人取走后，他呼天抢地、痛不欲生。作者以生动而幽默的语言勾勒出一个视钱如命的守财奴形象。

法国作家巴尔扎克的《守财奴》中的葛朗台，也是一个典型的吝啬鬼形象。他一生只恋着金钱，从来只是认钱不认人。看到金子，要占有金子，便是他的执着和狂热所在。他抢夺女儿的梳妆匣，像老虎一样扑向睡着的婴儿。教父给他做临终法事，他竟想把镀金的十字架一把抓在手里。他临死时最依恋的不是唯一的女儿，而是将由女儿继承的那笔财产，并吩咐女儿要好好代为管理，等到她也灵魂升天后到天国与他交账。他一生疯狂地追求金钱，占有金钱，最后被金钱所累时仍竭力呼唤着金钱而走向坟墓。金钱已经使他异化成鬼，一个疯狂狡诈的吝啬鬼。

俄国作家果戈里的长篇小说《死魂灵》中的泼留希金也是吝啬鬼的典型代表之一，他是俄国没落地主的典型。腐朽没落是泼留希金的个性。虽然他拥有数不清的财富，却过着连一般穷人都不如的生活。他本人的吃穿用度极端寒伧。衣服很像一件妇人的家常衫子，且沾满了面粉，后背还有一个大窟窿。头上戴的帽子，就如村妇所戴的，颈子上也围着一种莫名其妙的东西，是旧袜子？腰带还是绷带？不得而知，因为已无法判断是什么东西了。"

"这四个经典的吝啬鬼形象，将人性中的黑暗面——吝啬贪婪发挥到了极致。由于对利益的追逐，他们丧失了人的理智与最基本的人性，而表现得异常愚蠢、下作和卑鄙无耻，以至于到了令人作呕的程度。了解和认识这四位吝啬鬼的形象，有助于我们提高文学鉴赏力，认清人性中的黑暗，净化我们的心灵。”

下午的备课会上，我们谈论起本次的作文训练——写一件自己亲身经历的令人感动的事情，但不知为什么有很多学生写不好。

大家分析的原因如下：

一是孩子们年龄尚小，或许他们的人生经验中就缺乏令人感动的体验，所以无法达到习作要求。

二是孩子们本身缺乏对生活的细致观察与感受，即便有过令人感动的事儿，但没有捕捉到这些细节，过后就忘记了。

“是不是因为现在的物质生活太丰富了，所以别人为你做的点滴小事也就不放在心上了，此所谓心灵的钝化。”我分析道。

“如果在生活中有一些感受，然后再编写一点，我认为也是可以的。”一个老师说道。

“当然可以。总比没有任何内容强。”是附和，也是认同。

“我当初是不允许写两类材料的，一是下雨天送伞，二是生病住院。”大家哈哈大笑，似乎都有同感。

“我想起一件往事。我有一个学生写的就是住院的事，但确实很感人。其实这位同学的材料并不神奇，只是她抓住了感人的细节而已：她有一个非常粗心的姨妈，有时会打错电话到别人家里去，自行车已经丢了三辆，路上遇到熟人会聊个没完，结果忘了该买的东西。可就是这样一位姨妈，在外甥女生病住院期间，却不忘记录下外甥女的点点滴滴，连每日用的什么药，医生有什么叮嘱，也都一一记下。看到姨妈的小本子，她真的感动了。这说明生活中感人的事情的确存在，关键是孩子们有没有深刻的体验与感悟。”

我那时是在批改学生日记时发现了这个细节，然后指导学生写成作文，后来居然在《语文报》上发表了。

由此看来，用心观察、及时记录是十分重要的。所以，我一直倡导写观察日记，那是逼迫学生审视生活与自我反省的一种方式，更重要的是让他们记录下生活中的细节。

“没有细节，作品就没有生命。”

“关于细节的意义，普希金曾提及过，他说小事往往会被我们的眼睛忽略掉，可是却能在众人眼里闪耀出光芒。”

还有，“不懂得细节只有在性格化的情况下，只有在能够像一道光芒那样立时把黑暗中的任何一个人或任何一个现象照亮的情况下，才有权生存，才不可或缺。”康·帕乌斯托夫斯基在《金蔷薇》一书中如是说。

而我相信，一个细节可以使读者对一个人物产生深刻的印象，这种印象远远大于大量空洞的叙述文字。所以说，一个生动的细节足以照亮全篇。我们需要的是用锐利的眼睛去发现隐藏在琐碎生活中有价值、有意义的细节。

这样的眼力是需要训练的，我始终相信日记是训练眼力与表达力的最好的方法。

打开电视，刚好收看到深圳电视台做的《鹏城遗韵》节目，电视台特地用粤语介绍客家文化中最有特色的舞麒麟。面对日益式微的舞麒麟文化，作者说：“在岭南各色民间艺人中，能像黄飞鸿那样威名传播于四海的能有几个呢？这些舞麒麟的民间艺人，也许一辈子都寂寂无名，在他们看来，这些都不重要了，重要的是对舞麒麟的那份信念与坚持。”

虽然很多事情看起来不那么起眼，能坚持下来却不容易。对于今天越来越浮躁的教育，我们需要的不也是那样一份坚持吗？

我们需要耐心地等待与默默地坚守，像等待花朵的开放与果子的成熟。正如葡萄牙诗人安德拉德所言：“我将等待你，直至万籁俱寂。直至一块石头碎裂，开放成花朵。”

未来的“自然”意识

在齐齐发射的五支小“火箭”的烟光火影里，学校科技节正式开幕了！

人群中，我和孩子们一起观看了大量的科技实验。从简单的“鸡蛋不沉”“可乐爆破”等物理小实验，到充满神秘色彩的化学小实验，孩子们兴致盎然地操作与验证、解说与答问着。我们边走边看，充满好奇与想象、欣喜与快乐。

茂盛的榕树下，孩子们体验或见证了科学的巨大魔力，为师的亦在这样的求学氛围中感受快乐，毕竟都是孩子们亲自在操作实验。这样的体验是深刻而持久的，因为我们共同参与过。

最让人开心的是五年级的动力小车实验比赛。

在高大、空旷的羽毛球馆里，早已聚集了一些参赛的选手及众多的拥护者。还未正式比赛，就已经热闹非凡了。各位参赛选手正在对自己的小车进行最后的调试，有的干脆就在场地内练习了起来。看着自己亲手装配的小车在场地内自由奔跑，选手们紧张而兴奋，并期待着正式的比赛。

万浩然的妈妈已经将相机送来了。趁着孩子们训练的时候，我给他们拍了照片，近景，远景，特写，一个也没落下。

“你们准备得怎么样了?”我带着笑意问道。我其实知道孩子们的实力。

“我们的小车超好！老师，您就放心吧。”万浩然自信满满地说道。

“万浩然特意买到了抗摩擦力的轮胎，还买到弹力特别好的气球，等会儿您就知道了。”张桢熙逐一向我介绍道。

“我们小组已经多次试验过，可以说我们的动力小车性能是最稳定的，而且我的气球可以吹很大，到时可以跑很远的。”万浩然很内行地说道。

“老师，我告诉你，他买的气球是五块钱一个，特别棒。”张桢熙笑咪咪地说，“我们有信心取胜。”

“尽管李泳茵的那辆小车性能差一点，但在我们年级也算不错了！”谭嘉炜介绍道。

“我们这两辆小车都有可能取胜！老师，你就等着看正式的比赛吧。”

万浩然简直是信心“爆棚”呢。

我当然是信他的，我有理由相信他。我班参赛团队的几个同学，反复操作试验，不断调换配件，直至找到更好的配件，让小车跑得又快又稳。我真的佩服这些孩子们！他们能走到这一步实在不容易，尤其是李泳茵，一个经常缺交作业的女孩，原来也是这么了不起！

看来，了解一个学生需要很长时间。平日里，你不知道他们的潜力到底在哪里，到底该怎样去开发；只有让他们参与更多的活动，才能知道其真正的潜力在哪里。

比赛结果不出我所料，果然是我们班的选手获得团体第一名！在我提前离开比赛场地后不久，就有几拨同学来报告，个个都是那么兴奋、自豪。当然，我也不例外。

读读万浩然的日记，更能了解孩子们当时的心情。

我的小车和李咏茵的小车被老师选中了！

你看，我的小车与众不同：四个四驱车的车轮，车身前加装了“挡球板”，配的是加长型圆气球。

“挡球板”是用来挡住气球的，要不然气球就会卷入轮胎中！

赛前我们调试了一下小车，性能异乎寻常的好。确定没问题才坐下等待比赛。

比赛终于开始了！一班的小车可谓是“异想天开”，就两个轮子也行？但它其实才跑了1米之多!!!

二班的小车可真“菜”，不是车跑了一点点路，就是气球飞了车没动。看来是没希望赢了！

终于轮到我上场了，场上立刻响起一阵欢呼声。那是我的“粉丝”们在为我加油。

我把气球吹得大大的，稳稳地安在小车上，然后把小车放到地上。3，2，1，跑！小车犹如一只离弦的箭一般冲了出去。唉！跑歪了。啊！小车撞墙了！我们班的同学都叫了起来。我赶紧跑过去，听到张老师说：“13米！”我不禁欢呼起来：“13米！整整跑了13米！”

但是四班的一辆小车跑了大约15米。我的心一下子收紧了。

下来之后，我们赶紧调试车子，以期待下一轮的比赛。我在心里暗暗为小车加油。

没有想到，后两轮比赛，我的小车撒着欢地从羽毛球馆中间跑过，一次比一次的成绩好。我咧开嘴大笑。场上一阵欢呼声，那都是在为我而喝彩。

我一边读一边开心地笑着。

不单为这些生动的文字，还有文字背后的故事。我看到了一个热爱科学、不断钻研的好孩子，他用自己的行动告诉我们：一切皆有可能！任何时候，我们都不要低估了儿童的智力。他们对喜爱事物的研究热情并不亚于一个成年人，有时甚至在成年人之上，因为他们更专注、更单纯。

有趣的是，我在《明日风尚》杂志中正好读到一篇类似的文章，题目是《从吉尔伯特·怀特讲起：一个博物爱好者的世界》。据作者介绍，怀特是一个博物学家，后人将他与两位博物学好友的书信集结成一个小册子——《塞耳彭博物志》。作者说："他以诚实的观察、优美的叙述、不倦的探访，带我们深入一个虔诚和谐的自然世界。"在怀特侄子的笔下，怀特的一生"平静、安宁，除四时的荣枯，再无别的变迁"。许多科学专著，因为科学的进步而褪色过；可是怀特的书，仍旧保持着他那不变的姿态与最初的新鲜。所以作者说："怀特的意义还在于令今日的人们从日益分类细碎的学术世界中跳脱出来，走出散发着霉味的学术壁橱，去观看充满生命的、活生生的世界。"

书中所述，正是我们今天的教育所缺乏的！我们已经失去了用自己的眼睛去观察自然的时间及悠然的心境，甚至还迷失了自我。

未来世界，也许不需要那么多"科学的推进手"，但一定需要大量的受过科学教育的公民。学校的科学教育，不仅仅为了培养发明家和发现者，更应该塑造"立体的人"，使未来的人更"圆满、协和、博大和人性"。

一百多年前，格兰特·艾伦说："怀特的方法与榜样，对预防流行于现代生活的'扁平症'则有莫大的价值。请以怀特的率真、无成见的眼神，去直接观察自然吧，问她问题，让她自己回答，不要拿仓促的答案强加于她。"今天再读这段话，依然觉得有借鉴意义。

如果有时间，我们应该更多地去亲近自然。当你俯身察看花草虫鱼的时候，"也许总会出现自然神学般的一刹那，让我们感受自然整体的神奇，欣赏进化的绵长和波澜壮阔，赞叹存在之链的完美，进而令自己谦卑、感恩和敬畏。"（刘华杰语）

这就是博物的情怀。怀特以他独有的方式告诉我们要观察自然，热爱自然，与自然和谐相处。

我们的教育不应该忽略这一点。

永远的三丁目的夕阳

这几天不断地下雨，下雨。又到雨季了。

陈思文在日记中写道："天上那一团团乌云，就像一个无底沙漏，一点点地把雨释放。突然间，像万箭穿心一般，云团被刺破了，又长又细的雨丝猛然间降临人间。"

眼前一片迷茫，雾一般的世界。

雨停了。楼前的芒果树，经过雨水的清洗，变得十分精神，日益硕大的青芒，绿得锃亮。"吧嗒"一声，我看见一颗青芒落下来，一阵惋惜。其实，成长路上，我们也难免会看到早夭的果实。

这段时间真够累人的。调考、教学开放日、图书交换活动……难得有闲暇时间读书。

"山有多高，谷就有多深。"聆听马勒，我经常这样说。我曾黯然为何他不停地犹疑在对终极问题的跌宕起伏间，终不曾超脱，像他的前辈巴赫、贝多芬，同辈施特劳斯那样。然而我最终了悟，他的穿透之美早已不在个人超脱和领悟的层面——其掘人心魄之处，不在于终极的解答，而尽在以上下求索，扩宽了人类理解力的每一个沟坎；他不能化解生死，而是以个人努力撑开生与死的两岸，撑开任何一项矛盾之间的距离，让你看到这其中无限的可能、无限的享用，与本该有的无限珍惜。

肖龙在音乐大师马勒辞世百年的一篇纪念文章中如是说。

而我想到的是，聆听音乐不仅可以开启心智，亦可以治病，治疗我们这个时代的浮躁病。

虽然我并未到音乐厅欣赏过马勒的音乐，但我愿意仰望这位音乐巨人，因为他有值得我仰望的理由。聆听这伟大的音乐，感受这美妙音乐的遥远回响，你是会沉醉的。

课堂上，跟孩子们一道欣赏《金钱的魔力》一文的精彩语言。

"哈，哈，哈，有那么夸张吗？为了钱就可以什么也不顾了吗？"

"是的，因为那是一个被金钱腐蚀的世界。在资本主义社会里，人们可以为了钱而发疯，所以这就不难理解托德和老板的举动了，奴颜媚骨里透出对金钱的崇拜。为了钱而丧失了做人的尊严，这是非常可怕的。”

听听下面的文字，你就知道金钱对灵魂的腐蚀已经到了何种程度：

他微笑着接了过去，那种笑容是遍布满脸的，里面还有折纹，还有皱纹，还有螺旋纹，就像你往池塘里抛了一块砖那个样子；但他向那张钞票瞟了一眼的时候，这个笑容就马上牢牢地凝结起来了，变得毫无光彩，恰像你所看到的维苏威火山边上那些小块平地上凝固起来的波状的、满是蛆虫似的一片一片的熔岩一般。

下午读学生们的日记，我又读到许多有趣的文字。

蔡丕泽的《斗棋》遣词造句颇有气势，深深吸引了我：

摆开棋局，开疆拓土。沙场上，金戈铁马，气吞万里如虎，战鼓雷鸣，烈马长嘶，军旗猎猎，杀声隆隆。不一会儿，敌方在黑将的指挥下，突破我“红军”的防线，长驱直入，很快，我方溃不成军，只有举手投降的份了。

每次和父亲下棋，我总是盘盘败北，狼狼大败。生性不服输的我，总想把父亲打败。

卢邵菁在日记中写道：

有一件好笑的事情，有两只小小的猫猫，并排走在路上。可是呢，天就下起了大雨，猫猫们没有雨伞。在我急急忙忙拿雨伞的那一小会儿，它们已经做好了“猫伞”。就是一只猫趴在另一只猫身上，两只猫，在路中间，你想想看吧！是一件多么好笑的事情啊！这叫“四手观音”。

哈，哈，多好玩的事儿，多有趣的文字！

看到孩子们的成长与进步，我打心眼儿里感到高兴。忽然想到王韵雅妈妈前两天特意写给我的一封信，感觉很温暖。

王韵雅在吴老师的教导下真的是进步了许多，以前的阅读只是为了完成作业，现在明显地感觉到孩子是发自内心的喜欢上了阅读，看到她陶醉在其中的眼神，我和她爸爸都感到很欣慰。以前孩子有时间不是看电视就是玩电脑，现在她养成了良好的阅读习惯，每次到书城都沉醉在书海中，那种兴奋雀跃的表情，真让人高兴啊！看到这本书也喜欢，那本书也爱不释手……我还觉得孩子在选择书籍方面也逐渐成熟了，不再喜欢那些幼稚的孩子气的书籍，文学类的选择较多，吴老师在这方面给孩子的影响是有目共睹的！在这里我衷心向吴老师表示感谢：孩子喜欢阅读书籍的良好习惯将陪伴她一生！是吴老师送给了孩子这份珍贵的童年礼物！

其实，我一直想说的两个字就是“感谢”。我非常感谢这些孩子们，他们给予我的快乐实在太多了。我不止一次复印了王韵雅的习作，也复印了很多孩子们的习作。阅读这些纯真心灵里流淌出的文字，我的快乐如啜饮清泉啊！

最后，我读到了谭晰元的一篇随感：《观〈永远的三丁目的夕阳〉有感》。

最令我感动的还是那个让人潸然泪下的片段。小说家已获得芥川奖的提名，那个被小说家收养的孤儿也找到了生父。然而小说家没有如愿得到芥川奖，孩子的生父也将把孩子接走，可小说家已与孩子建立了深厚的感情。正当这紧迫时刻，坐在火车上的广美姐姐和孩子的生父都读到了小说家写的那篇文章，因为小说家深爱着广美姐姐，就写下了这篇文章：尽管我们都只是笨拙的人，但是假如能肩并肩一起生活下去，只求能看到你的脸，听到你的声音，就这样生活下去，那是我心底的愿望……

这让也爱慕着小说家的广美姐姐不得不赶回来，文章也感动了孩子的生父。最终，广美姐姐、孤儿和小说家三个人幸福地生活在了一起。

看了这个片段，我哭得轰轰烈烈，那种泪流满面的感觉，让我感觉是那么的幸福，那么的温暖，是因为三个互相爱着的人终于生活在了一起……

再说说对这部电影的体会，其实可以用一句话来形容：一部没有生离死别却能让人在淡淡的温暖中感动落泪的作品。还有在亲情、友情之外的一种感情，这种感情在世界上每一个人的心中，也包括小学生（那就是爱情啊！哈，哈，小姑娘没有这么写）。对于这种感情，我觉得中国就应该学习美国人和日本人，从小教育孩子去理解一种纯真的感情，这样就会对感情的认识比较深，这并不存在早恋的问题（这只是个人的理解，请不要误会）。

这部电影真的让我懂得了许多，其实这种感情是非常美好的，让人一辈子都不会忘记的。啊，那一瞬间……

原谅我几乎全文照搬。

在这篇日记中，我看到了一个小女孩对人生的深深思索，这是我以前从未想到的，我从不知道一个孩子对人生的理解那么深刻！现在，我已知道他们会思考很多问题，包括爱情。如果在他们需要了解与学习的时候，我们能及时给予正确的引导那该多好。

如果有机会，我一定到影院去欣赏日本电影《永远的三丁目的夕阳》。在精神生活日益枯竭的今天，我们更需要借助艺术来净化自己的心灵。

“生命，就该浪费在美好的事物上。”

欣赏好的音乐与好的电影，与阅读好的图书一样，物超所值。

谭晰元不知道，《永远的三丁目的夕阳》，也已经镌刻在老师的心底了。

何处无明月，何处无松柏

又是孩子们练习口才的时候了。是为大家讲一个成语故事。

“我讲《三令五申》的故事，最早出自《史记·孙子吴起列传》……”

“我讲《天衣无缝》的故事，原来是说神话故事中仙女穿的衣服……”

“我讲《老泪纵横》的故事，公元757年，杜甫得到唐肃宗的许可回家探亲……”

“我讲《天真烂漫》的故事，南宋末年，有位姓郑的画家曾以太学生的资格，参加博学词科考试……”

“我讲《三纸无驴》的故事，从前有一个自以为是的文人被人戏称为博士，他上街买了一头驴子……”

听着他们的故事，然后看他们一个个把成语都写在黑板上。

有一个故事特别吸引人，是肖梓鹏讲的：

在很久以前，有一个寺院，里面住着一老一小两位和尚。

有一天老和尚给小和尚一些花籽，让他种在院子里。小和尚拿着花籽就往院子里走，突然被门槛绊了一下，摔了一跤。手中的花籽撒了满地。这时方丈在屋中说道：“随遇。”小和尚看到花籽撒了，连忙要去扫。等他拿扫帚来时，突然天空中刮起了一阵风，把撒在地上的花籽吹得满院都是，方丈这时又说了一句：“随缘”。

小和尚一看这下可怎么办呢？师父交代的事情，因为自己的不小心给耽搁了，于是，连忙努力地去扫院子里的花籽，这时天上下起了瓢泼大雨，小和尚连忙跑回了屋内，哭着说，自己不小心把花种全洒了，然而老和尚却微笑着说道：“随安”。

冬去春来。一天清晨，小和尚突然发现院子里开满了各种各样的花儿，他蹦蹦跳跳地告诉师父，老方丈这时说道：“随喜”。

这就是“随遇而安”这个成语的由来啊。

随遇、随缘、随安、随喜这四个“随”，可以说就是我们人生的缩影，在遇到不同事情、不同情况的时候，我们最需要的心态就是“随遇而安”。而且，一个人如果能不管际遇如何，都保持乐观的心境，那真是比拥有百万家产还有福气！

“感谢肖梓鹏和其他几位同学，这些故事不仅讲述了成语的由来，还教给我们许多人生的智慧。其实许多成语都源于一个故事，聪明的古人将一个个故事浓缩在四字、六字或八字的成语里。经过历史的沉淀，这些成语化为信息丰富的汉字密码，将中国文化传承下来。恰到好处地运用成语，可以起到言简意赅的效果。”

下午读日记，发现卢邵菁和我一样喜欢几米的绘本。她说，初读几米的《奇迹迷路了》，有一股淡淡的悲凉；今天再读却感觉到了温暖。作家透过沧桑看世界，一笔一划里都是温暖的情怀。

把世界看透了的艺术家，向世人展示的往往都是高贵与圣洁，是生的希望与活着的快乐。这何尝不是艺术家的使命？

感谢几米！那么多纷扰、困惑乃至伤害，他都能用绚丽的画笔一一化解，以至于消弭无痕。我始终认为：音乐与艺术是可以疗伤的，沉浸在艺术世界里的人们是幸福的。

和卢邵菁一样，我也喜欢这样的诗句：

繁花一朵朵飘落
时间一秒秒流逝
黄秋秋难道不清楚
捕捉生命中转眼消逝的美丽当下
就是一种转瞬消逝的美丽

“吃下这颗金苹果，可以抚慰你受伤的心灵。”粉红小象说。

其实我们都知道，哪里有什么金苹果？再说，生命中的伤痕，哪有那么容易就被遗忘的？

“我们寻找或遗忘，结局也许都一样。但在追寻的过程中，我们可能途经意想不到的美丽花园，望见过异常璀璨的星空，即使最终没有人能真正拥有什么，那个令我们的心轻轻颤动的瞬间，永远在失乐园里轻柔地闪耀着那无限光芒……”

这或许就是追寻的意义吧。有时候，我们就是为了追寻那一点光明而来。我想起平凡生命中的无数个日子，和孩子们一起阅读，共同分享阅读的快乐。这样坚持着的确很累，可是就是因为师生一起分享阅读的快乐，让我忘掉了这一切。

最近正在读《傅雷家书》，曾不止一次与老羊谈论此书。我认为这是一本极有研究价值的教育专著。从某种意义上讲，我更愿意读此类教育书籍，它没有空泛的理论与无谓的说教，只是带我们走进主人公的内心世界，一起分享养育的切肤之感。

其实家中早就买了《傅雷家书》，我读过的至少有三个版本，但目前读的《傅雷家书》百年诞辰纪念版，更能打动我，因为书中收有傅雷、傅聪父子的墨迹。我更真切地感受到两位艺术家宽广的心胸及博大的情怀。如金圣华在序言中所说："艺术在最高层次上，是超越民族、不分畛域的，而吾人对生命的礼赞，对生命终极意义的探索与追求，也是永无止境、亘古常新的。正因为如此，《家书》中所体现的，不仅是人间的挚爱与关怀，也是超越生命的气魄与胸襟。"

今天，能静心研读《傅雷家书》的人已不多了。我们既缺乏艺术家那渊博的知识与艺术修养，更缺乏一种博大的胸襟与气魄。至于教育，许多人的认识是肤浅的，因而更谈不上研究了。想要造就一流的人才，恐怕是难上加难了。

"一个又一个的筋斗栽过去，只要爬得起来，一定会逐渐攀上高峰，超脱在小我之上。辛酸的眼泪是培养你心灵的酒浆。不经历尖锐的痛苦的人，不会有深厚博大的同情心。"

"世界上最有力的论证莫如实际行动，最有效的教育莫如以身作则；自己做不到的事千万勿要求别人；自己也要犯的毛病先批评自己，先改自己的！"

"只有不学无术或是浅尝即止的人才会自大自满。我愈来愈觉得读书太少，聊以自慰的就是还算会吸收，消化，贯通。像你这样的艺术家，应当无书不读。"

像这样精辟、有力的语言在书中随处可见，我不过是挑拣一二，略作说明而已。如果有这样一位艺术家的父亲，二十多年来都如此精心栽培，何愁孩子不成才呢？更何况这位父亲在孩子离开自己以后，还长年坚持写长篇累牍的书信，以教导儿子知道国家的荣辱、艺术的尊严，能够用严肃的态度对待一切，做一个"德艺俱备，人格卓越的艺术家"。

中华民族崇尚中正和平、宁静致远的性情，是有远见的。傅雷曾在书信中跟傅聪谈到宗教的问题，他说："真正的佛教教理并不相信真有天堂地狱；而是从理智上求觉悟，求超度；觉悟是悟人世的虚幻，超度是超脱痛苦与烦恼。尽管是出世思想，却不予人以热烈追求幸福的鼓动，或急于逃避地狱的恐怖；主要是劝导人求智慧。”求智慧，应该成为我们努力追求的一个目标。

大文学家苏东坡曾多次被流放，可他依然坚信“何处无明月，何处无松柏?”

人生真正需要的东西其实不多。如方丈所言“随遇而安”，只要心中宁静了，追求理想境界的道路自然开阔。种花，读书，教子，工作，是不是都可以做到“随喜”呢?

蛐蛐穿过草叶，照亮我的心

夏日的阳光照进课堂，照着陈诗哥澄澈如一的文字——《窗外》，孩子们未经修饰的童音响起来，天籁一般。

那些诗句如同鸟儿，扑棱着翅膀飞进我的心里，那是一种怎样的感觉，我说不出来。但我知道，当你的眼睛触碰到一首诗，整个心灵都为之颤抖的时候，那就是真的读懂那首诗了。

这些树木我都喜欢
还有风声、水声和些许嘈杂声
比回忆的更美
偶尔路过的人啊
愿你不会不知道
一些生活的样式从中升起
一些正在消失
我坐在窗前，细细思量
落入不祥的沉默
而一些蛐蛐穿过草叶
并不因我的忧郁，而不
照亮我的心

不知坐在南方某一个窗口写诗的陈诗哥，听到我和孩子们在朗诵他的诗歌的时候，是不是有一种幸福的感觉？我想是会有的。当一首诗在读者心中产生共鸣的时候，诗歌才真正完成了它的使命。

雨中的枕果榕多么安静
一些声音会突出，会生长
会从这边走到那边
它们清晰而随和
细小却又骄傲
就像有脚的思绪

会静静走过每个主权未明的角落……

我们需要朗诵这样的诗歌，它让我们学会静静打量这个世界，然后在一个安静的角落，默默地读书、学习、思考、感悟。我在世界的一个角落，世界在我心中。读书人的世界就是这样的，读书人也是这样看世界的。

课堂上，和同学们讨论《威尼斯小艇》《与象共舞》两课的异同点。没有费太多时间，问题就解决了，这是因为有几个同学在前面引领着。刘缙缙是从两课的内容上进行比较的：两篇课文都是抓住事物特点来写的，都抓住了人与物之间的紧密关系来写，并列举实例加以说明。夏雪的比较具体而微，理解起来更容易。对于曾经多次进行过比较阅读训练的同学们来说，完成这样的作业还不算太难。

就怕为比较而比较，并不理解比较的意图。其实编者安排比较这两篇课文，是想让学生体会小艇和大象这两种事物在各国所起的作用。尤其是大象，不仅是一种工具，更是生活的必须。在泰国，人与大象和谐相处的美妙境界是无法用语言形容的。

而我更希望通过这样的比较，同学们能更深刻地体会亚洲与欧洲的文化差异，更多地去了解世界各国的地理、历史、经济、文化及宗教。没有了解就谈不上理解，没有理解就无法沟通与对话。缺少了沟通就容易产生隔阂，有了隔阂就容易产生冲突。

这个世界从来都不是平的。圆圆的地球还远没有达到和谐共融的境界。

今天又读到许多好的日记，并让孩子们上传到班级网站了。刘琛明说自己写的《天·纯》，有意模仿了王一枫哥哥的《醇·淳·纯》的写法。我肯定了他的做法，初学写作的人大多是从模仿开始的。

很喜欢胡梦霖的《我们的思想——购书记》，特意复印留作资料。

今天去罗湖书城淘书，但转了一圈又一圈后，始终找不到心仪的书。我走了二三十圈，可是手中仍是空空如也。

我看到有人拿着一本《闪闪惹人爱》的书，就投去了鄙夷的目光。但我还不敢说“轻浮”，因为我会遭到万众的“鄙视”的。

最后，我来到了外国名著前。等等，我看到了鲜艳的封面就知道——一定是青少浓缩版的，而我要的是原版！我来到经典文学货架上，挑了一本《沙与沫》，一本《卓别林自传》，一本《童年·在人间·我的大学》。我发现《沙与沫》还附有英文呢，这令我高兴。

今天，我突然发现，我现在的思想和以前已经不同了，我现在开始向经典名著“进攻”了。我们是不是一天一天都在变化呢？

曾经有人小心翼翼地问我：“你发育了吗？”我笑笑，我觉得人天天都在成长发育，思想也在不断的发育着。我们一天比一天成熟，一天比一天懂事，无时无刻都在汲取知识。这就是一种成长啊！

我惊喜地看到一个孩子成长的瞬间，这样的文字真是弥足珍贵啊！成长的道路上总会留下一些印记，日记能很真实、很细致地记录这一切。如果要研究一个人的成长轨迹，日记无疑是最原始、最真实的第一手资料。

虽然有些孩子还不能清醒地知道自己该读什么书，但长期坚持的班级读书会，对此必然产生良好的影响。而且我坚信：经过三年的阅读训练后，绝大多数孩子的阅读品位会大幅提升。

我忽然想到《傅雷家书》中的某一篇，好像是谈他阅读《卓别林自传》一书的感想。打开书，我翻到第 276 页，在傅雷 1965 年 10 月 4 日给傅聪的信中，有这样一段话："两周前看完《卓别林自传》，对一九一〇年至一九五四年间的美国有了一个初步认识。那种物质文明给人的影响，确非文明意料所及。一般大富翁的穷奢极欲，我实在体会不出有什么乐趣而言。那种哄闹取乐的玩意儿，宛如五花八门、光怪陆离的万花筒，在书本上看看已经头晕目眩，更不用说亲身经历了。……总的印象：美国的民族太年轻，年轻人的坏处全有；再加工业高度发展，个人受着整个社会机器的疯狂般的节奏推动，越发盲目，越发身不由己，越来越身心不平衡。这等人所要求的精神调剂，也只能是粗暴，猛烈，简单，原始的娱乐；长此以往，恐怕谈不上真正的文化了。"

读完这段话，我大吃一惊！早在 1965 年，傅雷先生就对高度工业化的美国文化形态作出了如此深刻的剖析！他所诟病的各种丑陋的文化现象，居然还在当今的社会中一一生动呈现。高度工业化的结果换来的不是更多的幸福，而是人生的不自由及文化的粗鄙化。难怪傅雷先生要提醒傅聪，要对西方高度的物质文明保有一份警醒。我在想：如果有一位热爱阅读的家长，也能如傅雷先生一样，时常跟孩子谈谈阅读后的感想，相信那个孩子对某本书的阅读会更深入，对社会现象的认识也会深刻许多。

更意外的是，今天居然会收到胡梦霖父亲的一篇读后感——《〈凤凰木下的歌吟〉阅后的一点感想》（注：《凤凰木下的歌吟》是我儿子的中学习作集。作为奖品，班上很多学生得到了此书。）

读完家长的感想，我十分感动！虽然家长谦称，自己平日阅读"主要目的是为了休闲，排解工作中的压力，对孩子的阅读较少引导与参与"，但是如果没有较强的阅读能力及较高的文学素养，是不可能将读后感写得如此透彻的。

从这点来看，肯下功夫阅读的家长对孩子的影响是深远的，这一点似乎无须用语言加以说明。关于孩子的教育问题，在读过这位父亲的感想后，相信你会重新思考的。

附胡梦霖父亲的读后感（全文）：

〈凤凰木下的歌吟〉阅后的一点感想

我的女儿梦霖自己很喜欢阅读，但更多的成分是源于天生，家长的影响其实还是比较小的。当然，我自己一直很喜欢看书，但主要目的是为了休闲，排解工作中的压力，所以我对金庸的武侠小说情有独钟。这几年因为网络文学的盛行，我就很少花钱去买昂贵的畅销书了。但对梦霖的购书欲望，我们家长还是尽量满足的，尽管有时将书买回来后她也未必全看。很惭愧的是，由于工作越来越忙，我们对梦霖阅读上的引导和参与也是益发的少了。这一点，在我读过吴老师的儿子王一枫的作品集《凤凰木下的歌吟》之后越发的自责。

王一枫同学的作品，文学功底和写作基础的厚实姑且不论（因为他驾驭文字的能力确实非同一般，这一点读过的人都应该无可置疑），我深感震撼的却是他对社会，对身边的人、事、物的感悟和思考，这一点绝对出乎意料，是超出同侪的。在作品集中，有大量的读后感和观后感，都是作者对阅读过或观赏过的作品独到的见解，绝非人云亦云，拾人牙慧，他经常有质疑，而且思维视角很特别又言之成理，的确不是哗众取宠；在书中我更是阅读到很多随笔，是作者王一枫同学对社会现象、对时事、对周遭事物的感悟，让人感叹他与年龄不相称的成熟。

我想，作者通过作品流露出的睿智是怎样形成的呢？他是在怎样的家庭环境里成长的呢？吴老师他们夫妇二人是怎样培养出这样出色的孩子呢？从作者对时事新闻的理解，对某些政府部门“钓鱼执法”现象，对“捞尸案”，对“撞车案”，对人均GDP，对高房价等问题的思考和评价，可以感知孩子思想的成熟，感知他的社会责任感，感知他人格的高尚。可以想象，吴老师夫妇在孩子成长的过程中是倾注了多么大的心血，付出了多少努力。他们并非单纯的培养孩子对文学的兴趣，并非单纯引导孩子阅读和写作，而是注重对孩子人格的培养，塑造孩子健康的身心，与孩子经常的交流沟通，培养其观察和思考能力，注重培养孩子形成正确的人生观和价值观，这才是父母给孩子最珍贵的、一生受用不尽的财富。

通过阅读《凤凰木下的歌吟》，我不禁生出很深的内疚感。我惭愧自己对孩子的懈怠，惭愧自己没有很好地与孩子沟通，没有充分体谅老师对学生的苦心，没有很好地引导孩子关心周遭的事物，没有尽早引导她对社会的观察和思考，导致孩子对很多事物漠不关心，这真是我们家长的过失。

王一枫同学多才多艺，诗词歌赋精通，有深厚的文学功底，让人羡慕吴老师有这样出色的孩子。但最让我们钦佩的是，吴老师通过让王一枫正确阅读、广泛涉猎、长期积累、良好沟通，培养孩子对事物的关心，思考和解决问题的能力，对社会的使命感和责任感，有健康的体魄和高尚的人格，这是我读王一枫作品集最大的感悟，也是我们家长要努力的方向。

我坐在窗前，细细思量／落入不祥的沉默，／而一些蛐蛐穿过草叶／并不因我的忧郁，而不照亮我的心。

陈诗哥的《窗外》给我一种别样的感受。在这个世界上，诗歌被人们遗忘得太久了！难得还有人在坚守，是什么给了陈诗哥足够的能量？

我在心底默念着：南方的天空下，也有这样的一只蛐蛐啊，你穿过亮晶晶的草叶，照亮了我的心。

收获的麦，每粒都闪着汗的光

五月三十一日早上到校，感觉空气中的快乐分子明显增多。是孩子们盼望已久的六一儿童节到了，能不开心嘛。看到一张张幸福的笑脸，我们也会受到感染的。

课间，我跟乔心源同学交流最近阅读的收获。

“上次老师送给你的《长腿叔叔》，你看完了吗？”

“看完了，每天临睡前都要看一会儿。”乔心源带点腼腆的笑。

“哦，看完了就好，有什么收获吗？”

“嗯，《长腿叔叔》里面都是书信，写得都挺好的。看了这本书后，我现在写日记没像以前那么难了，有很多话想说了。”仍是腼腆的笑。

“好啊！这次老师又要送给你一本书——《爸爸，我一定要找到你》，希望你要用心阅读。”

“嗯，谢谢老师！”眼神里流露出一丝惊喜，然后拿起书雀跃着跑出办公室。

虽然我知道他没有完成作业，可是在这快乐的日子里我没有跟他提起此事，忍忍再说吧。为师的一颗心，当学生的什么时候才能真懂呢？

在《粉墨春秋》一书中，京剧艺术家盖叫天说“慢就是快”。当然，他是为了说明基础的重要：根基不打好，一切都筑在沙上，永远爬不上去。我这里姑且借用一下：对待那些还在犹疑不定、无心学习的孩子们，请耐心等待吧。慢慢等待，胜过疾风暴雨式的批评与教训。也许在某个时刻，那个孩子就会被一本书、一句话或一个偶然事件给“唤醒”了呢。

前两天，收到涂胜妈妈的一篇文章：《503 班的阅读能力是怎样提高的》，这是为申报学校的阅读特色班级而写的。今天再读家长写的这篇文章，依然有几分感动。

看着孩子每天晚上坐在书桌前，咬着笔杆子，很辛苦地写日记的样子，家长心疼了。就有家长打电话给我，说能不能跟老师说每周还是只写一篇日记算了。听了几位家长同样的心声后，作为家委会成员的我，还是决定打电话给班主任吴老师，把几位家长反映的情况先跟吴老师交流一下。我没有想到吴老师会那么坚定地对我说：“让孩子们写日记是培养孩子们的观察能力和写作能力，三年级的学生如果还不引导他们去观察和写作就晚了！因为孩子们只有去认真观察身边的人和事，只有用心去阅读，才能真正有所提高啊。为了孩子们，我每周至少会要求写三篇以上的日记，不会少于三篇的，就算家长们去向校长汇报，我也会坚持的。”这就是我从吴老师那儿得到的答案。

其实我也了解老师的苦心，她是真心为了孩子们，让孩子们少做作业，老师自然轻松一些，孩子们既然做了，老师都要批改的呀！所以我在电话这头只好说：“吴老师，可能您刚接手，孩子和家长都还没适应过来，让时间来证明，您是为了孩子们着想，家长和孩子们慢慢地会习惯的。”放下老师的电话，还得再回电话给刚才的几位家长，在电话里我也把心里想的话说了出来，也就是上面所说的吴老师是真心真意为了我们的孩子，因为孩子们既然做作业了，当老师的她，一个班四五十人，每人多一份作业，老师则要多批改四五十份，老师是为了谁呢？

就这样，我们的孩子渐渐适应了吴老师的教学方法，而且也越学越好了。她经常给孩子们推荐好书，要求孩子们多读课外书，和孩子们一起分享阅读的快乐！经过三年的坚持，现在503班许多同学的读写能力应该超越了很多同龄的孩子。再看看孩子们现在的日记，把身边发生的事情描写得给人身临其境之感，用词也恰到好处。我想现在503班的家长都和我一样有着同样的心情，真心的说一句：“吴老师，谢谢您！”

此前，涂胜妈妈还说自己写作水平有限，怕写不好呢，看来是谦虚啊。薛瑞萍老师也经常要求家长写作文，想想是有道理的：只有亲身实践了，才知道水的深浅，指导孩子的写作也就有了基本的方法。至于说老师有多辛苦，在我看来也不算什么，相反，读一读孩子们纯真的文字，于我是一种莫大的享受。

很早以前，我就向家长们推荐亚米契斯的《爱的教育》，这是一本很好的情感教育读本，后来读到亚米契斯的畏友孟德格查的《续爱的教育》后，就深为这本书所吸引。在我看来，我们教育中所缺乏的意志教育，可以通过这本书得到及时的补偿。同时，本书以一位充满智慧的舅父为主人公，正好弥补了现实教育中“父亲”这个角色总是缺席的不足。培养阳刚、大气的男子汉，需要同样阳刚、大气的教育。读《续爱的教育》，让我相信在现实生活中，亦可实现细腻、真实、贴切的自然教育，引导文弱的男孩子逐步走出自我、狭隘的生活圈子，走向开阔、刚健的人生之路。

安利柯！爱好大地、种植树木，是非常有意味的事啊。譬如说，你现在种一棵苹果树去，将来树比你长得还大，长寿不凋，会用了树荫、花、果实使你的子孙快乐。还会将你培植的苦心告诉你子孙知道哩。我崇拜大地，陶醉于大地之香。每当长晴以后，好雨袭来，树木顿吐艳绿于芳香的时候，我冒雨到室外去看，仿佛觉得树林里充满了美的诗，天地重回复到太初一般……

我也曾听见人说，世间并无所谓幸福的东西，即有，也是偶然的时运使然，是一时的。其实，这话大错。幸福不是偶然的时运，乃是努力的结果。我们能制造美物、行善事、赢得财富与名誉……同样，我们也能因为努力与勤奋，获得幸福。

阅读这样的文字，何尝不是对心灵的滋润与心性的磨砺，就算是成年人偶尔读一读，这样的文字也能净化心灵啊。

陶醉于喜欢的事物中，长久地坚持某一种研究，醉心于有价值的事业，精心地营造属于自己的幸福，都有助于一个人的成长与完善。从某种意义上讲，孟德格查是一位极有思想、有远见的教育家。

农民对了那庞然堆着的新麦，莞尔地观看，何等快乐啊。

这样丰富而美的欢喜，非农民不知道。

收获的麦，每粒每粒都闪着汗的光。

当一个孩子懂得了体验收获的快乐时，他就会投入地去钻研、去探讨了。当他知道收获之不易时，也就懂得珍惜了。世间的道理大致都是相似的啊。

周易曰："观乎天文，以察时变；关乎人文，以化成天下。"文化得益于化育培养。同样，意志的形成源于长期的坚持。

"非磨炼无以坚乎！"诚哉斯言。

心灵的花园在生长

妈妈　你说
我心里怎么有那么多话
你说我心里怎么就有那么多的小东西
在生长呢　像一个花园一样
长小草　开小花　还有风
还有一池塘的水呢
有水就有小鱼　小蝌蚪　小青蛙
妈妈　有一天这里是不是就长成了一个
北冰洋　然后就有好多的企鹅
它们都是最漂亮的小绅士
……

课堂上，继续带领孩子们读儿童诗《心里那么多话》和《红嫁》。听着孩子们的朗诵，心里好喜欢。简单即快乐，我喜欢这么单纯的快乐。

轻轻的摇曳在季节封面的
一片又一片的火红
在我的眼眸里
燃烧成温暖的背景
真希望所有的红叶
马上落尽
然后
妈妈
帮我带上野菊花编制的花环吧
让我就这样出嫁
我的新郎
就是这春华秋实的红土地

把自己和“春华秋实的土地”联系在一起是多么踏实的感觉！不知道

孩子们是否真的懂得这么深奥的含义。阅读中遇到的往往都是疑问，也许某一天他们真懂了，可是再没有谁要求他们回答。当答案了然于心，你是不是会更从容地面对新疑虑呢？——这是阅读的归属点，亦是阅读的新起点。

和孩子们谈蔡志忠的漫画《三国演义》和《三国志》。

“蔡志忠是我心中的神人，到目前为止，他有两百多本书畅销于世，他还拍过三部长篇动画电影，其中《老夫子》得了台湾金马奖。他说自己数十年如一日，从夜半一点到中午两点，专心凝神思考、读书、创作，平均每天工作十五六个小时。他活得既充实优裕，又自在超脱。据说他每天只吃一顿饭，这样的人不是神仙又是什么？”

“正襟危坐读三国，你是会累的，可是读蔡志忠的《三国》是快乐、是享受。因为是漫画，也是漫话，所以这些人物都渗透了蔡志忠独特的理解，他笔下的张飞性格豪放，却也是个挥毫泼墨的‘书法家’；手持大刀的关羽少了几分威风，多了几分可爱；身穿官服的曹操也没有印象中那么多疑、狡诈……”

“漫画人物本来就夸张，配的文字也很有趣，如故事开篇就令人忍俊不禁：今天开始由我来主讲《三国演义》的故事，要讲三国得从汉朝讲起，要讲汉朝得从春秋战国讲起，要讲春秋战国得从《西周演义》讲起，话说朝歌纣王……”

“蔡志忠的《三国》与罗贯中的《三国》有许多不同，这是需要你在阅读中感悟的。而且蔡志忠的《三国》既有正说，又有戏说，而戏说部分往往又渗透作者对时事的独到解读，令人拍案叫绝。两相比照，每有会心之处，又忍俊不禁。漫画家极高的才情和极大的智慧蕴藏其中，仔细品读，你会有很多收获！”

几分调侃、一点谐趣，《漫画三国》无形中拉近了名著与现实的距离，也拉近了名著与读者的距离。“曲径通幽处，禅房花木深”，走过一条阅读的幽径，你终会有豁然开朗之感。

今天，读到蔡丕泽的一篇读后感，是阅读《为你走到希望之地》一书之后的感想。外表沉静稳重、内心波澜壮阔是这个高个子男孩儿给我的最深印象。

这是我在寒假中读的一本书——《为你走到希望之地》，这是一本英汉互译的好书，它告诉我很多人生的哲理，如有时发生在你身上的事情看似可怕、痛苦，或不公平，但细思之后，你会发现，如果没有克服这些障碍，就永远不可能认识到自己的潜力、能力、毅力，或者真实的内心世界。世事皆非偶然。疾病、伤痛、爱情、辉煌的成就或彻底的失败，这一切都在检验你的灵魂。不论生活以何种方式出现，没有这些考验，生活便会如一条平坦笔直的大道，也许安逸舒适，但却枯燥、干瘪、索然无味。

一开始，这些大道理我还不怎么能领会，可是与自己生活中的一点一滴联系起来，我慢慢读懂了这本书。

其中我发现了海明威的话，“在风平浪静的大海上，每个人都是领航员。但是，只有阳光而无阴影，只有欢乐而无痛苦，那就不是人生。以最幸福的人的生活为例——它是一团纠缠在一起的纱线。丧亲之痛和幸福祝愿，彼此相接，使我们悲喜交加。甚至死亡本身也会使生命更加可亲。在人生的清醒时刻，在悲哀和伤心的阴影之下，人们与真实的自我最为接近。”

这本书告诉我的有关人生的道理实在是太多了，它甚至可以帮助我们摸索自己的心灵深处，让我们更加了解自己。其实人类对自己的了解看上去很透彻，但还是多么陌生啊！

不知道这个男孩子是如何读完这本书，又是在怎样的情况下写下这样的文字的，但是我依然被这样的文字感动了。在这个人心浮躁的世界里，凭借着阅读为自己找到一块“清凉之地”，这是多么不容易！

和几位妈妈一起谈儿童阅读。

“我们现在也和孩子一起阅读了，这些天我就跟元元一起读《我亲爱的甜橙树》呢。”谭晰元的妈妈显得十分兴奋。

“我也是，孩子看的书，我也拿来翻翻，一看还真不错。像《老人与海》，以前也知道这本书，但没有去读，现在读一读还是挺有收获的！”高漪安的妈妈说道。

“通过阅读，我看到了孩子实实在在的进步，如果其他学科也能做到大量的阅读，那该多好啊！”

“我也是很支持孩子读书的，可是有时买回来的书并没有看到孩子去读，这该怎么办呢？”

和几位妈妈交谈后，能强烈感受到她们对阅读的兴奋、喜悦与困惑，这其实也是我每天的感受，为孩子在阅读中的进步而兴奋，为孩子阅读时遇到的问题而困惑，但是，遇到问题，即使不能解决，又有何妨呢？只要坚持下去就是了，没有困惑，哪有思考呢？只有当思考成为一种习惯，我们才会感到生命存在的厚重感和使命感，孩子们在涵咏和思考中，成长着、进步着，正如春起之苗，虽不见其长，而日有所长啊！

“我们在一种状态中生活得太久了，我们都需要改变。是阅读给了我们受到启发的可能性，也给了我们改变自我的可能性。当你遇到生命中与你投缘的一本好书时，你会觉得自己是幸福的！”

“作为母亲，我们是需要研究教育的。我目前读得最多的两本书都是关于教育的上乘之作，《卡尔·威特的教育》和《傅雷家书》是我认准的好书，它们解答了我心中的许多疑惑，并告诉了我很多好的教育方法。我绝不读空头理论家的教育书籍，因为它所能给我的东西极其有限。一种教育方法好不好，是要在教育实践中检验的。卡尔·威特与傅雷的教育方法都得到了世人的检验和论证，虽然他们都不是教师，但他们的教育实践证明了他们就是最好的教育家，我相信他们的书！”

我跟孩子们说，蔡志忠共有一千六百本笔记。他说：“无论看什么书，都要让自己的底层功夫更显扎实。”

他的朋友林来福教授说：“老师当久了，思想难免跳脱框架，而应该要与志忠交朋友，让自己的思路更活跃。”

“手把青秧插满田，低头便见水中天。”脚踏实地地耕耘，你会发现自己的心灵花园真的一天天在生长呢。

我认为他们的话都是对的，只有热爱阅读、用心阅读、习惯阅读的人，才会有那片秘密花园，一天天悄悄地给你惊喜呢。

千亿个梦，只有一种幸福

“还记得麦唛、麦兜的故事吗？三只可爱的小猪终于住进了漂亮的房子，而房屋的主人——大野狼只好到屋顶弹吉他、看星星去了。今天我们再来欣赏一首麦唛、麦兜的作者创作的一首小诗吧。”

眼前是干净、唯美的画面，耳边响起一个女生甜美的声音：

雀跟树说
吱，吱，吱
这是雀的语言
树跟雀说
沙，沙，沙
这是树的语言
这天
雀跟树赌气
吱，吱，吱
那夜树对雀唱歌
吱，吱，吱
沙，沙，沙
这天雀说了个笑话
吱，吱，吱
吱，吱，吱
树感到好笑
很好笑啊
沙，沙，沙
沙，沙，沙
千言万语
千亿个梦
只有一种幸福

然后，我们又一起欣赏了一个充满温情的小故事——《这大腿是你的吗?》。在纯净的文字中，我们感受了一段美好的故事，也见证了麦唛和麦兜这一对相伴成长的小伙伴之间珍贵的友谊。

我始终认为，这样的文字是有力量的，纯净如雪而又温润如玉。生命是需要这样的文字来滋养的，它可以滤去浮躁、抹平粗砺、打开心窗，还我们以沉静、细腻与明朗。风很轻、花很香，一切都在静静地生长，世界需要这样的温柔和美丽。

课堂上，听孩子们纷纷交流精彩的广告语和百字小小说。

一个孩子介绍一家瓷器厂的广告：

法国一家瓷器厂针对有些家庭里夫妻为琐事争吵而砸碗摔碟的现象，别出心裁地在推销产品的广告上宣称："为了您家庭的和睦，使劲摔吧！切莫因小失大。"

一个孩子介绍一则关于鹦鹉的广告：

法国一家商店在标价为500法郎的待售鹦鹉旁边挂着一则广告：

"不信问它，看它值不值500法郎?"

一个孩子介绍的理发店广告创意也不错：

虽为毫发技艺，却是顶上功夫。

一个孩子介绍某戒烟协会有趣的广告词：

千万别找吸烟的女子做朋友，除非你愿意去吻一只烟灰缸！

万浩然讲的百字小说《两毛一脚》吸引了众多同学，惹得大家哈哈大笑：

一游客路过一片挂满树枝的杏果，看见一位老者，就问："我能摘果尝鲜吗?"

老者说："两毛一脚，踹树掉杏果，都归你。"

游客大喜，交了两毛钱，对着最大杏树，使出吃奶的力气一踹，杏树丝毫未动。他还想再踹，老者就说："两毛一脚。"

这回，游客就选中最小杏树一踹。只见树摇杏落……

万事都要先掂量自己的斤两才行。

这个故事孩子们一定读懂了，他们兴奋的眼神告诉了我一切。

没想到孩子们在介绍食物添加剂时遇到了障碍，面对繁多的材料，他们犯难了，因为他们不知该如何取舍手里大堆的资料。

"孩子们，你们以后要注意，互联网为我们提供了海量的信息，但是需要加以筛选和归纳，我们无须把查到的每一个材料都下载，因为我们真正需要的其实并不多，关键是要找到最合适、最能说明问题的。另外，如果探讨食物添加剂的问题，我们需要的其实是两类素材：一是食物中究竟加入了哪些添加剂；二是针对这些添加剂做必要的分析与研究。究竟哪些添加剂对人体有害，危害的程度到底有多大，对商家及消费者，我们应该提出怎样的忠告。审慎地选择、仔细地分析、严格地取舍，这是我对大家使用互联网时的忠告。”

“互联网为我们提供了海量的信息，但是泥沙俱下、良莠不齐，无取舍的阅读，既浪费时间和精力，也会败坏阅读的品位，孩子们要慎重啊！”

下午，和孩子们一起欣赏优秀习作，刘琛明的《我学会了种植》成为“明星习作”。

种植这门技术，需要的不仅是技艺，也是智慧。首先得给种子创造一个好的生活环境，以及足够的生长空间。你还得掐好时间，看什么时候给它浇水。

爸爸用小铁铲在泥地里挖了一个小坑，抓两只蚯蚓在那里松松土，再浇些水，把一粒种子放进去再埋上土。

每过一天你就得给它浇点水，以防土壤干燥。有时会有雨水的呵护，但缺少了阳光也不行，就像一个孩子，有爸爸而没有妈妈，它的成长与发育会受到影响。你需要给它多一点关心，比如施点肥什么的。总之，你一定要关注到它的一切，随时松土、浇水或施肥，否则你的小苗儿必定干枯、死亡。

更重要的是，不要把所有的花花草草种在一起，这样会引来许多不请自来的坏朋友——虫子，它们会把这里当成五星级大酒店，吃掉你辛辛苦苦种出的新鲜、肥美的花草。如果有蜗牛那就更糟了，你的花草会有生命危险，要赶紧把蜗牛给“请走”。

在我七岁时爸爸给我上的种植课，我一辈子也忘不了！

没有笑声，但可以看到沉思的眼神，那是在思索、在感悟。生命的成长就是这样，没有细心的呵护，小生命是会夭折的。有过种植经验的孩子都知道这一点，都市中的孩子却不容易体会到这一点，但是刘琛明为大家带来了新的一课，我们分享到的，不仅仅是一篇习作，也是生命成长的经验。

更让人佩服的是任宸娴的《蜗牛在飞翔》，虽然知道这是对《海鸥乔纳森》的模仿，但是五年级的孩子能模仿得这么好也很不容易了。

一只蜗牛，它一直渴望也能长出翅膀，在空中飞翔。虽然，它知道，这仅仅只是一个幻想。

这是一只寂寞的蜗牛，因为奇特的想法，它遭到家人和同伴的抛弃。在它充满悲剧的生活中，却有一个信念在心中激励它，使它勇于面对失败，开始新的希望。

这是一只坚强的蜗牛。它尝试过制作螺旋桨、弹跳鞋和蹦极，可是总是失败。面对一次次失败的痛苦，它没有掉一滴泪，它望一眼天空，又开始了新的试验。望着自己破碎的房子，它不说一句话，重新寻找蜗居。

它，是一只谦虚的蜗牛。在经历了 9981 次的失败后，它终于发明了滑翔机。虽然只滑了短短的几十厘米，却轰动了整个蜗牛界，一张张动物报纸都在报道它的故事。当记者采访它时，它只说了一句话："不要迷恋哥，哥只是个传说。"

它，是一只成功的蜗牛。在滑翔机之后，它又连续发明了气垫飞船、火箭……在它年老时，有人询问它成功的秘诀，它笑了笑，说："我只不过是在第 100 次摔倒后，又在第 101 次爬起来了而已。"

请你闭上眼睛细想一下，我们又何尝不需要有与那只蜗牛一样的意志呢？向着你的梦想前进吧！

看啊，蜗牛在飞翔！

是发自内心的喜欢这样的习作了，虽然仍摆脱不了模仿的痕迹，但哪一位作家在开始写作时不是有意无意地模仿前人的作品呢？重要的是，我在习作中读出这样一个信息：任宸娴，她已经学会在习作中表达自己。加油吧，孩子！

"睁眼看世界"，这是我常跟孩子们说的一句话。眼睛看到的、耳朵听到的、互联网上找到的、书上读到的，周围的世界总在为我们提供丰富的素材。将阅读融入生活，在生活中深化阅读，我们才能明白"万事皆备于我"的深刻涵义，也"只有热爱人们，热爱大地的人，才能清楚地看见人们和大地"。（康·帕乌斯托夫斯基）

还是康·帕乌斯托夫斯基，他在《金蔷薇》一书中，借画家之口告诉我们如何观察生活：

"好的眼力是靠后天培养出来的。好好地锻炼视力，别偷懒。要像常言说的，一丝不苟。看每样东西时，都必须抱定这样的宗旨，我非得用颜料把它画出来不可，您不妨试这么一两个月。坐电车也罢，坐公共汽车也罢，不管到哪里，都用这样的眼光看人。这样，只消两三天后，您就会相信，在此之前，您在人们脸上看到的，连现在的十分之一还不到。两个月后，您就可以学会怎么看了，而且习惯成自然，无须再勉强自己了。”

如果我们能养成观察和思考的好习惯，坚持在阅读和生活中积累，又怎么可能写不出成功的习作呢?

在阅读和生活中坚持观察和思考，更关乎一个人的生命质量。置身于生活的底部，与深入大地的根系紧密相连，我们的生命会日益厚重。

“千言万语，千亿个梦，这就是一种幸福。”麦唛、麦兜系列漫画的作者如是说。

幽默是水，你是鱼

课堂上，孩子们在读吴煜城为大家带来的儿童诗《大海睡了》。

风儿不闹了，
浪儿不笑了，
深夜里
大海睡觉了。
她抱着明月，
她背着星星，
那轻轻的潮声啊，
是她睡熟的鼾声。
海上的风是花神，
她一来，
就绽开万朵浪花……
海上的风是琴师，
她一来，
就奏出万种歌声……
海上的风是大力士，
他一来，
就送走万片渔帆……
海上的风是狮子，
它一吼，
就掀起波浪滔天……

摇头晃脑的、专心投入的、大声的、小声的，就这么美滋滋地读。没有过多地强调朗诵的技巧，就是让孩子自然地自在地读啊读。我常以为，过多地强调技巧，往往反而会扼杀孩子朗诵的热情，技巧固然重要，但保持探寻的热情和丰富的触觉更重要。我比较喜欢这种有层次、有差异的自然状态，它可以使师生之间保持良好的教学状态，从而推动课堂艺术和意境向更高的层次发展。

“观千剑而后识器，操千曲而后晓声。”朗读，就是要这样，从自然地读开始，日复一日，像呼吸一样、像喝水一样，让孩子们在自如的朗读里、自在的感受里、自然的共鸣里，无形地锤炼朗诵的艺术、涵咏生命的情感！

最近的复习多是让孩子们去背诵，课文中许多精彩的段落都是值得背诵的，尽管教材并未如此要求，但我认为背诵是有利于孩子们学习语言的。如蔡志忠所言“底层的工夫要扎实啊”，技巧谈得再多，道理讲得再深，也不如扎扎实实地背诵一段精辟的话、一首凝练的诗。反复吟诵、潜心思悟，才会豁然开朗，“潮平两岸阔”，“江清月近人”，这样的境界只有反复吟诵才能真正意会啊！

我们总以为多讲必有利于提高学生的分析能力，但我却以为多背更有利于学生的消化吸收，用字之妙、炼字之精，句与句、段与段之间的逻辑关系，岂是简单的分析所能解决的？没有反复琢磨与凝神静思的功夫，所谓提高学生的语言表达能力岂不是一句空话？

加拿大作家阿尔贝托·曼古埃尔在《夜晚的书斋》中有一段关于朗读的精辟论述，他说：“人文主义大师巴蒂斯塔·瓜里诺（著名人文主义者维罗纳·瓜里诺之子）坚决反对默读或轻声含糊的念读，因为阅读时听不见自己的声音，就会漏掉许多韵律与节奏，这是常有的事情。大声朗读对于理解大有裨益，因为我们的耳朵听到仿佛是外来的声音后，就会刺激思想提高注意力。根据瓜里诺的说法，大声读书还可以帮助消化，可以‘增加热量，冲淡血液，清洁血管，扩张动脉，不允许多余的水份停滞在消化食物的管道之中。’对于消化字句也是如此，我常常在书斋的工作室内独自朗诵，为的是仔细体会文章，更好地将内容据为己有。”虽说未必如瓜里诺所说，大声朗读可以增加热量之类，但大声朗诵可以提高注意力并更好地品味语言却是毋庸置疑的。

最近，观察孩子们的阅读又有了些变化。蔡志忠的《漫画三国》在几个男孩子之间传来传去，看得出男孩子对它的兴趣更浓厚些；女孩子则更爱读现当代文学作品，卢邵菁就利用一切闲暇时间在读《我亲爱的甜橙树》，据我观察，她已经在读第二遍了；谭晰元在读《天蓝色的彼岸》，那是一本引导孩子如何看待“死亡”问题的书，全书充满了哲学意味；谭嘉炜拿着两本书——《我亲爱的甜橙树》和《芒果街的小屋》，她笑着说是托同学帮忙在网上淘来的。

看到李泳茵在读《季羡林自传》，我大吃一惊，以她现在的阅读水平读这样一本“大书”还是有困难的。

我很想了解她的阅读感受，就问："你看得懂吗?"

她笑笑："看懂一点点。"

我点点头，微笑着说："很好，那就继续阅读吧。"

与大师的心灵对话是有利于孩子的心智成长的。高尚的人格、崇高的追求和坚韧不拔的意志力，哪一样不是一个人成长所必须的呢?

周浩伟也拿了两本书，其中《海鸥乔纳森》是我们都已经读了很久的一本书，他还时不时拿出来读读。谁说读过的书就不可以再读呢，"闻道有先后"，再读也无妨，只要是真心喜欢读的书，有缘相遇，读上十遍也无妨啊!

第七八单元的试卷也批阅出来了，孩子们的进步是非常明显的，尤其是孩子们历来最畏惧的作文，我看到的也是一张张令人满意的答卷，试卷中的错字、病句仍然在所难免，但是当看到孩子们笔下一个个性格各异、生动有趣的人物时，那份感动也就无可抑制了。

选了黄沛云和钟昊宜的作文介绍给孩子们，黄沛云的题目是《我的恶魔表哥》，细致、生动的细节描写令同学们大笑不已，钟昊宜的题目则出奇制胜——《淡定哥——蔡丕泽》，笑声是自然的了，从容的叙事笔调也不容小觑，现在的孩子真是太聪明、太可爱了。

说起淡定，现在是没有几个人能做到了，但在我们班上，就有一个非常淡定的人，他就是蔡丕泽。

每次班上出了什么让人心烦的事儿，同学们全都在叹气，有的甚至在踢桌子，而淡定哥——蔡丕泽好像什么事也没发生一样，镇定自若地坐在椅子上。不过遇到一些让人兴奋的事儿，他就会稍有好转，他会小声叫一下，以表示满心的愉快。

蔡丕泽虽然态度改变了一点儿，可其他同学就更加疯狂了，他们有的站在桌子上跳，也有的用高达 100 分贝的音量在欢呼着，用老师的话说——快要把房顶给掀开了……

还有很多精彩的作文，个性特色突出如吕城——《我的机械高手老爸》，诗意如刘缙缙——《金色年华，你笑靥如花》……每次考完，我必定挑些精彩作文，和孩子们一道欣赏。

这也是我的作文教学策略之一——用孩子们最富表现力的语言不断"刺激"他们的大脑，这样就会有新作不断"产出"，充分利用"鲢鱼效应"，这的确是最省力却也最奏效的一种办法啊!

在这样的课堂上，常有笑声传出。此时，笑声传递的有快乐，亦有能量啊!

下午，读孩子们的日记，每有惊喜，欣然不已。

一篇读后感吸引了我，是朱青青的《读〈幽默是水，你是鱼〉有感》。因为太长，选了最后几段以饷读者。

幽默是兴奋剂——如果你的日子一天天滑过，渐渐地你会闷闷不乐、疲倦懈怠……要想打破这种闷局，摆脱令人不快的疲惫闷局，最好的办法之一是来一段幽默，你会在捧腹大笑的时候从无精打采中走出来，变得兴致盎然。这时，幽默好比兴奋剂，它像音乐、像图画、像绿色植物，把漫长的人生之路装点得有滋有味、有情有趣，并且，它绝对没有副作用。

同学们，一个人生活在世界上，如果没有幽默感，真如一朵没有香的花，毫无情趣、味同嚼蜡。所以，我们在学习、生活之余，要多一点幽默，少一份悲伤；多一点幽默，少一份寂寞；多一点幽默，少一份难堪。

幽默是水，你是鱼，在生活的海洋中游弋不止，畅快无比。

"幽默是水，你是鱼"，说得多好啊！我问自己：有多久没有开怀大笑了？还好，生活虽然不是幽默剧，但是每天让自己开心的事情还是有的，因为孩子们是我最好的"开心果"。

借着校讯通和网络聊天工具，一直跟家长们保持着顺畅的联系，今天收到家长来信，是来自钟昊宜的妈妈的一篇读后感——《〈帅狗杜明尼克〉读后感》。钟昊宜的妈妈文采极好，写得也有深度，有这样高素质的妈妈在家指导，孩子的学习必定是如虎添翼。这就是长期以来我为什么倡导家长读书，尤其是妈妈们要和孩子一起读书的原因。

今天再看扬州师范大学徐冬梅老师倡导的"亲子阅读"，真的很佩服她的远见卓识，更佩服她亲自"试水"实践伟大教育理想的精神。

附：

《帅狗杜明尼克》读后感

当儿子给我推荐这本书的时候，我有点不屑，心想，小孩子的书怎么也拿来让我看。但为了不让儿子扫兴，我还是拿来读了起来，没想到看着看着我就被深深吸引了。

文中的主人公是一个名叫杜明尼克的长得很帅的狗狗，作者采用拟人手法进行创作，从主人公杜明尼克不安于现状、勇于探索，从而踏上旅程开始写起。整个旅程中，杜明尼克遇到了许多的艰难险阻，我的心时时被杜明尼克牵着，时而为杜明尼克的勇敢坚强喝彩，时而又为杜明尼克所遇到的险境担扰。整个故事情节扣人心弦、耐人寻味。尤其是作者的语言诙谐，更让整本书显得生动活泼。

文中的杜明尼克个性非常鲜明，在旅途中尽管遭遇到坏人的算计，但总能凭借自己的机智勇敢，去战胜困难、化解险境。他感性，还爱美，从他出门上锁还在门上留下书信这个小事上就可看出他的细心重情。他喜爱音乐、多才多艺，也有点多愁善感。好交朋友，也有点江湖义气，所以深得动物界朋友们的喜爱。因此他也是一个特有福气的“人”，得到了无数稀世的珍宝，最后他还收获了美好的爱情。他的人生在经历了风雨之后，终于拨开云雾，看到了绚丽的彩虹。

杜明尼克在旅途中所遇到的难题，不正像是我们人生中的一个个问题吗？那么，当我们遭遇到人生的难题时，我们又该怎样去面对呢？

在我看来，杜明尼克以及包括他在旅途中所遇到的那些动物伙伴们，其实就像我们的孩子，他们中有的天生顽皮、聪明、活泼、可爱，也有的懒惰、贪婪，只有靠时间和经历去磨砺他们，存优去劣，方能沉淀出美好的品质。

在生活中，我们也需要像杜明尼克一样，不甘于现状，勇于冒险、勇于探索，无论遇到什么困难，也应像杜明尼克一样，坚定、果敢、乐观。

作为家长，我们不应该包办代替孩子的一切，而应激发他们要勇于向生活挑战，像杜明尼克一样，无论前路会带来什么，无论道路多么坎坷，都要鼓励他们勇敢面对一切。只有经得起生活考验的人，才可能真正成为生活中的强者！

红蜻蜓，低低地飞

课堂上，孩子们在读一首儿童诗——《红蜻蜓》，是陈家丽为大家准备的。

红蜻蜓

低低地飞，
低低地飞，
红蜻蜓，
你丢失了什么？
飞得这样低。
草坪里，铺着嫩绿。
花丛里，漫着香气。
湖面上，闪着涟漪。
红蜻蜓，你丢失了什么？
是被晒干的露水，还是雨天的记忆？

已经进入复习阶段了，但在我的课堂上依然坚持朗诵古诗和儿童诗，之所以还要这样做，是因为我觉得整天的复习太过沉闷，不如花点时间读几首诗歌调剂一下，这样做是有益于孩子的身心健康的。

然后，还要抽点时间让学生背书，从《武松打虎》《小嘎子、小胖墩打架》到《严监生》《王熙凤初见林黛玉》等，凡是我认为课文中精妙、值得学生下功夫背诵的课文段落，一定会督促学生反复吟诵，直至完全背熟，这样反反复复也有三四次了，孩子们这回终于说是真的会背了。

早年也曾听说有人背功极好，古文功底极好，文章也是好极了，我认为那就是孩子们幼年练就的“童子功”。文章大家茅盾就能全文背诵《红楼梦》，令我佩服至极；大学者钱钟书亦是“背书高手”，唐诗、宋词自不在话下，许多经典名著也是信手拈来，如数家珍。有如此扎实的古文功底，做起学问来自然是得心应手了。

背诵难道训练的只是记忆力吗？错！在我看来，除了记忆力，还有语言及思维的训练，亦有文化的接受能力和转化能力、传承能力。有了互联网并不等于有了一切。那藏在记忆深处的文化，迟早是会发芽的，相信绿色的藤蔓会爬上《诗经》和《楚辞》，开出灼灼的花朵。

“不管你走到哪儿，请别忘了在你心里揣着唐诗和宋词!”我常常跟孩子们这么说。

卢邵菁说有一本绘本很好，值得看看，我看到她手里拿着一本宽版的绘本——《阿狸·永远站》，是徐翰的手绘。

我拿过来，翻了翻，是当下较流行的那种绘本，内容不多，但很温暖，适合城市小女孩随手翻看，无须加入思考的成分，我把此类书的阅读统一归类为“浅阅读”。

随手翻翻也没有什么不好，但于一个孩子的思维发展是不利的。小忧伤、小快乐、小收获，最后培育的也一定是小情调、小胸怀、小家子气。

因为没有什么值得回味，像吃甘蔗，随吃随扔，没什么好可惜的。可以一读，但最好是少读。

最近读学生日记，我注意到那几个特别令人操心的孩子终于有了进步，心里暗自高兴。以前他们的日记总像是记流水账，就算是有好素材，也因为没有好好观察与感悟，就只是浮皮潦草地写几句，然后匆匆结束。为此，可没少说他们。现在想想，还是自己太性急了。凡事慢慢来，要学会等待，轮到我提醒自己了。

今天读到好多精彩的日记，张桢熙的日记让我刮目相看，单看题目就让我惊喜万分——《兔子帮版打地鼠》，到底写了些什么呢?

嘿嘿，又到体育课了，这次是跑步考试，很快就轮到了我。

我一跑完，就不知该去干什么，见万浩然和刘琛明正在打乒乓球，就跑了过去。

我们一共有三个人，没法打正式的比赛，于是我们又想起了以前玩儿过的游戏——打地鼠。

规则是：三个人中有两个猎人，其余那个就是地鼠。猎人先发球，地鼠如果被打中了，就跟打中地鼠的猎人交换位置；如果地鼠发球打中了猎人，就将打中猎人的那一下攻击视为无效；猎人被打中五下就要停三个回合，现在加上“兔子帮”的人物招式，“兔子帮版打地鼠”就出炉喽。

一开始，我和万浩然当兔子，刘琛明当猎人。只见他“唰”地打来一球，我和万浩然连忙一闪，结果反弹到墙面，朝我飞来，我连忙用雷光遁

（拍子）化解了他的攻击。

我捡起球，使出“三重雷兽之拳”，做了两个假动作，然后丢出去，正中刘琛明肩膀。

刘琛明大怒，用出“蝴蝶闪”，一球擦在桌上，看起来是向我飞来的，结果是个旋球，打中了毫无防备的万浩然。

万浩然一过去，就中了刘琛明的“血剑霹雳”，被“爆”了头。他捡起球，又是一个“蝴蝶闪”，不过打的并不是我，而刘琛明早有防备，使出巨阙剑（又是拍子），挡住了攻击……

我们一直打到下课，一个个都大汗淋漓的，不过，玩儿的真爽！

我真想说：孩子，你让我的等待有了回报！以前看你读《三国》读得津津有味，可是写作却没太大长进，我总在感慨：这孩子的书都读到哪里去了？今天我总算在你的日记里找到了答案。好的语言，一定要遇到好的素材才真正有价值。这，也需要等待。

又指导学生修改了几篇习作并推荐到了《红树林》。应该会有结果的，孩子们已经练习很久了，该让他们去试试身手了。

想起刘琛明的妈妈讲过的一个小故事，不禁笑起来。她说，刘琛明在深圳青少年报上发表了一篇小文章，得稿费二十元，小子正要去取钱。他爸爸就说：“别取了，我给你二十块，你把稿费单给我留作纪念吧。”

谁说父亲比较粗心呢？眼前这位父亲以自己的言行告诉孩子，他非常在意孩子的一切，哪怕是微小的成功。

那张稿费单在父亲的眼里无疑就是一枚“金质勋章”。

今天，选了几篇习作推荐给《红树林》杂志，这是孩子们特别喜欢的一本杂志。别的习作我就不介绍了，但是才女谭晰元的习作——《细微之处，惊雷阵阵》还是值得说道的，一个五年级的小女孩儿能写出这样的习作实在难得。录于此，供与大家欣赏、评说。

最近看了一部很不错的电影——《功夫熊猫2》，我颇感震惊。它带给我的震动不是故事本身，而是好莱坞电影人对于中国文化元素的巧妙运用和细致入微的再现。

过去人们都说，西方人不了解中国文化，在他们的电影中经常把我们中国的文化表现得不伦不类，但是这一次，《功夫熊猫2》把中国传统文化元素展示到了细致入微的地步，你很难找出什么不妥的地方来。从画面的亭台楼阁，到武打的手法招式，显示的都是地地道道的中国味道。

因为上学的原因，我很少有时间去看电影，到目前为止，我看过的电影也不过几十部。但从小看电影，都会被告知国产的最好不要看，因为实在是太烂了，那么进口的真有那么好吗？我总是抱着审视的态度来看的，说实在的，国外的电影真的好过国产的。就以《功夫熊猫2》为例，它很好地利用了中国的文化，将一些中国元素恰当地、细致入微地表现在电影中，虽然我不一定都认同，但这的确是我看过的相当不错的一部电影！

在博客上，有一个博友曾回复了我一段他对于这部电影的感受："电影运用了不计其数的动漫资源，最为可贵的是这些资源不但再现了华夏民族璀璨的文明，更饱含着对华夏文明的肯定与颂扬，对培养年轻一代追求善良与不畏邪恶的精神品质也起着非常重要的作用。"

是的，我也相信这是一次难得的教育，虽然它用的是动漫的形式，借用的是大熊猫的形象，但这一切不正说明西方人对中国文化的认可吗？

希望那些还在被金钱所左右的中国电影制作者，也能创造出中、西文化融合的好电影、好动漫，以满足我们年轻一代的精神需求。

窗外的雨不知什么时候停了，有一只蝴蝶翩然飞过。忽然想起小时候在家乡，夏日的傍晚总有蜻蜓低低飞过，那情景历历在目，宛如昨天。许多个傍晚，我们就坐在家门前的小饭桌上吃晚饭，读江苏版的《少年文艺》。那时候，我将《写在少年朋友的册页上》的美文一笔一划抄写在一个小本子上，对文字的喜爱大概就是从那时开始的吧！

日有所诵、绵绵不绝，诗意的文字大概也能以这样的方式住进孩子们的心灵吧？

海上的风一来，就绽开万朵浪花

今天读陈彦而带来的儿童诗——《大海睡了》，恍惚间感觉到一阵阵清新的海风徐徐吹来！

大海睡了

风儿不闹了，
浪儿不笑了，
深夜里大海睡觉了。
她抱着明月，
她背着星星，
那轻轻的潮声啊，
是她睡熟的鼾声。
海上的风是花神，
她一来，就绽开万朵浪花…
海上的风是琴师，
她一来，
就奏出万种歌声……
海上的风是大力士，
他一来，
就送走万片渔帆……
海上的风是狮子，
它一吼，
就掀起波浪滔天……

读一遍，再读一遍，读着读着就读出诗的味道了，就读出了海在动静之间所展示的力与美、雄浑与开阔。“海上的风一来，就绽开万朵浪花”，亘古如斯，却又日日如新。除了大海，还有什么事物值得人们如此长久而热烈地歌颂呢？

这几天的复习以练习为主，孩子们有足够的时间去整理笔记，做点抄抄写写的作业。阅读题的答题技巧自然是要讲的，以往很多时候丢分也就是丢在回答问题的方式上，因为孩子们没有扣题回答，随随便便地就丢了几分，再加上有的同学时间安排不够合理，作文没有完成的也被扣掉几分。粗心大意的有之，草率马虎的亦有之，都需要在复习时经常点到，甚至具体到某个人，这才有可能引起孩子们的警觉啊！

抄写的作业也就安排在每日的练习中，这回不是简单的词语练习，而是对课文中精彩句子的分析了，有时也抄抄要求背诵的段落。唯有完全掌握了，才有可能在考场应付自如，当然也包含着对文字的深入理解过程。谁说不需要抄写呢？它训练的是耐心、是速度，也是准度，对深入理解课文内容及文字表达亦有帮助。

许多文章大家都有抄书的习惯，其中唐诗宋词最为众家所喜爱，抄过的不知有多少人呢，得益于此的更不在少数。前日读到乾隆皇帝用小楷抄写的《般若波罗蜜多心经》大为惊讶，不知道日理万机的乾隆皇帝要用多少时日才能抄完经卷，想必这是对他意志力的极大考验吧！想到乾隆身为一国之君尚且抽空抄书与诵经，我辈平民岂不更应该认真抄写与诵读吗？

我以为，没有经过严格的抄写训练的人是很难达到较快的速度的，其精准度也是值得推敲的。四五年级的学生如果还没有养成良好的书写习惯且达到一定的书写速度的话，对今后的发展亦是有影响的。

这就是我为什么经常为学生安排一些抄写作业的原因。绝对严格的检查孩子们的书写，不放过一点、一钩、一折，必定能引导孩子们体会点横撇捺间汉字的韵味。只有真正爱一种文字了，才会发自内心地想要学好它、掌握它。

今天，在众多日记中读到张桢熙的精彩文字——《学会洗碗》，心情大好，夏日的烦躁忽地就被风吹散了。

中午刚吃过饭，正准备去拿《漫画三国·水浒》来调节一下心情，谁知又被老妈叫去洗碗，心里一百个不情愿，可到底是母命难违。

走到水池边，看到一池子的碗，心情更加郁闷了。我顺手拿起一只碗，倒了好多洗洁精，胡乱地用抹布擦了起来。那些调皮的碗又不合时宜地和我开玩笑，不停地从我手里溜走。

我再次拿起它，漫无目的地继续洗着……不知不觉中，碗洗完了，我把水龙头一开，塞子一拉，水唰地把泡沫毫不留情的“带”走了。

我又抓起碗，这时碗已干净亮洁如新了，我的劳动有了成果，心情渐渐好了起来，我又开始洗第二道。

那些小碗已经变成了一颗颗“星星”，我把这些碗送到水中进行最后一次清洗。每当小水滴在空中绽放成玲珑剔透的小水花时，就像一个个新生命在颤动。

我情不自禁地把手伸到水中，凉凉的，像是在抚平我急躁的心。

碗洗完了，心情也好了起来，我忽然明白了：生活中遇到困难、不顺心时，就把你的压力释放出来吧！时间会帮你抚平一切。学会释放，学会用快乐之眼看生活，你会看到更多的风景。

阅读这样的文字，感受一个孩子心灵的成长过程，你是会感到开心的。

我常常跟孩子们说：事情无论大小，只要确实是触动了你心灵的，都可以记录下来。一则帮你宣泄了情感，洁净了灵魂；一则训练了文字，积累了素材，何乐而不为呢？

练笔，练笔，更多的时候是在“练心”啊！凝神静思、沉沉潜入、从容挥洒、意趣无穷。心，在充满意蕴的文字中变得坚韧。孩子们也许不知道，我要的就是一颗沉静而柔韧的心啊！

蔡志忠先生说：“有人问我禅是什么，其实特别简单。禅就是专心致志，不胡思乱想，不胡说八道。”

蔡老夫子说：“禅也是天真，是快乐，是保持一颗童心。”童心，就是一颗无所挂碍、纯真无瑕的心啊！

今天在深圳商报上读到一篇文章——《语文课不改不行了！》，作者侯会先生是首都师范大学的教授，他说：“我想，语文教学不尽如人意，原因可以找出一百条。关键的一条，我以为是语文课文台阶太低，内容过于简单。例如在我们的课本中，白话作品要占总量的60％至70％——所谓白话文，无非是‘以我手，写我口’，只要经过小学低年级的识字训练，本来是不学而能的事，有什么必要再花两千个课时去‘研磨’？”我深以为然。

他还说：“我以为，解决语文课台阶过低的有效办法，就是增加教材中传统作品的比重——您不必担心这会加重孩子的负担：一门内容单薄、磨磨蹭蹭、旷日持久的课程，才真的会让师生感到身心俱疲、不堪重负！”

可喜的是，我们已经在做了！从《上古歌谣》到《蒹葭》，从《古诗十九首》到唐诗、宋词，再到《孟子精选》，我们一路无惧地走来，感觉着满眼的繁花与满心的欢喜呢！

台湾学者薛仁明先生著有《孔子随喜》一书，对我们认识孔子大有帮助。

他说：“孔子行乎富贵，‘食不厌精，脍不厌细’。他固然疼爱‘一箪食，一瓢饮’的颜回，但也喜欢那一身富贵的门人子贡。孔子不只是清，还带着艳；他有人世的热闹，有人间的喜庆，还有吟吟笑语。幽兰之清雅，固得孔子之一面；但孔子之全体，则更似这株明艳之红梅。”

由此譬喻得见孔子之傲岸精神，亦可感受其凌然风姿。

“我读孔子，心仪他屡经颠踬，却始终神清气爽；佩服他屡遭挫折，还依然昂首阔步。他周游列国十四载，几度生命之危，几次落魄受困，每当孔子狼狈不堪时，我都很想仔细看他如何应对。待我这番观瞧之后，孔子实在鲜有后儒的伤怜之气；他的堂堂大气，每每令我心惊。”

不读孔子，又怎么知道古之大儒的胸襟抱负与活泼大气？

我不喜欢周润发版的孔子，那是电影、是艺术，不是真实的孔子。真实的孔子是“任你嚣嚣，任你呶呶，我自巍巍，我自悠悠”。

想象中，孔子弹琴的画面一定很美。《幽兰操》的曲子或许早已失传，但幽兰之清雅、淡然，在每个读书人的心中。

“德不孤，必有邻。”我深信，古今中外，概莫能外。

已经读过三个版本的孔子传记了，但是常读常新，孔子的魅力在于他的历久弥新，永远散发着思想的光芒。

“海上的风一来，就绽开万朵浪花”。我喜欢在想象中铺展开无穷美丽的画面，更喜欢在想象中与前人的思绪相接。

音乐声中，生活在继续

最近，一直和孩子们欣赏着流淌的文字音乐。

“只见师傅的手臂悠然摆来，悠然摆去，如同伴着鼓点，和着琴音，每一摆刷，那长长的带浆的毛刷便在墙面啪地清脆一响，极是好听。啪啪声里，一道道浆，衔接得天衣无缝，刷过去的墙面，真好比平平整整打开一面雪白的屏障。”

这是生活中一段精彩的乐章，有悠扬动听的乐曲，有强劲有力的鼓点，工作在音乐声中推进，旋律在劳动者心中回荡，“啪啪”的拟声词既显示劳动者的节奏，亦显示劳动者的力量。旋律随文字自然流淌，劳动者的风采自然绽放，就这样，一段独具韵味的音乐流淌进你的心田。

“这个人打扮与众姑娘不同，彩绣辉煌，恍若神妃仙子：头上戴着金丝八宝攒珠髻，绾着朝阳五凤挂珠钗；项下戴着赤金盘螭璎珞圈；裙边系着豆绿宫绦双鱼比目玫瑰佩；身上穿着缕金百蝶穿花大红洋缎窄裉袄，外罩五彩刻丝石青银鼠褂，下罩翡翠撒花洋绉裙。一双丹凤三角眼，两弯柳叶吊梢眉。身量苗条，体格风骚，粉面含春威不露，丹唇未启笑先闻。”

这段话句式整齐、对仗自然，整饬、严谨的句式，恰如一排排从天边冲击而来的海浪，声声敲打、阵阵回音。作者极细致地描画从头、颈到裙边的繁缛的装饰，在细节刻画中彰显人物卓然不群的个性及无比尊崇的地位。

这是一段装饰华丽的旋律，大气、辉煌，绚烂至极！

曹雪芹不愧是文章大家，所著文字里皆蕴含着优雅的旋律，有时跌宕起伏、有时徘徊低回、有时大音清声、有时余音袅袅……凡耳所听，无不化作一段或缠绵或哀婉的旋律，令人动容、嘘声、叹息、怅惘。

和孩子们一起读唐诗、宋词，在唐诗、宋词里打捞一段段远逝的乐章。

我们在“九曲黄河万里沙，浪淘风簸自天涯……”的诗句中，体会唐人豪迈的诗句中藏着的慷慨、悲壮的旋律。

我们在“长忆观潮，满郭人争江上望。来疑沧海尽成空，万面鼓声中……”磅礴的诗句里，感受宋人如波涛般汹涌澎湃的激情。

我们读“槛菊愁烟兰泣露。罗幕轻寒，燕子双飞去。明月不谙离恨苦，斜光到晓穿朱户……”，感悟宋人于秋菊兰草、西风明月里藏着的哀怨与忧伤，在心的版图上模拟埙与洞箫所演绎的一段低徊的乐章。

“一百年的歌声啊，你正穿过绿叶和花丛，飞临于我的心中！”

我想跟孩子们说的是：当我们吟咏这些诗句的时候，我们听到的是一百年、甚至一千年以前的歌声。音乐重临我心时，我们也最接近古人的心灵！

生活中又何曾离开过音乐？婉转、嘹亮、变化无穷的鸟叫声里，就有一段丰富而不重复的音乐；从教堂里传出深沉而持久的钟声，像是为生活加入了一些深沉的音符；街头的喷泉是不是也在奏响一段动人的旋律？流水、落花、翩然的蝴蝶，或是震耳的雷声、飘舞的雪花、骏马的嘶鸣、野狼的哀嚎，或是旷野里摧枯拉朽、扫荡一切的狂风……在看不见的地方，都藏着一段或优美或悲壮的旋律。

我对孩子们说：“用你的眼去观察，用你的耳朵去聆听，用你的心去感受，相信你会有自己的发现的。”

果然，我们读到了许多精彩的练笔，其中肖梓鹏同学的练笔——《厨房交响曲》写得就很有味道，但我觉得题目改成《锅碗瓢盆交响曲》似乎更好。下面就节选精彩部分。

妈妈开始煮菜了，首先是抽油烟机苍老的声音揭开序幕。

接下来是锅、铲二重奏，妈妈把锅洗一洗，然后就开火，待锅里的水在“吱吱”声干了后，就开始炒菜了。

先是油的独奏，“啪，啪，啪啪啪，啪啪……”，接着是蔬菜和油的二重奏，“嗡嗡”声加“啪啪”声，形成了一段妙不可言的乐章。

盐也加入阵营，撒上一点盐，在“嗡”“啪”的乐章里加入了一种无法用语言描绘的一点点微弱的声音，更像是给乐章加进了背景音乐。

妈妈打开柜子门，里面的各种刀具，削水果的器具，开酒塞的工具等撞击在一起，发出清脆而又响亮的声音，如舞台上的打击乐器，有节奏、有力量、有回响，是我喜欢的厨房重金属音乐。

“锅碗瓢盆交响曲”进入高潮。妈妈开始做另一道菜，这道菜是肉类，刚一放进锅里，就发出了几声响亮的咆哮，好像爆炸声。随着时间的推移，锅里发出咕嘟咕嘟的声音，声响渐小，香味渐浓。“锅碗瓢盆交响曲”加入了色、香、味，令人无限神往。

随着抽油烟机的声音渐渐消逝，这段交响曲暂告一段落。等吃完晚饭，又一段“锅碗瓢盆交响曲”要开始了。

好小子，果然厉害！领悟于心，自然行诸笔端，这样的学习是最有效的。

还有胡梦霖的《点评歌手》也是写得不错的，小小年纪居然也有了品评的成熟，实在令人意外。

陈绮贞。她的歌词写得挺不错，她的声音也挺有特点。有人形容她的甜嗓子就像优质巧克力，甜而不腻、楚楚可怜。我听了陈绮贞的经典之作《旅行的意义》，真的有一种巧克力般耐人回味的感觉。这首忧伤的旋律和歌词，配上这副嗓音，真好。

刘惜君和郁可唯。她们两个是号称2009年快乐女生实力最强的两位选手，评委们总是拿她们两个比来比去。刘惜君的声音相对来说比较大气，有时优雅，有时霸气，十分饱满，荡气回肠。郁可唯的声音比较忧伤，好像漂浮在空中，和刘惜君比起来温柔了一些，比较适合唱忧伤点的情歌或以前的老歌。两位歌手的声音都很动人。

小黄英，大太阳！黄莺的声音比较嘹亮，就像黄莺一样。153厘米的小个子，声音的爆发力极强，评委都很喜欢她。只是可惜了，她不太适合唱情歌，只能停留在山歌的领域，因为她唱歌时的换气问题，这使她难以接触其他类型的音乐。

音乐的世界太奇妙了。歌曲，是抒发情感、治疗心伤的良药，一首小小的歌，可以带给人们无法估量的震撼。当你受够了城市里的喧嚣，就打开播放器，静静地聆听音乐，感受它带来的神奇吧！

就这样，为孩子们读了好几篇精彩的习作，想想这次“声响与音乐”的练笔创意实在不错。孩子们真的是很善于模仿与创造的呢，给他们创造的机会，他们会还你以无限的精彩！

沈约曾提出“语言须具音乐美”，他在《诗大序》一文中写道：

夫五色相宜，八音协畅，由乎玄黄律吕，各适物宜，欲使宫羽相交，低昂互节，若前有浮声，则后须切响。一简之内，音韵顿殊；两句之中，轻重悉易。妙达此旨，始可言文。

沈约与南齐永明时代的诗人，发明“四声八韵”之说，将音韵的和谐优美落实到每一个字上，这是诗歌的进步。时至今日，炼字依然显得重要。“如切如磋，如琢如磨”，炼字的过程追求的是一种境界啊！

沈弘在《经典音乐故事》中说：热爱音乐的人们无法绕开贝多芬，因为他的音乐里蕴含着内在的热情与巨大的力量。19世纪浪漫派大师舒曼评价贝多芬的第五交响曲时说：“不论你听过多少遍，都会自然产生出新的敬仰和感叹，只要世界上还有音乐在，它就会世世代代传下去。”恩格斯在书信里甚至说：“如果你还没有听过这部壮丽的作品，那你这一生可以说是什么也没有听过。”

有时间跟孩子们谈谈贝多芬的第五交响乐该多好！因为，胸中装着伟大乐章的人是不会寂寞的。

很喜欢傅雷给儿子信中的一段话：“有一点，你得时时刻刻记住：你对音乐的理解，十分之九是凭你的审美直觉；虽则靠了你的天赋与民族传统，这直觉大半是准确的，但究竟那是西洋的东西，除了直觉以外，仍需要理论方面的，逻辑方面的，史的发展方面的知识来充实；即使是你的直觉，也还要那些学识来加以证实，自己才能放心。所以便是以口味而论觉得格格不入的说法，也得采取保留态度，细细想一想，多辨别几时，再作断语。这不但对音乐为然，治一切学问都要有这个态度。所谓冷静、客观、谦虚，就是指这种实际的态度。”

果真抱着这样的态度去教学与做学问，我相信是会有大的收获的。

静静地读，耐心地等

期末考试前夕，我布置学生做了一个回顾作业——整理本学期的阅读书目。孩子们很快就整理了出来，阅读量多的达 45 本，少则 15 本，大多数孩子本学期的阅读量均保持在 25 至 35 本，情况着实可喜。孩子们在回顾的过程中详细注明了具体书目及阅读次数，有的同学对一些书籍的阅读多达五遍，而两到三遍的占绝大多数。

我一贯强调，一本有价值的好书不读上三五遍是无法多层面、多角度吸收书中精华的，在阅读中，慢慢琢磨、细细思索、常常回味，才会有不一般的收获呀！

对阅读书目及阅读次数作出真实而详细的统计，主要是为了从数据着手，进行深入的阅读质量分析，以便更准确地把握学生的阅读动态和阅读效果，并适当作出后续的阅读指导计划，以持续有效地推进阅读教学工作。再有数据分析作为阅读指导依据，学生阅读的个体性就更能充分地表现出来，这样，在阅读指导中就能更合适了。

有些孩子尽管让他们去读好了，无须太多的指点，因为他们的阅读涵盖面广，营养丰富；有些孩子则需要给予具体的指点，因为他们偏重某一方面素材或表达形式的阅读，阅读视角太单一，能从阅读中汲取的养分自然也无法跟上，而适时的提醒，矫正孩子的阅读路径十分必要。

本学期阅读书籍最多的是朱青青，阅读数量达 45 本，阅读内容涉及文学、历史、自然科学诸多门类，我认为其中有三部书的阅读是非常需要理解力和鉴赏力的——《红楼梦》《聊斋志异》及《资治通鉴》（精华版），这说明朱青青已有阅读古典文学作品的浓烈兴趣和乐趣；在英语学习方面，对《英语语法外传》《中学生英语作文大全》的阅读，说明朱青青在英语学习方面是相当下功夫的；有三本书是“富爸爸”的理财经验之谈，说明朱青青从小就重视理财经验积累；有三本作文指导书籍，说明朱青青很重视钻研写作方法；有一本哈佛教授关于思维培养的游戏，说明朱青青在意挖掘大脑潜力，重视东西方思维方式的衔接及转换，是一个极富有国际意识的学生；还有两本关于品德修养的书籍，说明朱青青注重提高个人修养；另外，还有许多经典儿童文学作品，表明朱青青活泼的儿童天性及健康的儿童心理。

之所以详细分析朱青青的阅读情况，是想说明儿童阅读是有极大的自主性的，他们并非完全按照老师指点的路径，而是有着鲜明的个人兴趣及价值取向，他们走的是自我寻找、自主发展的道路。

分析李泳茵的阅读书目，我也有同样的感受。虽然她的阅读仍以儿童文学作品为主，但相比较，其阅读范围也是有了明显变化的。《季羡林自传》和《意林》这两本书让我意外，之前我已经知道她在阅读《季羡林自传》这本书了，还跟她聊过阅读的难度，没想到她很自信地说："能读懂一点点。"就这一点点就够了，因为我们都是从读懂一点点开始的，也许从此就可以延伸出一条长长的道路。我们无须担心，因为他们自己会选择是坚持，还是放弃。也许结缘于此，也许从此放弃，我们都无须苛责，因为我们都是这样长大的。就这样静静地阅读、耐心地等待，生命会按照自身的规律成长，该开花的生命自会妖娆。

分析其他孩子们的阅读，你会有许多惊喜的发现，孩子们的阅读表现多元化且互相影响，但又个性鲜明，自主选择、自主发展的态势非常明显。励志类书籍在孩子们的阅读中占一定比重，这说明孩子们渴望成功的愿望非常强烈。选择阅读经典文学作品的同学也不少，可见孩子们的阅读有一定深度且有品位，如《红楼梦》《三国演义》《封神演义》《飘》《欧也妮·葛朗台》《莎士比亚悲剧》等作品，选择这些阅读书目的同学都需要克服一定的阅读障碍才能前行，这在一个浅阅读盛行的时代是非常难得的，因为这需要非常大的耐心和毅力才可以做到，有时，对成年人来说都很难做到。比较而言，男生对历史、科学实验及幻想类书籍的热情要大过女生，这说明男生在逻辑思维、动手能力培养方面的要求高过女生，且相对而言，一般男生会更有历史感，且思维跨度大、富于幻想，喜欢动手实验，这是需要肯定并大力倡导的。而女生的阅读倾向则表现出性格细腻、温柔的一面。每个人的阅读都不完全相同，需要细致分析并加以个别指导，话无须多，点到为止，因为孩子的身心发展有差异，知识储备亦有差异，不必完全一致，有差异方能培养更具个性的学生。

后海小学袁晓峰校长曾提醒我们说："小学教育是什么？是播种，是把各种美好的种子——爱的种子、创造的种子、智慧的种子……播种在童年。只是播种，而不急着在小学就让孩子成名成家。"

"于是，我们以宽容之心、智慧之心满含爱意地期待孩子们的成长，期待着他们像他们自己一样去兴致勃勃地读自己心仪的书，期待着他们快快乐乐地成长为最好的自己。”

“于是，带着孩子们走进书的山、书的海，陪伴他们用真正喜欢的方式，读真正喜欢的书；引领他们爱上阅读，学习快乐阅读，并学会通过阅读来快乐地学习；帮助他们从享受阅读的乐趣开始一生的快乐阅读旅程——让他们因快乐阅读而终生阅读，因阅读而幸福一生。”

现在，在我和孩子们一起走过的路上，有花、有草、有蝉鸣、有虫唱。生命自在、花木葱茏、香意氤氲。

曾在深圳大礼堂听大艺术家黄永玉先生的报告，他说：“不是哪一本书对我产生影响，是所有的书加在一起对我产生了影响。”他还说：“我留了三次级，小学都没有毕业，那不是因为我不喜欢读书，而是不喜欢班级学习的方式。我躲在图书馆里读了大量的书，这些书使我对绘画艺术产生了浓厚的兴趣。我选择走上艺术的道路就来源于读书，我后来的艺术道路之所以越走越宽，也是读书的结果。”

“我读书是没有人指导的，就是自己读，自己想，在脑子里琢磨，读得多了，也就读出门道了，绘画艺术也是自己揣摩出来的。”

他还说，读书是不要人教的，做学问靠的是自己的钻研。

最近读到这样一个耐人寻味的故事。《庄子》内篇的最后一篇是《应帝王》，《应帝王》最后一段说了一个故事，南海的帝叫倏，北海的帝叫忽，中央的帝叫浑沌，倏与忽到浑沌那里去，浑沌对他们很好，倏与忽就想报答浑沌，他们商量道：“人有七窍，能够看、听、吃、闻，但浑沌没有，我们就尝试为他凿七个洞吧。”他们每天凿一窍，七天后，浑沌就被凿死了。

这个故事意味深长。庄子认为：与清晰、理性的世界相比，幽暗、浑成的世界才是大美的世界，这就是质朴、至淳、无为的境界，大全、至真、至美的境界。

语言的学习如果偏重理性的分析与肢解，是不是也破坏了语言本身天然、浑成的美？

所以，我总在想：与其不厌其烦地去分析一篇文章，倒不如带领学生去读更多、更好的书。只有当你的心真正融入书的世界中时，你方能体会到全新、自在、至大的人生境界。语言的学习、思维的培养不是自然而然发生的事吗？

今天再次读到陈思文的习作《为世界而生，也为世界而唱》，我不禁惊叹孩子超强的语言学习能力，亦暗自高兴，孩子们那惊人的语言表达能力不正是来源于广泛而持久的阅读吗？

过了一会儿，只剩下了那婉转而又娇俏的叫声，啊！只剩一只鸟了！那声音是多么甜美、清脆而又悠长，它好像是一个录音机，来回播放着那曲老歌，一串相同的音符一下子就塞满了我的耳朵。

过了一会儿，那个声音变大了，尖了，是那么嘹亮，高音持续不断地往我耳朵里钻，一个又一个高音音符惊醒了酣睡的我。

接着，它提起喉咙，扯着嗓子，运出丹田之力，尖叫了那么一声，足有一百分贝吧，但或许更高。

这一声打破了黎明前的宁静，人们大约要被惊醒了，一天就将从这儿开始。安静了一刻，接着传来一阵阵甜美温柔的鸟叫，它抚慰了惊慌的我们。这是为世界而唱的，它们用歌声告诉我们新的一天就要开始了。

这时，太阳从东边的小山上升起，第一束霞光射向小鸟，唤醒了更多的鸟儿，从树丛中传来的便是更多噪杂的鸟叫声，丰富而壮大，比合唱更有韵味。

小鸟们就是天使啊，你们为世界而生，也为世界而唱。

晨光熹微中，我也曾在林中寻找过唱歌的鸟儿，我想知道那些为我们唱歌的鸟儿都是怎样的娇俏模样，值不值得我们日日守候聆听。

我还想说：我的孩子们啊，你们知不知道，你们就是我生命中的天使啊！你们每一天的歌唱都令我惊喜，给我希望，让我活在期待中，也活在幸福里！

学期结束时，也可以这样美丽

放暑假这天，天气热得有点让人抓狂，孩子们也有点野。野就野吧，冯仑所谓“野蛮生长”不就是这样的吗？生命该怎样才好呢？这似乎并没有标准答案。“生命就是不知道该怎样才好”，这是旅美作家木心作品《哥伦比亚的倒影》一书中最打动我的一句话，用在这样的天气里最恰当不过。

但我们还是找到了最合适的方式，闲聊聊书、谈谈论文，这样的状态最为自由，也最为合宜。心儿早已飞走的日子，只有飞翔的文字才可以抓得住——文字不仅有翅膀，还有魔力呢。

这次期末考试，孩子们的表现不凡，除了四位同学没有达到优等，其余同学都在优等之列，均分也在91分之上了，这是我意料之中的事，因为他们平日热火朝天的学习干劲儿早已埋下伏笔了。我常想：针对现今越来越灵活多变的题目，只有真正脚踏实地的爱阅读、爱思考的孩子才可能取得优异的成绩，这可真没有什么捷径可走。

“在你的生活中，有哪些快乐或忧愁？你是怎样和别人分享、对别人倾诉的？请选择印象深刻的一件事写下来，题目自定。”

这样的作文题倒不难，可是阅卷老师认为绝大多数学生只注意到了叙述一件事，却忘记了怎样与人分享这个习作要求，这说明孩子们审题还不够细致，理解出了偏差，致使作文的重点不够突出，严重的还扣掉了好几分呢！

能在这样的大考中脱颖而出的才是“真的英雄”，况且期末考卷出得相当灵活，想拿高分并不容易。胡梦霖总分98.5分，是年级第一，她的习作赢得了阅卷老师的好评，一个大大的“优”字加一个大大的感叹号足以证明一切。全文如下：

分享“悲剧”的快乐

过年时，发生了一件令人不悦的事：我下田里摘艾草时晕晕乎乎掉进泥沟里了，全身都是泥。

妈妈幸灾乐祸地笑，我极生气，我想告诉爸爸他肯定不笑。哪知爸爸听完我的叙述后，笑得更起劲儿了。

回到家里，全家人都目瞪口呆地看着我走进客厅。

我连忙解释，我掉进沟里了，结果逗得全家人笑成一团，都笑到抽筋了。

我本来挺生气的，看到大家笑，我也哈哈笑起来："要是有牛就惨了，那我不是要沾一身牛粪？"我的话引得众人连连点头："就是，就是。"

爸爸提醒我："这么好的题材，写篇日记倒不错。"

我看看身上的泥巴，急忙叫道："等等，我先洗个澡再说。"

我打开电脑，以飞快的速度打好日记，然后在腾讯、新浪及网易三家微博上发表了这个"悲剧"。虽然打的都是"悲剧啊"，但心里还是乐得找不到边儿。

还有人回复："真的吗？"

哈哈，我最喜欢这样的回复了，我得意洋洋地打了三个字："肯定啦！"

寒假结束后返校，我仍在和人谈论这事，虽然好像是"心有余悸"，但看见大家十分开心，我也兴奋起来。这可算是生命中一件惊险的事了，不是人人都可以碰上的。

我还说："这可是第一次哦，估计你们都没有掉进过水沟！"说这话时，我居然有一种自豪感。

掉水沟的不悦终于烟消云散！

这篇习作，有叙事、有倾诉、有分享、有回味，情节简单、语言简洁、一派天然、毫无做作，绝对是阳光的心态，再加上细致、委婉的叙述，可算得上是难得的佳作了。倒霉的事谁没遇见过？被人笑话的时候谁没有过？难得她小小年纪居然可以处理得如此轻松，令人忍俊不禁，难怪阅卷老师大加赞赏了。

有"异曲同工"之妙的是刘缙缙的习作——《别出心裁的快乐》，她是和同学游玩儿时不小心踩到水坑里了，结果鞋子里灌满了水，哈哈，鞋子里都可以"养鱼"了。

同学小郑的开导非常有效：

"哎呀，我说你怎么就不开窍呢，你看啊，除了大自然的美，小鸟的欢乐，还有你走路发出的俏皮的乐声，岂不是大自然的合唱吗？"

"这么说也是啊，还以为这美好的一天就让'水'给破坏了呢，没想到竟是这'水之乐'渲染了这美好的一天。伴着这别出心裁的音乐声，我开心极了……"

这一篇看起来也非常不错，看来，凡事乐观最重要，尴尬时不妨“幽自己一默”，给别人一点儿笑料，也给自己一点儿从容。阳光心态流露的不正是顽强的个性吗？也许这才是阅卷老师欣赏这两篇习作的真正原因吧。

暑假推荐给孩子们阅读的书目也抄在黑板上了，是为了方便那几个家中上网还不太方便的孩子的，同时再抄写一遍书名，也是为了加深孩子们的印象。只有不断重复方可真正记住，儿童教育有时必须如此，在重大的事情上尤其需要这样。

书单列举如下：

《我亲爱的甜橙树》

《芒果街上的小屋》

《续爱的教育》

《深夜小狗神秘事件》

《小毛驴之歌》

《长腿叔叔》

《西雅图酋长的宣言》

《盐丁儿》

《阳光洒下来》

《在自己的树下》

《追梦的雨果》

《勇敢的船长》

我对孩子们说：“给你们的书单只是个参考，因为我不知道是不是每本书都能买到。到了书城，你细细挑选，肯定会有新的发现，或许你会买到更多更好的书也说不定，这需要一定的眼光。另外，有些读过的书是可以再阅读的，所谓‘书读百遍，其义自见’，蕴含在作品中的微言大义是需要反复研读才能够体会的。有些书来不及仔细研读，往往会辜负了作者的一片良苦用心啊。”

“蔡志忠的《唐诗说》《宋词说》是绝对值得看的，许多诗词在不同人那里的解读也是不一样的，蔡老夫子的理解就很独特，可以买来品读。几米的绘本也值得一读，那些唯美的画面对于炎热的夏日是绝对受用的，因为只要打开几米的绘本，你就可以坐拥一片美丽的风景了。”

虽然事事都已交代清楚，仍然是有些不放心，那些撒着欢儿贪玩的孩子真是令人担心，不知道一个暑假过去，他们又会怎么样。

由着孩子们去吧，还是冯仑那句话——“野蛮生长”！许多无法预知的事情都在左右着孩子的命运，作为老师，我除了祝福还是祝福。

祝福他们假期玩儿得开心，学得充实！如果能扎扎实实再读上几本好书，认认真真写好读书笔记，那将是锦上添花。“给自己加油”，只有马力足，才能跑得快！

放假前，已经给乔心源写过一篇短信了，相信他会心有所动吧。我唯一能做的就是：默默坚持、默默帮助、默默等待。相信再瘦弱的生命也是要开花的，尽管这花儿会开得晚些，那就让它晚些开吧，我当它是“晚香玉”呢。

站在走廊里，看到欢呼雀跃的孩子们即将离我而去，竟然有点不舍，我忽然想起在我生日的那一天，刘缙缙、谭晰元等几个孩子为我唱的那首歌——《萤火虫》，此时它是多么贴合我的心呐！

萤火虫萤火虫慢慢飞
夏夜里夏夜里风轻吹
怕黑的孩子安心睡吧
让萤火虫给你一点光
燃烧小小的身影在夜晚
为夜路的旅人照亮方向
短暂的生命努力的发光
让黑暗的世界充满希望
萤火虫萤火虫慢慢飞
我的心我的心还在追
城市的灯光明灭闪耀
还有谁会记得你燃烧光亮

我想起小时候在乡下，萤火虫明明灭灭，蟋蟀弹琴、竹笛声声，夜游的鸟儿长啸而过。孤寂，却也诗意。因为有萤火虫为我点灯，在家的门口。

真的到了说再见的时候了，我扬起头，挥挥手，笑着说：“孩子们，撤!”

我看到孩子们鱼贯而出，井然有序，一如每天放学的情景。但也有不一样，任宸娴在冲我笑呢，其他的同学也在笑呢。毕竟轻松的假期到了，一个新奇、美丽、充满无限遐想的假期就要开始了。

写此小文时，正好读到侯卫东发表在《南方周末》上的一篇文章——《孔孟荀：不同的人生地貌》，文中对三位大儒的评价甚合我意，特辑录于此：

孔子如高原。孟子好似孤峰突起。荀子所呈现出的是河流气质。

孔子的高原“来自于他的自我坚守和对使命的担当”，他以修身自省的人生，构筑起继往圣、开来世的梦想高原，为我们树立起“士志于道”的人格标高；孟子在孤立无援的情况下，坚持特立独行，靠的是“岩浆岩一样坚硬的品质”；而荀子，不故作喧哗，也不去同流合污，他以河流“委曲”的弯度和流动的柔韧，赢得了自己的话语权，以此来经营自己的政治主张。

所谓大儒，是有深刻思想与独立人格的“人”，是坚持不懈、努力实践自己伟大理想的“人”，这与一般意义上的饱学之士是有区别的。

“重新解读，再度阅读，将成为你的全身运动”，大江健三郎的启示语分明是针对我说的。假期来临，对于过去的一切，我们尚有足够的时间追思、反省与批判，阅读与写作将成为我长长假期的主要功课。

开始于美丽，也结束于美丽。我将在一本本喜爱的书前开始漫漫长假，想想都是非常诗意的！

新学期，从这一点开始

早晨到校，看到孩子们陆续到达教室，心中充满喜悦。就好像隔了两个月再看自己栽种的小树苗，无论高矮胖瘦，看着就是喜欢，这就是所谓的“驯养”吧。在驯养人的眼里，自己栽种的花花草草都是宝贝，再苦再累，到最后都是收获的喜悦，至于付出的艰辛、等待的漫长，早已抛在脑后。

“新学期，让我们从一‘点’开始吧。”我环视四周，看到的是不解与困惑。

我笑了笑：“孩子们，老师想跟大家分享一个绘本——《点》，是彼得·雷诺兹的作品。”

美术课结束了，但是瓦斯蒂还是黏在椅子上不走，她的画纸上一片空白。

瓦斯蒂的老师俯身去看那张白纸。

“啊！一场雪暴中的北极熊。”她说。

“真滑稽！”瓦斯蒂说，“我压根就没画！”

极其简单的构图，极其简洁的画面。但是，透过简单的点、线及灰蓝的色调，你依然能强烈地感受到瓦斯蒂的沮丧与失落，以及浓重的失败情绪，空荡荡的教室更衬出小女孩儿的孤独与无助。

是老师的到来改变了这一切。我们看到的是幽默，但实质上是老师智慧的一种表现，夸张的语言恰恰是开启心智的钥匙，但是，未必立竿见影。瓦斯蒂的话语透露的是小孩子的不屑，以及她小心护卫着的自尊。

她的老师笑了：“随便画个线或点，看它能指引你去哪儿。”

瓦斯蒂猛然抓起笔，在纸上潇洒地用力一戳：“这里！”

瓦斯蒂的老师拿起纸，仔细研究了半天。

“嗯……”

她把纸推到瓦斯蒂的跟前，淡淡地说：

“现在，签上你的名字。”

瓦斯蒂思考了一小会儿，“好吧，也许我不会画画，但是我会签上我的名字。”

小小的惊讶，因为不解而惊讶，我看到孩子们困惑的眼神。

我真的很佩服这位老师，她给出的方法是——随便画个线或点，看它能指引你去哪儿。看似漫不经心，事实上是最高明的教育——瓦斯蒂果然“中计”，不知不觉进入老师的“圈套”，不仅画“点”，而且颇有自信地签名。大大的一个“会”字，让我们看到了一个孩子快乐而自信的内心。

到了下一周，瓦斯蒂走进她的美术教室。她惊奇地发现，悬挂在老师办公桌前的，正是她画的那个点！而且，她的画还镶嵌在金色的画框里！

“嗯……！我可以画得比这个更好嘛！”

她拿出以前从来都没用过的水彩，开始画画。

瓦斯蒂画了又画，画了又画。一个黄点、一个绿点、一个红点、一个蓝点。

蓝色和红色混合在了一起，她发现，她弄出了一个紫色的点。

“要是我能画小点，那我也能画大点。”瓦斯蒂挥舞着一支大画笔，在一张大纸上作画，颜色四溅，她想画大大的点。

瓦斯蒂甚至可以营造出一个点的氛围，而不是直接画出一个点。

几星期后，在学校的美术展览会上，瓦斯蒂画的点赢得了许多称赞。

故事的发展真是令人惊讶，太不可思议了，老师只不过将瓦斯蒂在纸上随便“戳”的一个“点”装框挂墙而已，可是却产生了意想不到的结果——“嗯……！我可以画得比这个更好嘛！”于是，我们看到的是瓦斯蒂挥舞着画笔，不停地画啊，画啊，那满脸的自信真是让人羡慕啊！

“孩子们，读到这里，你们想说点儿什么吗？”我微笑着问道。

“真的是太神奇了，这是真的吗？”

“我相信，就算是一个白痴，在老师的鼓励下也会成为天才。”

“瓦斯蒂是很幸运的，因为她遇到了一个爱她的好老师。”

“瓦斯蒂运用一个点，就创造了那么美的艺术，我相信她还会创造更多更好的艺术品。”

“我喜欢瓦斯蒂的老师，因为她知道怎样给学生自信心。”

“嗯，大家说的都不错，还有想说的吗？”我希望还有更多的同学发表自己的看法。

“我觉得瓦斯蒂还会继续创作更多的‘点’画，她一定会成为一个大画家。”

瓦斯蒂发现一个小男孩仰望着她。

“你真是一个艺术家，我好希望我也能画得这么好。”

“我打赌你肯定没问题。”

“我？不，我不行的。没有尺子我不可能画出这么直的线条。”

瓦斯蒂注视着男孩的画，过了一会儿，她说……

“请……签上你的名字。”

惊讶、赞许，会心的笑，我看到不同的表情，也读懂了学生不同的心思。

“哦，是瓦斯蒂给了小男孩自信心。”

“瓦斯蒂真是一个善良的女孩。”

“没想到故事会这样结尾。”

“是的，这就是作家超出常人的地方，总是让人意想不到，给我们带来欣喜和遐想。好的艺术作品都是这样，往往打破常规思维，将我们带到一个崭新的境界里。‘请……签上你的名字’这句话不是简单的重复，它传递的是爱心与温情，也是快乐与自信啊！”

“新学期开始，老师给大家欣赏《点》的绘本，是希望你们能从这一‘点’开始，找到各自的梦想，也找到自信啊！”

我再次看到他们沉思的神情。

回到《点》的封面，再看那个大大的、红红的超出瓦斯蒂身体数十倍的“点”，忽然发现那个“点”分明是照亮瓦斯蒂生命的太阳啊！

还有些感想没有跟学生交流：做老师的也许只需要通过简单的一句话，一个眼神，或一个动作，就可以将孩子的自信心唤醒，由此而产生巨大的创造力。我们需要找到的就是合适的契机，找到那个契点，那么，孩子的创造力就会喷涌而出，势不可挡！而这才是我们在不同的环境中面对不同的学生时更应该去思索的。正如邹进在《现代德国文化教育学》一书中所说：“教育绝非单纯的文化传递，教育之为教育，正在于它是一种人格心灵的‘唤醒’，这是教育的核心所在。”

春风化雨、润物无声，说的就是这样的教育境界啊！

忙完七七八八的杂事，这才有时间坐下来读孩子们的暑假日记。

那些清新的、稚嫩的，充满孩子气的文字裹挟着生活的气息扑面而来，令人兴奋不已。阅读学生日记，在我看来，是一种很好的心灵交流，它比面对面的交流更坦诚、更细微，也更深入。沿着文字的路径，我们可以毫无阻拦地抵达孩子的心灵世界。所以，每一次的阅读，在我，是倾听、是感受，也是舒畅的心灵之旅，我喜欢通过这样的方式感受他们的成长与快乐。

有三十多个同学的日记获得了 A 等以上的成绩，印象较深的有这样几个同学：郭悦红的童话连载故事《蝴蝶国》美丽而神奇；肖梓鹏的“厨房系列”活泼而风趣；谭晰元的“美国之旅系列”充满浓浓的异国风情；余瑞琪的军训日记也写得生动有趣、令人捧腹；钟昊宜的日记虽琐碎倒也不失生活的乐趣；陈思文的“农家果园系列”散发着泥土的芬芳，尤惹人喜爱，忍不住抄写了几句：

那一个又一个硕大的树菠萝，结实地挂在树上。那高大的树木，那庞大的气场，任谁看了都惧怕三分。再看树菠萝，就像在跟我们示威呢，好像在说：“我是大王，你们别摘我的果实，要不然我让它们一起下去‘看望’你们，会让你们的幸福变成‘刺猬’。”

这样的语言真是令人忍俊不禁啊！

在钟昊宜的日记中有这样一篇文章——《可怕的淘米公司》，说的是一家在2007年成立的游戏公司，因为刚成立就推出了著名的“摩尔庄园”，吸引了上百万的中国孩子。目前为止，他们又相继推出了“赛尔号”、电视剧《摩尔庄园》及电影《寻找凤凰神兽》等，仅四年工夫淘米公司推出的游戏已经吸引了七百多万儿童，可见，淘米公司是多么地可怕呀！

我虽从不玩儿游戏，但我可以想象得出有多少孩子痴迷于游戏，因此而浪费时间的大有人在啊！由此可见，引导孩子读好书、好读书，我们还有很长的路要走。

回头再翻看孩子们的读书笔记，一本本都记满了他们从书上摘抄下来的句子，那些句子当初是如何打动了他们的心，今天也就同样打动了我的心——因为一直以来，我们都在阅读着相同的经典、咀嚼着相同的故事、欣赏着相似的风景。

我们是走在一条路上的朋友。走走，停停，看看，想想，日子因此而变得生动，生命因此而充满沉甸甸的感觉。

在刘缙缙的笔记本上读到这样一句话：当一块石头有了愿望，它就不再是石头，也不再静卧在泥土之中。这是她从《哈佛家训全书》上抄录下来的。我在想：瓦斯蒂，那个不停地画“点”的瓦斯蒂，不就是被老师“唤醒”的一块石头吗？

苏霍姆林斯基说：“我千百次地证实：缺少了诗意、美感的交融，孩子就不可能得到智力的发展。儿童思想的本性就要求有诗的创作。美和活跃的思想犹如阳光和花朵那样有机地联系着。”这就是我坚持将儿童绘本引入课堂的原因。

希望这学期，从这一“点”开始，我们能有更多的机会欣赏绘本，享受阅读。

谁在点燃树上的蜡烛

课前，读朱青青选的几首儿童诗——《太阳，雨》《玫瑰小镇》和《牵牛花》，再读六年级的《日有所诵》，读《点灯的人》《希望是一只小鸟》到美国诗人科芬的小诗《给点亮的是一双双眼睛》。

一位谁也看不见的人物，
正在点燃起树上的蜡烛。
条条树枝上一亮接一亮，
点着的小蜡烛支支放光。
整个无声无息的树林中，
给点亮的是一双双眼睛。
田鼠、鼹鼠如丝绒和锦绸，
眼睛尖锐得像冰上裂口。
猫头鹰的那对遮光提灯，
亮起的翡翠之光阴森森。
浣熊是隐藏的铁丝罗网，
匿影潜行凭脑中的火光。
伫立的苍鹭像岁月凝重，
瞧鱼儿在其泪水中游泳。
活动在夜间的一切生灵，
都忙于显露自己的本性。

尽管无法计算每读一首诗有多大收获，但我还是坚持带领孩子们诵读古诗和儿童诗。“日不间断的记诵，就是炼心的过程。”我坚信这样的坚持是值得的。新鲜丰富的语言是滋养儿童心灵的最好的营养，亦是提升儿童精神气质的最佳方式之一。如果可能，儿童应该每天诵读古诗、欣赏音乐和绘画，日复一日，眼光自然不同。我相信在艺术氛围中成长起来的孩子一定具有独特的审美能力，以及特别丰富细腻的情感，这就是艺术熏陶的作用。

课堂上，跟孩子们一起学习《草虫的村落》。听孩子们轻轻地朗诵，配合着音乐，是一种身心愉悦的享受，像回到了儿时，坐在草丛里，聆听小虫的吟唱。

空间在我眼前扩大了，细密的草茎组成了茂盛的森林。一只小虫，一只生着坚硬黑甲的小虫，迷失在这座森林里。我想它一定是游侠吧！你看它虽然迷了路，仍傲然地前进着。它不断地左冲右撞，终于走出了一条路……

读读，想想，再读，再想，有时也会交流一下。这么美的文字，并不敢讲得太多，只是和孩子们一道欣赏着这放大镜下的景致：细密的草茎、黑色的甲虫、游侠一般的行径……没有细致的观察，又怎么会知道昆虫的世界是这么丰富、有趣？

我看见在许多同类虫子中间，有一只娇小的从洞里跑出来迎接远归者。它们意味深长地对视良久，然后一齐欢跃地走回洞穴里去。

这大约是一对昆虫"情侣"吧，这样的迎接方式是不是和人类有几分相似？那种眼神除了细致的观察之外，大约还应该具有诗人般敏锐的感受力吧，这就是为什么法布尔的昆虫观察手记也是那么耐读的原因。

现在它们归来了，每一个都用前肢推着大过身体两三倍的食物，行色匆匆地赶着路。是什么力量使它们这么勤勉地奔忙呢？

孩子们哪里知道这就是责任呢？即使在昆虫的世界里也是如此，每个个体都承担着相关的责任，每只小虫都要各司其职，由此而形成和谐的"社会"，微观世界其实也就是宏观世界呀。

高漪安向同学们展示了他在法布尔的《昆虫记》中找到的相关段落，意在说明法布尔的观察是细致入微的，正好与作家郭枫的描写做个比较。

它们的身体鼓鼓的，像半粒豌豆，鞘翅光滑或有绒毛，通常黑色的鞘翅上有红色或黄色的斑纹，或红色、黄色的鞘翅上有黑色的斑纹，但有些瓢虫，鞘翅黄色、红色或棕色，没有斑点，这些鲜艳的颜色具有警戒的作用，可以吓退天敌。（法布尔）

有时候，一个盗贼从上面飞下来，猛地将球主人击倒。然后它自己蹲在球上，前腿靠近胸口，静待抢夺的事情发生，预备互相争斗。如果球主人起来抢球，这个强盗就给它一拳，从后面打下去。于是主人又爬起来，推摇这个球，球滚动了。强盗也许因此滚落。那末，接着就是一场角力比赛。两个甲虫互相扯扭着，腿与腿相绞，关节与关节相缠，它们角质的甲壳互相冲撞，摩擦，发出金属互相摩擦的声音，胜利的甲虫爬到球顶上，贼甲虫失败几回被驱逐后，只有跑开去重新做自己的小弹丸。有几回，我看见第三个甲虫出现，像强盗一样抢劫这个球。

显而易见，法布尔的观察更加细致，超出了常人，这是因为法布尔是昆虫学家，科学家的工作性质要求他比一般人更细密，也更严谨，而郭枫是作家，他的观察较常人更细致，他的语言也较常人更注重感情渲染。孩子们通过阅读比较发现：郭枫的文章表现的是生活的情趣，是发现的快乐，是心绪宁静时所感受到的大自然的美好。

下午再读孩子们的日记，也感觉到孩子们所处的生活环境、家庭氛围以及自身个性方面的种种差异。日记是一个很好的窗口，可以真切地反映出孩子们在每个小时段里发生的故事和心理的反应，成长的路上，每个孩子都在前进，他们有的奔跑着、有的徜徉着、有的欢歌着、有的顾盼着，社会风气、成长环境及父母的教育方式、生活理念都不可避免地影响着孩子的发展，父母对教育的重视程度也是不可忽视的因素之一。作为教师，所能做的就是引导孩子们爱上读书，让好书带给他们美好的信念。这个世界，对很多人来说，是越走越难的，但对于初长的孩子们来说，却可以是阳光普照、春暖花开的。让心灵之书去呵护这片美好的世界，让孩子们在这样一个阅读的世界里，真正体会到平等、自在、快乐，让那些心灵以外的差异以及因之而带来的羞怯、苦恼、畏惧消弭于无痕。我相信，阅读既可以开拓世界，也可以舒展灵魂！

晚上回到家里，收到谭嘉炜从网上传给我的作文——《我当了一回真农民》，她第一次那么快，而且还是“超额”地完成了作业。这让我暗自心惊，看来有时候他们缺乏的不是时间、不是力量，而是信心和快乐！“给我一个支点，我就可以撬动地球”！做老师的就要帮助他们找到那个可以启动他们撬起地球的支点。

暑假里，我做了一件让我终身难忘的事，那就是当了一回“真农民”。

那就是我跟妈妈回老家，帮外公外婆种玉米的事儿。

记得回到老家的第二天早上，天还没大亮，妈妈就和阿姨去田里干活了。我很好奇，所以就跟在她们后面。咦，走着走着，她们俩怎么就分开了呢？我应该跟谁呢？我想我应该跟着阿姨，免得让妈妈看见赶我回家。等到了地头，阿姨发现了我，忙叫我回去说地里很多小蛇，怕咬到我。

虽然我也很害怕，但毕竟好奇心太强，我执意要去，阿姨也就不再撵我回去。阿姨安排我锄地里的草，她简单交代了一下就忙自己的事去了。这下我可高兴了，一边干活一边哼着小曲。啊！我突然在草丛里发现了一条花花绿绿的水蛇，吓得我慌忙躲闪，它也是夺路而逃。

后来阿姨说：“你干脆包下一块玉米地，从撒种子开始，等到你返回深圳时看看长成什么样子。”我想也好，就说：“那我播种的，最后的收获要给我哟！”阿姨点点头说没问题。

次日一大早，我就出门干活，因为走得急，不小心被锄头打了一下，我想打退堂鼓，又不好意思，只好咬紧牙关，坚持做下去。太阳渐渐升高，累得我汗流浃背的，可我一点儿也不觉得累，相反，看到自己新翻的土地还觉得很快乐。

等到了十一点多的时候，阿姨就说可以回家了。回到家里，外公端来了一盆水，外婆不知为什么却拿来一面镜子。哦，我明白了，是让我照照镜子。不照还好，一照可把我给笑死了，我的头发已经一绺绺粘在了一起，汗挂在我的脸上，又沾了尘土，简直就成了大花脸了！难怪要让我照镜子呢。

照完镜子，我的心里很不好受，这样干活我怕自己会变丑的。我就像泄了气的皮球一样坐在椅子上，半天回不过神来。心里想别干了，有没有收获并不重要，再说我们又不缺那点粮食。我又一想不干又不好，毕竟我已经在阿姨面前说了大话。嗯，还是好好的干吧，坚持一下就过去了。

就这样，我跟着阿姨，播种、浇水，有事没事的，就到地里去看看。时间过得也真快，二十多天居然没什么感觉就过去了。我和妈妈就要回深圳了，走的那天早晨我们还是照旧去地里看看，我发现玉米的小芽已慢慢长高了。我蹲下来，轻轻地抚摸着它们，心想这就是我付出劳动得到的回报吧！

前两天，我曾在课堂上跟孩子们朗读过这篇习作，我说：“这篇习作给我们的启发是很多的，它让我们明白：投入地去做一件事，你就会有收获；相信自己也拥有一支神奇的笔，只要你愿意努力；知道了收获的不易，你也就学会了珍惜。她虽没有明说，但结尾处就隐含了这样的意思。如果你去体验了，你就会明白更多的道理。”

课堂上，和孩子交流优秀习作是我多年来坚持不懈地去做的一个功课。我深信，这样的交流更有助于引导和感染孩子们，使他们领悟到写作的真谛，进而也能写出优秀的习作。

教育，从本质上讲是诱导与感染，只要创设出真正触动学生心灵的课堂，你就会发现：儿童的学习是自主的、能动的，而且蕴含着巨大的能量。

且让我们相信：黑夜里点燃树上的蜡烛，必定会照亮一双双眼睛。

“从深层意义上说，教师的一生都是一种邀请，邀请教室里的儿童，邀请课程中的儿童，也在邀请自己的加入。”（成尚荣）读到这句话的时候，我的心猛地一震：坐在我的教室里的孩子们，还有哪个没有被我邀请到吗？

怀念一位母亲和她的儿子

早上，读元朝大食惟寅的［双调］《燕引雏——奉寄小山先辈》。

气横秋，心驰八表快神游。词林谁出先生右？独占鳌头。诗成神鬼愁，笔落龙蛇走，才展山川秀。声传南国，名播中州。

作者名大食惟寅，古代称阿拉伯为大食，所以，据此推断作者系阿拉伯人，名为惟寅。如此真实，从这首散曲也可见出中国人与阿拉伯人的文化交往、文化交融，古今皆有，有此佳作，当属少见。古阿拉伯诗人对中国诗人张可久极为崇敬、赞誉，而诗人于典雅庄重中也表现出恢弘的气势，我们可从中一起感受中外古代文化交融一体的和谐和美好。

读——感——读读后感，这是一个三重对话的过程，在作品、学生和老师之间所形成的这种沟通渠道，让作品变得立体，也让我更亲近学生的心灵。

肖梓鹏在《读〈小毛驴之歌〉有感》一文的结尾写了这么一段话，道出了他对友谊的理解：

读了这本书后，我懂得了一个道理：一对真正的好朋友，一定要心灵相通，心心相印，哪怕是人与动物之间也可以做到。你心中有他，他心中有你，这样才是真正的友谊。

任宸娴在读过《天蓝色的彼岸》一书后，有这样的一段感想：

《天蓝色的彼岸》这本书让我们不畏惧死亡，正因为那个终点始终存在，我们更应该学会珍惜生之幸福与快乐，学会爱与被爱，才不会被突如其来的困难击倒，才可以从容不迫地面对生活的艰辛和苦痛，在人世间心怀温暖，坚定前行！

还有一篇特别让人感动的文字，是胡梦霖在读了《我亲爱的甜橙树》之后写下的，我选了其中一段，因为它深深地打动了我，也让我感慨万千：

小树开了朵小小的白花。这朵甜橙花固然有它的香味，但这香甜的味道连同明基诺一起随风而逝了。我很清楚，在泽泽的心目中，没有谁能取代它的位置。因为在泽泽想要倾诉时，只有明基诺最有耐心听他诉说。这个心灵寄托存在时令人快乐，消失时令人沮丧，这也许就是泽泽为什么那么爱小甜橙树的原因吧！

跟孩子们讨论季羡林及其文章《怀念母亲》。

“我们曾经两次跟国学大师季羡林相遇，一次是在《小苗与大树的对话》里相遇，一次是在《自己的花是给别人看的》一文中相遇，我们对大师已不陌生。有一点需要说明，季羡林并不喜欢别人称他为国学大师，虽然他学贯中西，是研究梵文、佛学及中国文化的大家，但他似乎更喜欢别人称呼他为学者，这说明他谦逊、内敛。”

“怀念母亲的文章写的人很多，打动人的也不少，本文最可贵之处是有个性，阅读本文你可以深切感受到这一点：作者在怀念母亲的同时亦表达了对祖国的深情，这在以前的文章中是不多见的。”

我一生中有两个母亲，一个是生我的母亲，一个是我的祖国母亲。我对这两个母亲怀着同样崇高的敬意和同样真挚的爱慕。

“你们发现作者用词的独特之处了吗？”

“嗯，‘崇高的敬意’和‘真挚的爱慕’这两处特别不同。”

“知道这是为什么吗？”是试探，也是引导。

“我觉得这是表达作者对母亲的无可比拟的、最高的敬意。”

“那么‘爱慕’呢？如何理解？”

“在我们常人的眼里，只有男女之间的感情才可以用到‘爱慕’，那是一种超越一般的最深沉的、也最热烈的感情，还含有无限仰慕的意味。”

“如果‘爱慕’用到了母亲的身上，这就足以说明母亲在作者心中具有无法替代的地位，她是神圣的、高贵的、无可比拟的。她就如同女神一般值得敬重与爱戴。”

“将两个母亲放在一起，足以说明作者既爱母亲，也爱自己的祖国，在作者心中，这两位母亲具有同等重要的地位。”

“一个没有什么文化知识也没有给过作者多少母爱的母亲，为什么在作者的眼里和心中具有如此重要的地位呢？读一读作者的背景资料你就会明白。”

这是一个穷得不能再穷的家庭了。因此，幼年时我大部分时间是和母亲形影不离。母亲走到哪里，我就跟到哪里。母亲到地里摘绿豆荚，我便跟到地里，在母亲身后跑来跑去，不停地问这问那。捉到一只蚱蜢，我一定要拿给母亲看一看。棒子上长了乌霉，我一定要问母亲这是为什么。母亲总是一边摘豆荚一边耐心地回答我的问题，脸上露出慈祥的笑容。

“阅读这则材料你至少获得了几方面的信息？”

"我知道了这对母子感情很深。"

"我知道了这是一位慈祥的母亲。"

"我知道了季羡林出生在一个特别贫穷的家庭，他们母子感情很深厚。"

"同学们的确读出了许多信息，但也还有忽略的地方，通过阅读你可以知道这是一位疼爱儿子、并能耐心回答儿子疑问的好母亲。可是季羡林 6 岁之后就被送到城里跟着叔叔去读书了，此时的母亲心里是很痛苦的，但是为了儿子能有一个好前途，她依然割舍了这种母爱，在情与理之间，她选择了理，这说明她对儿子的爱是理智的爱，这是她超越一般母亲的地方。这样的母亲怎么会不值得敬重与爱慕呢?"

"这样你就能理解作者为什么在母亲去世之后'食不下咽，寝不安席'的痛苦感受了，你就知道作者说'一个缺少母爱的孩子，是灵魂不全的人'这句话的含义了。"

我怀着不全的灵魂，抱终天之恨。一想到母亲，就泪流不止，数十年如一日。

"这说明母亲的离去给'我'造成了巨大的伤痛，使'我'终身懊悔，无法从失去母亲的痛苦中走出来。"

"这说明'我'是真的爱自己的母亲，几十年来都在怀念着自己的母亲。"

"正如作者在《赋得永久的悔》一文中所说'世界上无论什么名誉，什么地位，什么尊荣，都比不上待在母亲身边。'这句话不是随随便便说的，如果你知道作者 6 岁就离开母亲到济南读书，一直到 19 岁读大学，大学还未毕业，母亲就已离开人世。在长达十几年的时间里作者都难得与母亲见上几面，知道了这些你就能掂量出这句话的分量了。"

"还有两点是同学们应当记取的：第一，作者将对母亲的爱与对祖国母亲的爱并列放在一起，说明作者对祖国如同对母亲一样怀着深沉的爱，这是经历过第二次世界大战、在德国哥廷根滞留长达 11 年的作者才可以体会到的情感；第二，选用日记更真切地表达了作者对母亲深深的思念之情。对个人而言，日记记录下的是今生永不再来的生命印迹，值得永久保管。"

读《季羡林自传》，我也是受益匪浅。这次我要感谢学生李咏茵，是她再次将这本书带来给我阅读，与学生的同步阅读里，我对先生三辞"国学大师""学界泰斗"及"国宝"称号的事迹印象尤为深刻。这真是一位真实而谦逊的老人，他身上有太多值得我们学习的地方，他让我相信，圆满的人生，是因为有圆满的心境，而不仅在于有圆满的功业。

关于治学，季老为我们留下了宝贵的经验，他在《夫子自道》一文中说：

我一向重视文化交流的作用与研究。我是一个文化多元论者，我认为，文化一元论有点法西斯味道。在历史上，世界民族，无论大小，大多数都对人类文化做出了贡献。文化一产生，就必然会交流，互学，互补，从而推动人类社会的进步。我们难以想象，如果没有文化交流，今天的世界会是一个什么样子。

为了研究“糖史”，已经八十多岁的老人还在“向科研冲刺”，他说：

我每天走七八里路，从我家到达图书馆，除星期日大馆善本部闭馆外，不管是冬天，还是夏天；不管是刮风下雨，还是坚冰在地，我从未间断过。如是者将及两年，我终于翻遍了书库，并且还翻阅了《四库全书》中有关典籍，特别是医书……到现在，世界上只有两部大型的《糖史》，一为德文，算是世界名著；一为英文，材料比较新。在我写《糖史》第二部分国际部分时，曾引用过这两部书中的一些资料。做学问，搜集资料，我一向主张要有一股“竭泽而渔”的劲头。不能贪图省力，打马虎眼。

知道了季老是如何做学问的，也就知道了他为什么会成为“学界泰斗”“国学大师”。我们常听到“德高望重”这个词，我想，我们常常追慕的“望”，其实都是仰赖于德的，而有德的人，首先必须是一个懂爱的人。一位母亲，她是那么平凡，但她又是那么伟大，她的伟大，不仅在于她为世界贡献了一个伟岸的儿子，更在于她用最深沉的爱润养了一颗柔弱的心，促他坚强、恳善、谦逊，使无边的美德凝聚起来，成为了一个时代的丰碑，让我们这些与之共生于一个时代的人以及后来还将与我们共生于一个时代的人，都有了更坚毅前行的力量。

这是我教学《怀念母亲》一文后的一点收获，是为记。

极地特快

早上，听孩子们朗诵元·张养浩的［双调］《雁儿落兼得胜令》：

云来山更佳，云去山如画，山因云晦明，云共山高下。倚仗立云沙，回首见山家。野鹿眠山草，山猿戏野花。云霞，我爱山无价。看时行踏，云山也爱咱。

反复地诵读，如歌吟一般。云团、山峰、野鹿、山花、云霞……如诗如画的山里人家！闲闲地读、慢慢地品，江山如画、闲草野花，这样的日子才是真的潇洒！

跟孩子们一起欣赏克里斯·范·奥尔斯伯格的绘本《极地特快》，轻轻地读，把每一个句子都送到孩子们的心里。

许多年前的一个平安夜，我静静地躺在床上。我不让被子发出一丝声响，连呼吸也又慢又轻。我正在等待一个声音——圣诞老人雪橇上的铃声。

一个小伙子对我说过，你永远不会听到那个声音。

“根本没有圣诞老人。”他非常肯定地说。但我知道，他说的不对。

静静的，孩子们在聆听，也在好奇：这个世界上是有还是没有圣诞老人呢?

朦胧的夜色中，雪花飞舞着。一列火车停在了家门口，列车长大声招呼一个小男孩坐上了开往北极的快车。车上坐满了孩子，他们唱圣诞歌，吃牛轧糖，喝热可可。极地特快正朝着北方飞速行驶。

火车穿行在森林和高山之间，恶狼在森林中游荡，星星在夜空中闪烁。荒凉的世界给人不确定的感觉，列车如在梦幻中穿行。

翻过高山，越过丘陵，又到了白雪覆盖的平原。最后，我们穿过了一片荒芜的冰原——北极大冰盖。远处出现了灯光，看上去，就像是有一艘奇特的远洋巨轮航行在冰海上。“那里就是北极。”列车长说。

仍然是雪花飞舞的画面，但冒着白色烟雾的烟囱让这个北极城市充满了人间烟火的味道，点点灯光又使得荒寒的极地显得光明而温暖。长长的一列火车正破空而来，车窗里透出的灯光如一排美丽的珍珠装点着这个有点儿沉寂的世界。

一个静谧而美丽的世界。一个期待发生美好故事的地方。

再看，呈现在眼前的是一座放大了的北极城市，具有欧式风格的建筑，闪烁的灯光装点着房屋的边缘。这个城市的工厂只生产一种产品——圣诞玩具。

列车长告诉我们，圣诞老人的第一份礼物将从这里送出，他会从孩子们当中选一个，我看到孩子们期待的眼光。

“哟，那么多的小矮人!”一个孩子叫起来。

我们这才看到高楼之下的街道上站满了穿红衣的小矮人，飘扬的雪花下面，星星点点的小矮人，挤得街道水泄不通。

身材高大的圣诞老人像巨人般站立在孩子们面前，他挥舞着的大手传递着温情与力量。

幸运的小男孩得到了老人送出的第一份圣诞礼物——从一只驯鹿的挽具上剪下的一个银铃。

孩子们的眼睛都定格在圣诞老人高高举起的手上——银铃在夜色中熠熠生辉，圣诞老人、驯鹿和小男孩的眼睛也在夜色中熠熠生辉。

驯鹿拉着雪橇向前猛冲，然后飞到了空中。圣诞老人在我们头顶上方盘旋了一圈，然后就消失在了寒冷漆黑的北极天空里。

“哎呀!”孩子们尖叫起来。画面上，我们看到驯鹿拉着雪橇腾空而起，从小矮人的头上飞跃而过，怅惘的情绪弥漫开来。

糟糕的是，小男孩的银铃也丢了，他睡袍的口袋上还有个破洞。小男孩低着头，无限伤感、失落。而我眼前的孩子们，他们的眼睛里也流露着伤感和失落的神色。

银铃丢了，我的心都碎了。火车开到我家的时候，我伤心地离开了其他孩子。我站在家门口，跟他们挥手告别。

静谧的画面中，一个小男孩无限孤独地站在家门口跟列车上的孩子们挥手告别。他不知道，他是在跟一段美好的时光告别，在跟一个美丽的故事告别。

故事总是在令人绝望的时候峰回路转。

圣诞节的早上，小男孩意外地收到了圣诞老人送给他的礼物——银铃！还有圣诞老人的一封信，他还叮嘱孩子别忘了把口袋上的洞补好。

我摇了摇银铃，它发出了极为美妙的声音，我和妹妹还从来没有听到过这样的声音。

可是妈妈却说："噢，真可惜。"

"是啊，"爸爸也说，"这个银铃坏了。"

我摇银铃的时候，爸爸和妈妈什么都没有听见。

"那么，银铃到底响了没有？"我微笑着问。

"可能响了，可是爸爸妈妈在忙自己的事，根本就没有在意银铃响了没有。"

"也许银铃的声音很小，爸爸妈妈根本就听不到。"

"也许银铃根本就没有响过，可是小男孩收到的是圣诞老人亲自送给他的礼物，所以他才相信这礼物会有那么神奇！"

"其实银铃只不过在孩子的心灵里响过，是小男孩想象的。"

"嗯，我相信银铃响过，但我更愿意相信银铃是在孩子的心灵里响过，而且是异常清脆的、如美妙的音乐一般破空而来，绝尘而去，似乎专为等待它的孩子而响。"

"我们用心期待的东西，也许会在某一时刻显现。我相信那不是幻觉，那是需要我们用生命来体会的。"

过去，我的小伙伴们大都能听到银铃声，但是，随着岁月的流逝，这铃声渐渐沉寂。某一年的圣诞节，就连萨拉也发现，她再也听不到这甜美的银铃声了。而我，虽然已经长大了，但银铃依旧会在我的耳边响起，它会为所有真正相信它的人而响。

"孩子们，这就是作家想要告诉我们的：童年总会过去，许多美好的事物也会在你们逐渐长大的岁月里褪去光彩。但是，只要保持一颗纯真的童心，你会发现这个世界依然美好。"

"奇迹的发生虽属偶然，但总归是有的，只要你相信，奇迹一定会发生。"

《极地特快》是否还蕴含着这一层意思——美好的事物总是稍纵即逝，当我们感觉到它的美好时，它已绝尘而去，将我们远远地抛在了后面。即便如此，我们还是要相信有美好的事物存在，这是亘古不变的真理。

下午，阅读学生日记，翻开谭晰元的本子，读到这样一篇有趣的文章——《研究心理学》，原文如下：

我想，即使是小孩儿，也能研究心理作用。

前不久的一天，在去学校的路上碰到了王韵雅。看起来跟每天没什么区别，但是我们俩运用心理学做了个游戏，就是交换背书包。

一开始我们只是玩儿一下而已，可是，我们很快就发现了有趣的现象："哇，你的书包怎么那么轻，我的书包好重的！"双方都在抱怨自己的书包太重了！

这样的一件小事，让我们在去学校的路上开心了许多。中午我们又在讨论：如果每天都那么开心该多好！所以，我们约好每天七点五十分在面包店门口不见不散。然后我们每天都这样背着对方"轻盈"的书包，高高兴兴地上学去。

后来，我们想光是早上开心还不够，下午也应该开开心心的。没想到，我们把全身上下都搜了一遍，只找到了一个共同点：头饰。不过已经很开心了。彼此交换着东西，心里不知有多高兴！

我现在又悟出了一个道理：生活中，再小的事情也有它的道理，可能那些伟大的发现都是从身边的小事情里悟出来的。我也期待着，我也能有了不起的发现呢。

我没有想到，孩子们已经开始在研究心理作用了，这算不算是一种探究的开始呢？虽然是些幼稚的想法，但是小发现里有大快乐，这也算是一大收获了。我欣赏孩子们乐观的生活态度。有时候，他们是我的老师。

近来，读美国当代著名哲学家、公共知识分子玛莎·努斯鲍姆的著作《告别功利——人文教育忧思录》，收获颇多，她为我们提供了另一种角度来审视今天的教育，她说：

我们对历史的回顾，使我们看到了一个至今尚在的传统：运用苏格拉底的价值观，造就一类公民，他们积极主动，有批判精神，有求知欲，能抵抗权威和贵族的压力。以上这些历史事例告诉我们前人做过些什么，却没有告诉我们：此时此地，在当今的小学和中学，我们该做些什么，能做什么。

……

将中小学教室变成实践苏格拉底教育思想的课堂，这个目标不是乌托邦式的梦想，也不需要天才。任何社会共同体，只要它尊重儿童的头脑并需要一种不断发展的民主，都能完全实现这个目标。然而，当今的状况又如何呢？在许多国家，苏格拉底的思想从未流行过，或者早已过时，印度的公立学校基本上都是死记硬背教育的可怕之地，泰戈尔及其后的苏格拉底式教育家的成就，对它们毫无影响。美国的情况稍好一些，因为杜威及其苏格拉底式的教育实验已产生了广泛影响。但是，情况却正在迅速变化，我将在本书最后一章表明：我们离苏格拉底理想的崩溃有多么近。

努斯鲍姆深信，教育首先是育人，其次才是授业。教育不是培养为别人或为自己赚钱的会说话的工具。她主张教育应当重在培养学生的三种能力：一是批判思维能力，二是想象能力，三是同情能力，这些能力都对造就民主社会的公民至关重要。

针对当今越来越功利化的教育，努斯鲍姆极力呼吁世界范围内的教育改革，虽然她的教育思想并不能解决当今教育的顽疾，但是她毕竟为我们提供了一个思考的角度，一种解决问题的可能，至少，她的探索精神是令人钦佩的！

请记住，你很特别

“这节课我们欣赏一个绘本，是由美国作家陆可铎创作、马第尼斯绘制的。请每位同学拿出笔和纸，边听边记下你感受最深的一句话，也可以写下你的疑问。”

微美克人是一群小木头人。他们都是木匠伊莱雕刻成的。他的工作室坐落在一个山丘上，从那里可以俯瞰整个微美克村……

微美克人整天都只做一件事，而且每天都一样：他们互相贴贴纸。每一个微美克人都有一盒金星贴纸和一盒灰点贴纸。他们每天在大街小巷里，给遇到的人贴贴纸。

木质光滑、漆色好的漂亮木头人总是被贴上星星。木质粗糙或油漆脱落的就会被贴上灰点点。

……

伊莱微笑地说：“你会懂的，不过得花点时间，因为你有很多贴纸。现在开始，你只要每天来见我，让我来提醒你我有多爱你。”

伊莱把胖哥从工作台上捧起，放到地上。当胖哥走出门时，伊莱对他说：“记得，你很特别，因为我创造了你。我从不失误的。”

胖哥并没有停下脚步，但他在心里想：我想他说的是真的。

就在他这么想的时候，一个灰点掉下来了。

“喜欢这个故事吗？说说你感受最深的一句话吧！”

“我喜欢这句话：‘我不在乎，你也不应该在乎。给你星星或点点的是谁？他们和你一样，都只是微美克人。他们怎么想并不重要，胖哥。重要的是我怎么想。我觉得你很特别。’通过这句话可以看出创造胖哥的伊莱非常爱胖哥，而且他想告诉胖哥别太在意别人怎么看待自己。”

“嗯，我感触最深的是伊莱对胖哥说‘因为你是我的，所以我在乎你’，这说明雕塑家是把胖哥当自己的孩子来爱的，只有父母才会这样爱自己的孩子。”

“我感触深的是这一句：‘因为她决定要把我的想法看的比别人的想法

更重要。只有当你让贴纸贴到你身上的时候，贴纸才会贴得住。’这一句话说明两层意思：一是露西亚从伊莱那里学到了对付贴纸的智慧，不想让贴纸贴上身时，贴纸就无法贴上身；二是露西亚心里总是想着把伊莱的想法看得比别人更重要，相信亲近的人的话可以让我们免受伤害。”

“我喜欢的是这一句：‘当你在乎贴纸的时候，贴纸才会贴得住。你越相信我的爱，就越不会在乎他们的贴纸了。’这句话告诉我们你在乎什么的时候，那个东西才对你起作用；你不在乎贴纸，那么贴纸对你也就没有意义了。”

“你理解得很深刻，的确如此，你在意的东西才对你有意义，当你不在意时，那东西也就失去意义了。”我肯定道。

“可是胖哥为什么说不太懂这句话的意思呢?”我追问道。

“嗯，我猜是胖哥太在意别人的看法了，以致于失去了自信心。”

“那足以说明那些整天给别人贴灰点点的人，已经对别人造成了伤害，胖哥就是受过伤害的人之一。”

“那为什么露西亚就可以不让灰点点贴上身呢？她的诀窍是什么?”我又提出了一个新的问题。

“我认为是露西亚是个有自信心的人。”

“露西亚对待别人的评价毫不在意，所以别人无法伤害到她。”

“嗯，有道理。同学们的发言都很棒，都谈出了自己对作品的理解，现在让我们来整理一下，这个故事中出现了几个人物，他们分别代表了什么?”

孩子们七嘴八舌的，很快就整理了出来。

胖哥——代表胆怯、弱小和自卑者。

露西亚——代表自信的、不计较别人怎么评价自己的人。

贴满星星的人——代表得过很多荣誉的成功人士。

伊莱——代表父母。

“那么，星星和灰点点各代表什么呢?”

星星——代表成功和荣誉。

灰点点——代表失败、缺点和没有名誉的事情。

“刚才大家已经谈了作品中最打动人的一句话，就整个绘本而言，你们还有什么想对大家说的?”我笑着问。

“我觉得微美克人总喜欢给别人贴贴纸很不好，因为生活无须如此繁琐。”

“不对，贴纸可以贴，这意味着对人的评价，但是太多太滥就没意义了，漂亮的也贴、跳得高一点也贴，这显然是没有意义的。”

“其实贴纸就是一种评价，表现好自然得到星星多些，只是不要给那些弱小者贴灰点点，这是很伤自尊的。”

“一个人经历失败并不可怕，可怕的是在失败后站不起来。”

“过分在乎别人的评价，就会变成一种累赘。应该抛开别人的想法，才能轻松上阵，勇往直前。”

还有一个同学补充道：“自己不否定自己，就没有人能否定你。”

“嗯，太好了！我觉得你们都很有见地，能认识到这些就足以说明你们真的长大了。我们都需要重新认识自己，特别是在别人成功、自己失败的时候。有时候，我们需要给自己信心，因为上帝在创造我们的时候，从来就没有过失误，这说明我们和别人是一样的，我们并不缺少什么。陆可铎借助笔下这个精彩的故事告诉我们一个生命的信息：无论世人怎么评估他们，上天总是会珍爱每一个人。”

“还有一点要提醒大家，我们对待荣誉的态度，应该淡然一点，要知道‘翅膀上系了金子的鸟儿是飞不远的’，过多的荣誉有时是一种累赘。”

“其实，作家还想告诉我们，如果你能很好地体现自己的价值，你就是特别的。无论你有多漂亮，无论你有多聪明，你也只是和漂亮的、聪明的人同类，而不是这些人中特别的一个。你创新，所以你才很特别。”

很遗憾，不是每个同学都有书，以幻灯片的形式来欣赏绘本毕竟是有缺憾的，孩子们无法细致地观察画面——还有一些内容是可以依据画面来揣摩与想象的。

比如，画面色调偏暗，这与主人公的心情是相配合的——一个整天被人追着贴灰点点的人，他感受到的世界一定是灰暗的。还有，微美克人整天只做一件事——就是给人贴贴纸，这是不是十分无聊、无端浪费生命的表现？那些得到很多星星的人是不是就一定很优秀？如此不加掩饰的追名逐利是不是作者所要批判的一种人生？透过画面明暗的变化，你是可以感受到作者讽刺与批判的力度的。

作者只在少数地方运用了稍微明亮的调子，如胖哥坐在窗前遥望月亮思索人生的片刻，以及创造者伊莱将胖哥捧在手上的时刻，稍显明亮的色调，恰到好处地表现出胖哥渴望被人理解、以及一颗为爱所温暖的心灵。伊莱的工作台也笼罩着暖色调的光晕，这也是画家有意为之——创造者的工作总是给人以温暖与希望。

看似简单的绘本，却隐含着严肃、深刻的人生命题——关于荣誉、价值、自尊以及关于爱的人生哲学，只有内心真正强大的人才可能不被伤害，从而悠游在这个复杂、多变乃至残酷的人世间。那么那些弱小如胖哥者，该怎么办呢？谁来拯救他们？作者给出的答案是一个字——爱。但是，是不是在每一个关键时刻，都有一个长者站在那里，提携我们走过生命中的脆弱时刻呢？这似乎是作者想给大人们的一个提醒，对我们所创造的生命，我们有责任让他们获得自尊与爱。

想起最近读过的一本小册子——《谭盾——大乐不器》，于丹在文中讲了一件事：

世纪之交，联合国让各国的音乐家、艺术家去阐释，二十一世纪最宝贵的是什么？谭盾给出的答案其实很传统——是爱。虽然形式可以不同，但只有爱是永恒的。

喜欢谭盾，并不是因为他给了我这样一个答案，而是欣赏他的音乐以及他的创造才能。从《卧虎藏龙》的原声音乐开始，谭盾就一直在努力实现东西方文化的跨越与融合。令人欣慰的是，他完成了这些跨越，他是这个时代伟大的音乐家。

于丹说："谭盾是水！"

极喜欢她这样形象的描述：谭盾背对着我们，手臂倏然一举，于是溪水扬波，叮咚敲打在我们的血管壁上；江河奔涌，裹挟得我们中心摇摇，涕泗滂沱，漫天漫地。于是，巴赫的音乐穿越时空而来。

而我们是可以在这样的音乐中洁净灵魂的。

我一直相信：好的音乐是可以改变生命质地的，一个长期浸淫在美好音乐中的人，必定是沉静、内敛、向善、宽容、热情，对世界怀抱永恒之爱的。

风跌倒了，才有了美丽的落叶

早晨到校，听孩子们朗诵台湾诗人牧也的诗作——《跌倒》：

风，跌倒了
才有了美丽的落叶
云，跌倒了
才有了滋润大地的雨水
太阳，跌倒了
才有了静谧的夜晚
所以
让我们不再害怕跌倒
让我们在跌倒时
用最美丽的姿势
站起来

听着孩子们的朗诵，脑子里出现的是一幅画：秋阳下，一树金黄的叶子哗哗作响，风过处，树叶翩翩飞舞，飘然落下，沙，沙，沙，有着如歌的韵律……那是台湾作家萧白曾经描写过的画面，在《风吹响一树叶子》中，那幅画的色彩绚丽如诗，令人如痴如醉，那个令人难忘的九十年代啊！

课堂上，跟孩子们讨论《别饿坏了那匹马》这篇课文的读后感，发现讨论的过程很有趣，也就顺手记下了和孩子们思维碰撞的过程。

先将谭晰元同学的读后感全文辑录于此。

善意的谎言

——读《别饿坏了那匹马》有感

我想读完了这篇文章，有一句话深深地烙在了自己的心里，那就是——别饿坏了那匹马。嗯，若有所思。

这篇课文主要讲了酷爱读书的“我”在失去看书的机会时，摆书摊的残疾青年暗中帮助“我”的故事，他一直谎称家中有马，买下作者送来的马草，让“我”继续读书。

在之前，我就看过许申高写的一篇微小说——《想讨一本书》。许申高总是用最简短的几句话打动人心。在《想讨一本书》里的最后一段，这样写道：“我们经理看过你支票，就知道您是谁了。他要我一定转告您：本书店没有一本可以束之高阁的废书。每本书都是有灵魂的生命，都是情有独钟的恋人。最终总会归其所爱。”嗯，又是一次若有所思。每本书都是有灵魂的生命。而我又想到，原来那个讨书的乞丐就是这家书店的经理。

好，回归正题。别饿坏了那匹马，残疾青年为了能让“我”看书，对“我”撒了一个善意的谎言：别饿坏了那匹马。实际上他家里并没有马，只有“我”卖给他的一堆枯蔫焦黄的马草。最后，“我”明白了残疾青年善意的谎言和他的良苦用心，激动万分。

别饿坏了那匹马。谎言有时候并不是一种恶意的象征，只要你是善良的，那么恶意的谎言就会变成善意的谎言。

孩子们静静地听谭晰元读完她的习作，然后是讨论。

一个孩子说：“结尾处‘恶意的谎言就会变成善意的谎言’，我觉得这句话是有问题的，恶意的谎言怎么可能变成善意的谎言呢？”

“我同意你的看法，只能说‘别饿坏了那匹马’这是个善意的谎言，代表着残疾青年美好的愿望。”我补充道。

“我对谭晰元引用《想讨一本书》这个故事的目的不清楚，不知道她想说明什么。”一个同学问。

“嗯，我也是，我正在想为什么要引用另一个故事呢？我记得她写了这么一句话——每本书都是有灵魂的生命，似乎是她想告诉我们的就是这句话。但这和感想有什么关系呢？”一个同学质疑道。

“这正是我想问谭晰元的，你借《想讨一本书》这个故事是想说明什么呢？把你借用故事的目的告诉同学们吧。”我笑道。

谭晰元有点羞涩，她笑了笑说：“我看到这个故事也是在讲一个与书有关的故事，就写进作文里来了，起初我想对两种人作个比较，那个有钱人家里没有一本书，可是想读书的‘我’家里没有钱，这也太不合理了吧，想到这儿，我就用上了，现在一读我才发现和我要写的感想没什么关系。”

听着她的解释，同学们都笑了起来。

“所以啊，写完作文读一读，就知道自己的问题在哪儿了。还有，我们要写作文的时候，一定要想清楚，并不是有点关联就可以用上。作文呢，决不可以为了凑字数就胡乱联系一番。当然，我要肯定的是谭晰元同学的思维是很活跃的，至少她知道写感想时也可以拿相关的文章来说明自己的观点。”

“另外，你虽有多处说对‘别饿坏了那匹马’若有所思，但我感觉你并没有想清楚这句话的意思。其实这句话是一语双关，既是给‘我’一个可以来读书的理由——别饿坏了那匹马，又是那个残疾青年内心的表白，他其实是不想饿坏了‘我’这匹马。”

“只要有所收获，读后感可长可短，无须强调要写多少个字。有一个同学就写得不错，她就是刘缙缙同学，我想请她读给大家听听。”

“嗯，那好吧！”刘缙缙向来就是大大方方的。

果然，刘缙缙的读后感赢得掌声阵阵，下面就是节选的段落，它让我们知道一个孩子在怎样思考问题，以及用适合的语言表达的可能。

即使是谎言也是美丽的，这种谎言不是欺骗不是居心叵测。当我们为了他人的幸福和希望而适度地撒一些小谎的时候，谎言即变为理解、尊重和宽容，而且具有神奇的力量，没有任何的不纯洁。

阅读这个故事，我深切地感受到善意的谎言可以赋予人类灵性，促进人思想的成熟，更可以使人变得坚强执着，不由自主地去努力去奋斗，最后战胜脆弱，绝处逢生。

其实，我更想让孩子们知道：写读后感并非为完成一个作业，而是在培养他们一种思索的习惯。当他们动笔开始写下一个字的时候，他们就会知道只有肤浅的理解是远远不够的，他们需要对整篇文章做一个回顾，然后抓住重要的地方反复咀嚼，直到像蚕一样开始吐丝。思想只有流泻到纸上的时候，它才开始变得有分量。

所有我们认为不重要或是被我们遗忘的书籍，都是因为它们在我们的心中停留的时间太短暂了。来不及咀嚼、消化的书籍，就跟没有读过一样。让一本好书永远留在记忆深处的办法，就是反复阅读，如同吃甘蔗一样，反复地咀嚼，充分吸取汁液，让它成为滋养你身体的糖分。

关于阅读，季羡林先生说：“记得鲁迅先生在答复别人问他怎样才能写通写好文章的时候说过，要多读多看，千万不要相信《文章作法》一类的书籍。我认为，这是至理名言。现在，对小学生，在课外阅读方面，同在别的方面一样，管得过多，管得过严，管得过死，这不一定就是正确的方法。‘无为而治’，我并不完全赞同，但‘为’得太多，我是不敢苟同的。”

关于写作，季羡林先生主张多读“闲书”，他说：“我不能说，每一部这样的‘闲书’，文章都很漂亮，都是生花妙笔。但是，一般说起来，文章都是文从字顺，相当流利。而且对文章的结构也十分注意，决不是头上一榔头，屁股上一棒槌。此外，我读中国的古文，觉得几乎每一篇流传几百年甚至一两千年的文章在结构方面都十分重视。在潜移默化中，在我根本没有意识到的情况下，我无论是写文言文，或是白话文，都非常注意文章的结构，要层次分明，要有节奏感。对文章的开头与结尾更特别注意。开头如能横空出硬语，自为佳构；但是，貌似平淡也无不可，但要平淡得有意味。让读者读了前几句必须读下去。结尾的诀窍是言有尽而意无穷，如食橄榄，余味更美。到了今天，在写了七十多年散文之后，我的这些意见不但没有减退，而且更加坚固，更加清晰。我曾在许多篇文章中主张惨淡经营，反对松松垮垮，反对生造词句。我力劝青年学生，特别是青年作家多读些中国古文和中国过去的小说，如有可能，多读些外国作品，以提高自己的文化修养和审美情趣。”

当我们在诵读古典诗词的时候，当我们和孩子们一起阅读外国作品的时候，我们就已经开始了这样的追求。这样的坚持让我们平淡的岁月拥有了不一般的意义。

“风跌倒了，才有了美丽的落叶。”

我们坚持了，才有了诗意的课堂。如此这般，我们才能渐行渐远，渐行渐美。

创新的“苹果”永不凋谢

国庆长假归来，跟孩子们见面上的第一节课就是纪念一个已逝的天才——苹果公司的首席执行官史蒂夫·乔布斯。尽管后来他已辞去首席执行官的职务，但是，在人们心中，这位被认为是“不死鸟”的苹果缔造者从未离去。人们没有想到，这一次乔布斯却是永别了。

“孩子们，虽然乔布斯已经离去，但他为我们留下了丰厚的精神财富，他永远活在我们心里。我们有幸与这样一位天才人物生活在同一个年代，那是我们的福气。乔布斯不是一个一般的企业家，他是一个伟大的企业家，一个富有创新精神的科技天才，一个有远见，坚韧、果敢的男人。也许有人会觉得，苹果手机不是最好用的，而乔布斯，‘一个无情的完美主义者和锋芒毕露的商人’，未必那么受人欢迎。但无论如何，我们尊敬并怀念这位逝者。我们悼念乔布斯，不是因为他无所不能，更不是为了将其推上神坛，用华美之辞去臆造一个并不存在的完人，而是希望从这位成就卓著的伟大人物身上找到人类不断自我超越的方向、勇气和信念。”

“如何认识乔布斯，每个人的看法都会不一样，但是我肯定只要你用心去研究这样一个了不起的人物，你将获得信心与勇气。”

“同学们知道，乔布斯曾经被苹果公司开除，但正是由于这个原因，他在接下来的五年里又创建了新的公司——NeXT 公司和 Pixar 公司，大家喜欢的《玩具总动员》就是 Pixar 公司研发的。它为苹果公司带来新的生机，也从深层次上改变了人们的娱乐方式。”

“请看大屏幕，被咬掉一口的大苹果中端坐的乔布斯，双目低敛、一脸虔诚，这样的设计是为了说明缔造苹果的乔布斯是相信佛教及禅宗的，这就不难理解，乔布斯为什么总是充满悲悯的人间情怀。作为一个成功人士，乔布斯对年轻一代献出了他的爱，下面的话是从乔布斯在斯坦福大学 2005 年毕业典礼上的演讲中节选的，我今天郑重地把它送给你们。”

这一直是我的一个秘诀——专注和简洁，简单比复杂更难：你必须付出巨大艰辛，化繁为简，一旦你做到了，你便能创造奇迹。

不要被教条所限，不要让别人的意见左右自己内心的声音，勇敢地去追随自己的心灵和直觉。

“乔布斯值得我们学习的还有很多，希望同学们充分利用报纸和网络学习。这个世界没有距离，伟人就在我们身边。记住乔布斯的话，不要失去信仰。你要做的就是不断去寻找你喜欢的事物和你喜欢的工作，直到找到为止。要相信不断的努力会改变我们自己，以及周围的世界。”

课堂上，跟孩子们一道学习《鹿和狼的故事》，主要是孩子们自己提问，自己解答。

黑板上是孩子们的问题：

1. 为什么政府要雇请猎人去消灭狼，而不是直接宣布让猎人去杀狼？

2. 罗斯福总统为什么要宣布保护鹿呢？越来越多的鹿对政府有什么好处？

3. 为什么猎杀数千只狼要用25年这么长的时间？

4. 狼为什么要吃病鹿，不怕自己得病吗？

5. 为什么鹿群不分散开吃这些植被呢？

还有些简单的问题，一提出就被同学们给否定了，剩下的就是他们主要讨论的问题。

对以上几个问题的回答，同学们讨论的结果分别如下：

1. 政府雇请猎人去消灭狼，而不是直接宣布让猎人去杀狼，这说明美国政府重视法制，凡事以法律为依据，否则就会造成社会的混乱。

2. 越来越多的鹿造成了生态环境的失衡，这对政府是没有好处的。罗斯福总统下令保护鹿的依据是童话故事，因为人们总认为鹿是善良、可爱的，狼是凶残、野蛮的，但事实上，森林中的鹿和狼共同维护着生态平衡。罗斯福总统颁布的命令是错误的。这说明，即使是总统，他也不是完美的人，他也有犯错的时候，有时可能还是常识性错误。作为总统要避免犯错，就要经常去向各行各业的专家请教。

3. 猎杀数千只狼要25年这么长的时间，足以说明政府法令的持久性，以及政府的耐心与细心，他们充分考虑到其他动物的生存环境，所以即使消灭狼也做到有计划地，周密、细致地，这是难能可贵的。

4. 狼吃病鹿，说明狼急需食物，也可能是部分老狼捕捉不到小鹿，只有求其次了，所以这部分狼很可能是小狼、老狼和病狼。狼吃病鹿的时候，它们会小心翼翼，尽量避开头部。如果有狼因此得病死了也是自然现象，因为自然界遵循“优胜劣汰，适者生存”的原则。

5. 鹿之所以不分散开吃植被，说明它们是弱小的动物，需要以群居的方式抵御外敌的入侵或袭击。就算是狼这种凶残的动物，平日里是独处，但在冬天严寒的日子里，它们也会集中在一起，形成若干群体以抵御饥饿和严寒。

最后，我对学生说：“罗斯福总统犯的常识性错误也说明了一点，人要不断地学习。记得乔布斯曾引用一本叫做《整个地球的目录》杂志封底上的一句话激励斯坦福大学的学生——‘求知若饥，虚心如愚’，我总希望我能做到那样，也希望你们能努力做到。”

下午放学的时候，朱青青递给我一本小册子，是《儿童文学》推荐阅读的王璐琪的长篇小说《水仙们》。

“给我看吗?”我笑着问。

“嗯，是想让老师推荐给同学们。”朱青青有点羞涩地说。

“好吧，我先看看。”

于是就读到了《水仙们》的节选文字，读到一段主人公马浩然跟一个孩子意味深长的对话。

“为什么这朵花头这么大，身子却弱不禁风?”马浩然问出困扰已久的疑惑。

“花茎把所有的精力都用在开花上，自己枯萎了。”孩子说。

“可我所见的花都是开了再开，花茎好好的。”

“这朵花，这辈子只开一次。”

“为什么一辈子只能开一次?”马浩然有所触动。

“因为只有一次机会，它没有根，不按常规生长，没有后路，只能开一次。只要开了，就永远不会再败。”小孩说完，笑笑。

“只要开了，就永远不会再败。”这样的文字，是可以引起孩子们的思索的。朱青青的推荐果然不错，王璐琪的《水仙们》值得孩子们一读。

灯下，阅读北京步印文化的编辑于惠平的来信。

细密、纤秀的文字足足写满五页，袒露的是一颗热爱教育、尊重儿童的火热的心。“六年来，我们一直兢兢业业，一步一个脚印，本着对读者尤其是小读者的尊重，竭诚为大家奉上我们认为最优秀的作品。”只要想起他们为我寄来的《细说汉字》和《希利尔讲艺术史》这两本大部头工具书，我就感激不已，不为获取书中的知识，只为他们竭诚为读者服务的一颗心。

于惠平向我推荐了步印文化出版的一些儿童读物，重点推介了《吴姐姐讲历史》《我的第一套成长秘籍》，新版《幼学启蒙》丛书及《小牛顿科学馆》系列，我立即整理，并准备向全校师生推荐这些图书。

在于惠平的信中，我又读到看云的文字：

“二百年来，西方儿童阅读突飞猛进，而中国却刚刚启程，还在蹒跚学步之中。方今之时，以精美、隽永的图画书系统整理民间故事、传统文化，是一件承前启后、继往开来的壮举。幼学故事内容丰富多彩，绘画风格深弘大气——如果你有一颗中国心，读文赏图，定能得到格外亲切的浸润与满足。幼学启蒙丛书呵，急需启蒙，急需由此苏活润泽生命之根的——何止是幼童!”

急迫如此，也固执如此，这就是我认识的看云。

没有一颗献身教育的虔敬的心，是不会如此看重幼学启蒙与儿童阅读的。

我也要说，和看云生活在同一个年代，我是幸运的!

就在我要关掉电脑的时候，我看到了孩子们发到QQ上的一段话：

人类最伟大的演讲之一——乔布斯2005年的演讲，令无数人感动落泪。“记住你即将死去”是我一生最重要的箴言。它帮我作出生命中重要的选择。因为所有事情，荣誉、骄傲，对失败的恐惧，这些在死亡面前都会消失。记住你即将死去，你即将一无所有，你没有理由不去跟随自己的心。

在乔布斯离去的日子里再读这段话，感觉分外亲切。乔布斯说“记住你即将死去，人要追随自己的心活着”，这样的人生才不至于苍白无趣。

“苹果”没有凋谢，乔布斯的形象依然鲜活。

我的孩子们，你们能读懂乔布斯深奥的话吗?

纪念是为了前行

一上课，我就向孩子们提出了一个问题："今天是10月10日，一个很特别的日子——辛亥革命一百周年纪念日，你们知道辛亥革命这段历史吗？"

"我知道，就是辛亥革命推翻了封建帝制。"张桢熙抢答道。

"是的，孙中山先生通过发动辛亥革命彻底推翻了清王朝的封建统治，这事不像我们今天说得那么轻松。为了推翻封建专制统治，多少仁人志士抛头颅，洒热血，历经千辛万苦，才赢得了辛亥革命的成功。"

"大家看，这里有肖梓鹏同学做的幻灯片，是对辛亥革命的一个详细解说。"

辛亥革命是指1911年（清宣统三年）中国爆发的资产阶级民主革命。它是在清王朝日益腐朽、帝国主义侵略进一步加深、中国民族资本主义初步成长的基础上发生的。其目的是推翻清朝的专制统治，挽救民族危亡，争取国家的独立、民主和富强。这次革命结束了中国长达两千年之久的君主专制制度，是一次伟大的革命运动。辛亥革命是近代中国比较完全意义上的资产阶级民主革命。它在政治上、思想上给中国人民带来了不可低估的解放作用。革命使民主共和的观点深入人心。反帝反封建斗争以辛亥革命为新的起点，更加深入、更加大规模地开展起来。

"比如，'同志'的称号就是孙中山先生领导的同盟会最先启用的，鞠躬、握手的礼节也是他们最先倡导的，辛亥革命还废除了缠脚的陋习、剪除了男人的辫子，改变了传统的长袍马褂，如一直沿袭至今的中山装就由孙中山先生首创。不要小看了这些外在形式的变化，这些做法首先从身体上解放了国人，进而从思想上解放了国人。辛亥革命在很多方面改变了中国，成为社会发展的一个新的起点，为中国的进步打开了闸门。"

"最新的《京华时报》是这样评价辛亥革命的：回望辛亥革命之前的数千年和之后的这百年，我们不能不感慨，中国人跪着，是没有力量去挽救亡国灭种的危局、求得自己的福祉的。唯有彻底站立起来，才有那浩然之气与力去顶天立地，去为国家、为民族、为自己而奋起。而唯有把人民利益作为一切奋斗的最高目的，人民的力量才足够强大，使国家强，使民族兴。”

“辛亥革命，一段被人们淡忘的历史，今天又重新被人们提起，是因为有太多东西值得我们学习与研究，所谓‘纪念是为了前行’，在梳理历史的过程中，找到人生的智慧。最近有新拍的电影和电视剧《辛亥革命》都是值得大家一看的，还可以上网查阅相关资料，更多地去了解辛亥革命，更深刻地去认识国父孙中山先生。”

“同学们还要记住：辛亥革命不是故事，而是真实发生的历史，历史不应该被遗忘，忘记历史就意味着忘记了祖先。”

最近几天读孩子们的日记，有很多感触，那些爱读书的孩子越写越好，也越来越有思想，其中卢邵菁的《乔布斯的舞台剧》给我印象最深，节选如下：

其实不如这样说：人就是生活的导演，每个人都扮演着各种各样的角色。不一定非在别人的剧里展现得完美，只要在自己的世界里展现到一种境界就可以了。有些人不明白这个道理，于是就浪费了一生。结果就是——一场本来可以展现得很精彩的舞台剧，就这样还没有开始就轻易落幕了。

可是，乔布斯的舞台剧，是那么优美，他给全世界上演了一场完美无瑕的舞台剧，其实也不能完全算完美无瑕吧。不过，他真的很伟大。

课堂上，我给孩子们朗读了卢邵菁的《乔布斯的舞台剧》，我希望孩子们能从当今的名人身上汲取更多的精神营养。

文史不分家，学习语文焉能将历史丢弃在一旁而不管不顾呢？传统的语文教学往往是顾及了语言的学习而忽略了历史的旁涉，致使学生常常因为缺少了基本的历史知识而闹笑话，这样的例子不胜枚举。我认为缺乏历史感的人的知识是不完备的。学习历史是我一向的主张，小学高年级理应将历史学习纳入课堂。

各国对历史的态度都是不一样的，像日本是很重视对历史的学习的。日本人的民族自豪感超出一般国家，恐怕与他们重视历史的学习大有关系。因为民族自尊心大抵与国民素质有关，了解本国历史与认同本国文化的人自会增强自信心。

美国人也很重视对历史学科的学习，尽管带有很强的功利心，但是我认为他们的做法是对的。因为美国是一个典型的移民国家，生活在美国的人，必须具备在多元文化环境中生存的能力，加之他们认为学习历史有助于培养理想的公民，这就是他们在学习本国历史的基础上还重视学习世界历史的原因。

但是，中国文化与美国和日本的决不相同，五千年的历史跌宕起伏，浩瀚的史书卷册中，记载着历代王朝更迭、多少豪杰义士慷慨赴死的悲壮故事，那里就有我们祖先的智慧。一个不了解中国历史的中国人，怎么能算一个合格的中国人，又怎么去传承中国的文化呢？

台湾学者、作家吴涵碧倾注二十年心血所著《吴姐姐讲历史故事》是一套浅易晓畅的历史故事集，即使不打算用功阅读，随便翻翻也有收获。所以，接到步印编辑于惠平的信后，我就推荐给孩子们了。

“历史既是一种智慧，亦是一种情怀。只有在真情怀的指示下，智慧才可能达到它应该达到的地方。”

真的情怀，亦是一种学养，只有真爱读书的人方有此情怀。

那时，云在青天，风在树梢

课堂上，孩子们在读雨兰的儿童诗——《那时》，是朱青青为同学们准备的。

那时，我们喜欢
张着双臂飞翔
用眼睛交谈
用身体倾听
那时，乡路弯弯
小河弯弯
月牙弯弯
我们小小的梦想弯弯
总是弯到山的那面，海的那边
那时，小推车在老祖母的前面
轻声地蜿蜒
轻声地叫着我们的乳名
我们不答应
她就吱吱扭扭地哭
那时，云在青天，风在树梢
我们喜欢枕着手臂
躺在五月的阳光里
虫声在草丛里起伏
一棵俏皮的蒲公英
时而高过我们的下巴
时而低于我们的下巴
……

一遍，再读一遍，我看到孩子们的眼神变得柔和了，声音也甜美了，是不是小诗唤回了心底的温柔？

安排孩子们查寻印第安人的资料交上来了，内容挺丰富的，可是问题也多，网络学习最大的弊端是孩子们不知道如何筛选查到的资料，致使资料芜杂堆积，却所需无多。

“孩子们，搜集资料是为了配合课文的学习，一味地搜寻资料却不加分析与梳理，造成的后果就是时间的浪费与资料的堆砌，资料、课文与你们之间也不会发生必然的联系啊！”

“所以，我希望你们重新整理芜杂的资料，进行细致的分析与梳理，看看在经过这样的梳理之后你们都了解到了什么，其中哪些资料与课文的关系最为密切，哪些资料最值得我们学习与关注。”

再看孩子们梳理过的资料，就有明显的不同了，他们对资料进行了归类，与课文相关的背景资料得以凸显，演讲词《这片土地是神圣的》本身的价值及意义也显现了出来。

美国独立以后，随着资本主义的迅速发展，开拓疆土，把印第安人驱逐出祖居地。1830 年，美国政府通过《印第安人迁移法案》，规定东部的印第安人要全部迁往密西西比河以西的为他们划定的保留地中去，实行种族隔离和迫害。这些“印第安人保留地”绝大部分是偏僻贫瘠的山地或沙漠地带。一个叫切罗基的部族，在被迫迁往“印第安准州”（即今俄克拉荷马州）的迁徙中，历时 3～5 个月，约 4000 人丧生，占该部族人口的 25%。这一惨剧后来被称为“血泪的审判”。

资料还显示，西雅图酋长发表著名的演讲词《这片土地是神圣的》的发布背景。

1851 年，也就是美国历史第一次出现飓风灾难记录的那一年，在美国西部发生了一件著名的事件，美国政府用 15 万美元购买了 200 万英亩印第安人的土地，并强迫这些土地内的印第安人立即迁出，他们的首领——德高望重的西雅图酋长为此发表了一篇甚至感动了当地殖民政府的演说。

关于印第安人悲惨的血泪史，资料上是如此描述的：

在许多说教中，美国疯狂屠杀印第安人成了铁打的罪证，一个帖子言之凿凿地教育我们：美国原有 250 万印第安人，到 19 世纪末只剩 24 万人，濒临灭绝。一句话，这是美国的罪恶。《世界通史全编》有这样的文字：“在当时世界‘文明’的国度美国，这种种族灭绝政策，来得更加凶残。他们一再提高屠杀印第安人的赏格。那些谨严的新教大师，新英格兰的清教徒，1703 年在他们的立法会议上决定，每剥一张印第安人的头盖皮和每俘获一个红种人都给赏金 40 镑；1720 年，每张头盖皮的赏金提高到 100 镑……”

不仅如此，更有甚者，印第安人在自己的国土上获取合法身份也是在历经四个多世纪的种族清洗之后，由此可见，美国政府所谓的民主是虚假的民主。

美国政府对印第安人的种族隔离和迫害，严重违背了美国尊重印第安人的权利的承诺，由占领、驱逐，进而大肆消灭，性质与希特勒消灭犹太人一样，只是规模要大得多，时间也要长得多，始于15世纪的种族清洗活动，一直持续到19世纪，号称自由民主的美国，直到1924年，国会才通过了《印第安人公民资格法》，宣布在美国境内出生的印第安人均为美国公民，也就是说在美国这片土地土生土长的原住民，在外来者长达四个多世纪的种族清洗之后，在自己的国土才有了公民资格。

“孩子们，查寻资料并非是可有可无的作业，而是为了帮助大家了解历史真相，只有了解了历史背景才会真正理解西雅图酋长的言辞何以具有打动人心的力量。”

“正因为西雅图对白人很友好，为了纪念他，美国西北最大的海岸城市命名为西雅图，白人居民还在他的墓地上建立了纪念碑。”课堂上，再听孩子们朗诵课文《这片土地是神圣的》，感觉孩子们的感情深沉而饱满，这应该是了解背景资料后的收获吧。

闲下来时，再看前几日复印的日记，又有一点淡淡的喜悦了。虽说累点，能看到孩子们的进步，余愿足矣。

卢邵菁在《记忆里的绿皮火车》一文中写道：

“你是冬天里的一把火……”，今天，妈妈跟我讲她那个年代的故事，最经典的还是在火车站里的绿皮火车吧。

那个年代，很多人都是梳着那个年代最流行的“麻花辫”，背着一个绿色的挎包，初中的女孩子们说说笑笑地走在回家的路上，然后各自分散，各奔前程。那时候的你们，是不是以为这样的生活，可以持续很久很久呢？每个人都会经历分开、相聚。那些美好的、无忧无虑的、单纯的日子，都已经成了朦朦胧胧的记忆了吧。

绿皮火车，是那个年代最美好的记忆。嘟——，嘟——，一列火车到站了，人们提着大包小包的行李袋子，带着太多太多不舍的心情，还有去异乡生活的一点点兴奋，再加上一点幸福的感觉，上路。

这样的文字是会勾起人们的回忆的，尤其是那些曾经作为知青下过乡的人们，他们读到这样的文字时肯定会很怀旧的。

作为老师的我，也常常在孩子们的日记中感受到不一样的情感。师生总是这样，互为感染吧。

自诩为“自然写作者”的刘克襄对于阅读有自己的坚持，他说：“喜爱的书和知己一样，也许不会很多，但还是不断地翻看阅读，因为总怕漏掉人生在世值得交往的‘朋友’。”

他家的后方，是一座绿色小山，也是刘克襄和孩子们的大自然“书房”。十多年前，刘克襄一家人搬到台北市木栅区。为了照顾孩子们的成长，他无法长时间远行，就选择了离家最近的小山头，就近做自然生态的观察。

我猜测，刘克襄也有为孩子们提供机会认识大自然的意图吧。这样的“书房”甚好。现在，城市里的孩子距离大自然实在太远了。所以，再读《那时》，感觉特别温馨。我们的心灵总在被一双温柔的大手抚慰着，这就是阅读带给我们的最大的回报。

那时，流水安静，月光正好
我们看到了
一颗露珠飞翔时
轻轻张开的透明翅膀
而大人们，嗨，他们谁都不相信
以为我们说的是梦话
那时，老榆树英武高大
小河面容清澈
老黄牛喜欢拖腔拉调
蹲在屋瓦上的花喜鹊
总是叫一声就摇摆一下
她亲爱的长尾巴
……

“那时，云在青天，风在树梢”，跟着孩子们读读这样纯净如水的诗句，你的心也会跟着静下来，静下来，就像有狂风吹过，起伏的波涛重归于宁静，而此时亦与那时一样，“流水安静，月光正好”。

送给世界的礼物

早上，听孩子们读元朝无名氏的［正宫］《塞鸿秋》：

东边路、西边路、南边路，五里铺、七里铺、十里铺；行一步、盼一步、懒一步，霎时间天也暮、日也暮、云也暮。斜阳满地铺，回首生烟雾。兀的不、山无数、水无数、情无数！

每次听孩子们读这首元曲都觉得有趣，他们越读越快，越读越快，最后就成了游戏。其实，细想这样的文字还真有游戏的成分呢！中国人喜欢在文字上下功夫，玩点文字游戏也是自然，没想到孩子们居然有这样的颖悟力。快就快吧，至于情感的理解晚一步也无妨。

今天跟孩子们讲一个绘本故事——《雪花人》，曾荣获美国凯迪克大奖，作者是美国人杰奎琳·布里格丝·马丁，绘图是美国人玛丽·阿扎里安，翻译是柯倩华。

扉页上是一幅小画：雪花人威利静静地斜靠在床上。窗外，雪花纷飞，威利一直凝神注视着窗外的雪花，他在思考，也在想象。从玻璃窗透进的光线照亮了他的脸庞，也照亮了他身上的方格被子。

故事从一个雪夜开始，一个同村人提着马灯，照亮了积雪中扫开的一条道路，黄晕的光映亮了窗格。木刻一般的效果，凸显村庄的静谧。

很久以前，农夫靠牛和雪橇帮忙做工，用油灯驱逐黑暗。

那时候，有一个男孩儿，爱雪胜过爱世界上任何其他东西。

他是威尔森·艾·班特利，人们都叫他威利。一下雪，他就好快乐。

看着雪花一片一片落在手套上，落在佛蒙特州的田地上，落在谷仓的门把手上。他觉得美丽的雪花像漫天飞舞的蝴蝶，又像苹果树上盛开的花朵。

孩子们看到横开的画面上，一个穿花衣服的小男孩仰着脸观看飞舞的雪花，那么兴奋、那么快乐。在他面前，是冰封的河流、落满雪花的树木、房屋。除了他，再没有别的人，他沉浸在自己的世界里，他的眼里只有美丽的雪花。

这是一个乡村的孩子，从小就喜欢观察神奇的大自然。他的妈妈是他的第一任老师，他说：“妈妈有一套百科全书，我全读完了。”

他有一个好妈妈，送给他一台旧显微镜，可以供他更细致地观察花瓣、雨滴和树叶，更重要的是，还可以观察雪。

每片雪花都有复杂而精致的图案，美丽的程度远远超过威利的想象。他以为会出现相同的图案，结果却从来没有发现过。

他立志把雪花保存下来，让大家都能看到这些美妙的图案。

“我很小的时候就知道雪花是有六条分支的结晶体，但我到现在才知道是威利发现的。”我笑道。

“可是我从来没有见过雪呀。”一个同学说道。

“嗯，我也是，从来没有见过。”很多同学附和道。

“正因为没有见过雪，就应该去了解呀。同学们，你们现在看到的雪花，有的是威利当年拍的照片，有的是根据他的照片绘制的。”

威利说：“雪花真是巧夺天工，没有重复的图案。当一片雪花融化时，它的美丽就从这个世界永远消失了，不留一点儿痕迹。”正因为如此，他决心画出雪花的形状。

“但是，雪花落到手上，很快就融化了，威利来不及画一张完整的雪花。威利十七岁时，得到一台显微照相机，它的价钱值十头牛。村里的人都认为威利太傻了，可是威利不管别人说什么，他一定要拍出雪花的照片。”

第一批照片出来了，结果是一团黑。他并不放弃。一次又一次失败，一片又一片雪花……每一场雪，他都在拍摄。

第二年冬天，他尝试了新方法，成功了！威利终于会拍雪花了！他说：“现在，每个人都能看到雪的结晶有多奇妙了。”

“村子里的人都认为威利很傻，你们也这么认为吗？”

“我不这么认为，没有威利，我们怎么能看到雪花那么美丽的图案呢？”

“科学研究总需要有点牺牲精神，虽然威利牺牲了自己的休息时间，但他解开了自然的奥秘，我认为这是值得的。”

如果屋子里太暖和，雪会融化；如果他不小心呼气在盒子上，雪会融化；如果接着雪花的木棒动了一下，雪花就碎了；如果他拍照的动作不够快，雪花就融化了。

“哦，想要拍一张好照片多不容易啊！”

有些冬天，他只能拍到十几张成功的照片；有时候，他会拍到上百张。

他最珍爱的还是雪花的照片，有些送人，有些卖出去。有些设计成别致的生日礼物。

他在朋友的院子里放幻灯片。小孩儿和大人们坐在草地上，看威利把幻灯片投影到白布上。

“威利就是这样的一个人，有好东西就想着跟大家分享。”

威利在杂志上发表了许多关于雪的文章，远近的学者和气象爱好者都来听他演讲，他从普通的农夫成为研究雪的专家，闻名世界，人们称他为“雪花人”。但他并没有成为有钱人，他把每一分钱都用来拍照。许多科学家捐款，把威利满意的照片出版成一本书。威利 66 岁时，他的书——他送给世界的礼物——出版了，他还是一直在工作。

到 1926 年为止，他的工作花费了将近一万五千美元，卖照片和幻灯片的收入大约四千美元。

“从这两个数据的对比中，你读出了什么？”

“我知道威利是很穷的，因为他的收入比投入小。”

“我看威利简直是入不敷出，没想到科学研究要付出这么大的代价！”

“科学家的工作是不能用金钱来衡量的。”

那些纤巧晶莹的雪花，曾经飘过佛蒙特州的大地，又随着他的书翻山越岭，遍及世界。远远近近的人们都认识到，落在他们手套上的雪花，是多么美丽奇妙。

这一切，都要感谢——

雪花人班特利。

威利的书出版了不到一个月，又下了一场暴风雪。他为了拍到更多的照片，走了六英里路，不幸得了肺炎，两个星期后就离世了。

威利在书中说道：“一般农场的农夫们，大都在天刚亮时起床，到牛群中工作。我也在天刚亮时起床，却是因为想要发现挂着露珠的树叶，或被露水细致地装饰成珍珠项链般的蜘蛛网……我带着相机，跪在湿湿的草地上，拍下大自然精致的点点滴滴。我这样做，可以帮助许多人看到他们自己无法看到的美丽的事物。他们每天还是有牛奶喝，其他农夫会保证这一点。不过，我想，我为他们做的，是同样重要的事情。”

“我们都不知道，当初的威利是多么平常，可就是因为他的坚持，他平凡的工作变得那么有诗意，他为世界奉献了爱与美丽。”

“只要你认准了的事情，坚持做下去，你也可以像威利一样活出生命的精彩，将自己的生命故事当作礼物送给这个世界的人们。”

“孩子们，今天我还要向大家介绍一位‘新锐画家’——万浩然，当然大家都认识他，但是你们欣赏过他的画吗？”我微笑着说。

"看——过——了。"孩子们喊道。

"嗯，可是还有一本新的，恐怕你们就不知道了。"我异常神秘地说道。

"快给我们看吧。"一个同学忍不住了。

"好吧!"

投影仪打开，开始翻看画册，孩子们睁大眼睛看到一个个游戏中的人物：血色男爵、绿巨人、火神、天狼女、水蛇、吸血鬼、岩神、变异沙丘蝎……

看到他们熟悉的动漫人物一一出现在眼前，孩子们兴奋起来。"噢——噢——"的叫喊声都快要将房顶给掀掉了。这就是孩子们的快乐，单纯的、无法形容的快乐。

"万浩然同学，你知道吗？很多人一辈子都不知道自己该做什么，可是你现在就找到了，至少你知道自己喜欢什么。请你继续努力吧，老师相信你在动漫世界里会大有作为的。"

下午读到孩子们的日记，看到他们的日记越写越多，越来越好，我比什么都快乐。这是三年以来坚持儿童阅读研究的结果，我早就料到孩子们在写作上会有大的进步，三年的心血没有白费。"功不唐捐"，我想起看云多次提到的一句佛教用语。

谭晰元在日记中写道："我在报纸上看到，曾有人称乔布斯为'21世纪的爱因斯坦'。我们也不否认这一点，他确实通过苹果这个品牌改变了这个世界。一些东西会让人开心地笑，一些东西会改变整个世界。乔布斯不仅仅是在历史上刻下痕迹，他还带给我们欢乐，和一些其他值得人们思索的东西。'苹果'不仅改变了我们的生活，还改变了我们对人生的态度，这就是乔布斯给予我们的最宝贵的东西。"

第二天早上，卢邵菁递给我一个日记本，我很奇怪，因为我并没有布置孩子们写日记。

打开日记本，我读到她最新的一篇习作——《世界很大，我总会实现一个梦》，我正奇怪为什么是这样的一个题目。

"老师，我的题目是不是太长？"卢邵菁看着我，不好意思地问。

"是有点长，但很好，我先看看吧。"我笑道。

是她在听了《雪花人》的故事后写的一篇感想，文章不长，但可以感觉到一个孩子对人生的思索。

"雪花人"威利，一生都在为梦想奋斗着。倾其一生，每个人都会实现一个梦。

每个人的一生只能走一条路，你当了设计师，就当不了工程师；你当了老师，就不能再做别的职业。人生总是矛盾的，可是，正是因为如此，我们才会更加坚定地走下去，直到生命绽放最美的花朵。

世界很大，可以容得下很多东西，包括你的梦想。丢下一些阻挡你通往成功道路的东西吧，即使通往成功的路是“正在施工”的路，也不要气馁，因为你有无法预测的未来……

给孩子们读了卢邵菁的日记，是想告诉孩子们，人的一生也可以是无比丰富的，有的医生最后成了著名的作家，有的画家最后成了电影制片人，有的设计师最后成了绘本作家。因此，只要你有梦想，成功会来跟你约会的。

终于有时间休息一会儿，目光落到桌面一张纸上，那里有我新学的英语口语，我很喜欢其中的一句：Tomorrow is another day（明天又是新的一天）。

这句话并不新鲜，但在我心里它依然那么有魅力：太阳每天都是新的。说得多好呀，我们能让自己时时更新吗？我在心里问自己，也在问我的学生。我在想：孩子们，你们让自己更新了吗？你们准备好给世界送什么礼物了吗？

《蒂莉和高墙》给予我们的思考

早晨，带着孩子们读李泳茵准备的儿童诗——《树》《荷塘里》《春天》《打水的小姑娘》《如果你不说话》。听孩子们读啊，读啊，如天籁一般的嗓音，温柔着我的心灵，这样的幸福到哪里去寻找？

荷塘里

吴珹

荷叶打着伞。
什么伞？遮阳伞。
机灵的小鱼们，
在遮阳伞下游来游去，
悄悄地玩捉迷藏。
荷花端着碗。
什么碗？大花碗。
大雨小雨落不满的大花碗，
邀请小蜜蜂、花蝴蝶和蓝蜻蜓。
莲蓬举着筒。
什么筒？小话筒。
快乐的小青蛙，
呱呱呱呱，呱呱呱呱，
唱出了一个红红绿绿的夏天

听孩子们读到“呱呱呱呱，呱呱呱呱”的时候，那么夸张的声音和表情，我和孩子们都禁不住笑了。

很喜欢李泳茵为小诗配的那些背景：大树上立着几只啁啾的小鸟，一只小兔子在沙地上插上了许多小旗子，一个男孩一个女孩坐在一个大大的彩色气球上……随意流淌的童心，就那么一点点流淌到你的心里。

课堂上，在跟孩子们欣赏他们自己的作品——《蒂莉和高墙》的续写。昨天，我给他们读了绘本的前半部分，就安排他们自由创造了。没想到，孩子们交上来的作业也是千奇百怪，够让人开心的呢。

第一篇读的是卢邵菁的《华丽的冒险》，小姑娘将绘本的题目改了。

蒂莉拿着铲子，不停地挖啊，挖啊，不知道挖了多久，不知道流了多少汗，只知道，它有一个愿望，既然这个愿望是触手可及的，那么，就应该努力去争取，谁知道那堵墙又厚又高。

终于，蒂莉看见了一束很美很美的光——是黎明，一天的开始。这一天，蒂莉，这只小小的老鼠，有着最耀眼的光芒！这时，塔纳也带着一群老鼠跑过来了。

"哇，塔纳你太伟大了，你这么弱小，居然也跑到墙的另一边来了，啧啧……"

"是啊，是啊，快去看看那边有什么东西吧！"

它们看到在墙的那一边，有一棵美丽的小树，正迎着太阳，努力地长大……

"一个很浪漫的结尾，一个很美丽的故事，是吧？"我笑道。我听到了孩子们热烈的掌声。

"我知道，你们希望听到的还有更有趣的，那我们再听一个同学的。"

于是，我们听到了钟昊宜创作的《蒂莉和高墙》。

那天晚上，蒂莉小心翼翼地走出去，来到高墙前面——它拿了一根细长的杆子，退了七步远，然后像职业运动员一样撑着杆子跳了过去。不过，在飞越高墙的那一刻，蒂莉的手滑了一下，重重地摔在了墙外的地面上，它晕倒了。

第二天早上，蒂莉睁开了双眼，它感觉像是在做梦一样，因为它看到了广阔无边的草原，翩翩起舞的蝴蝶，还看见了许多活泼机灵的小动物。

蒂莉欢快地向草原跑去，它在草原上尽情地跳舞歌唱，一直玩儿到了深夜，但是它仍然没有回家，它准备去更远的地方，去欣赏美丽无比的世界。

孩子们的掌声再次响起来，我看到了孩子们兴奋的笑脸。

我说："你们已经听了两个精彩的故事，还想听吗？"

"想。"孩子们大声嚷道。

一天，蒂莉和小伙伴们一起来到了高墙下。它们又开始了爬翻敲打，都无法将高墙打穿。最后，小伙伴们都说："得了吧，蒂莉，墙外面根本没有什么，我们还是踏踏实实地过日子吧。"但蒂莉还是没有放弃。

晚上，它意外发现蚯蚓在地上松土。就想：地上不行，可以在地下挖洞啊！于是，蒂莉每天都偷偷在墙角下挖洞。

终于有一天，洞挖通了。刺眼的阳光令它睁不开眼睛，等它适应过来再睁开眼，看到的是一个色彩斑斓的世界：有红的、蓝的、绿的、紫的，还有很多说不上的颜色。到处都是花，到处都是草，还有几只小昆虫，眼前的景象与墙内的世界截然不同。

蒂莉知道了，高墙困住的不仅是它们的身体，还有它们的灵魂。

“这个故事也不错嘛，啧啧！”一个学生说。

“我想听万浩然的作文。”毛振铭喊起来。

“好吧！”

“外面的东西可真大！”蒂莉大喊道。

突然，一个庞然大物（汽车）朝它冲过来，还好蒂莉躲过了一劫。

哦，外面的世界真可怕。蒂莉吓得赶快回了家，它找人把地道给填埋了，它还是喜欢那堵为它遮风挡雨的高墙。

“嗯，又是一种结局。”我笑了，“其实还有很多种结局，每种结局都预示着小作者对生活的一种思考，是生活方式的隐喻。我们先不分析他们的结局隐喻着什么，让我们听听作家是怎么写的吧。”

“我们必须去看看另一边，”它对朋友们说，“试试能不能爬过去吧。”可是当它们试着往上爬的时候，墙好像越爬越高。

它们找来铁钉，想在墙上穿个孔，好从孔里瞧过去，可是没有成功。它们走啊走，走了很久，可那堵墙却似乎没有尽头。后来看到蚯蚓在打洞，就立刻开始挖洞。洞终于被打通了，它终于来到了墙的另一边！它简直不敢相信自己的眼睛：站在它面前的还是老鼠，普普通通的老鼠。

两边的老鼠都为蒂莉举行了盛大的庆祝仪式，带着胜利的喜悦，它们把蒂莉高高地抛向空中。

从那天起，老鼠们自由自在地在墙的两边跑来跑去。还有啊，它们总忘不了是蒂莉最先为大家指引的道路。

“这就是《蒂莉和高墙》的结局，是不是有点出乎你们的意料之外？”

“是有点儿，我觉得还是我们班同学写的好些！”一个同学说。

“可能是时代不同的问题，作者创作绘本的时间是在二三十年前，这个我查了资料的。”一个同学说。

“也有可能，但为什么李奥尼的绘本从发表之日起一直大受欢迎呢？建议同学们一起来做个比较。”我提议道。

“我先举个例子吧，比如钟昊宜同学的作文，撑着杆子跳过高墙，一个人享受快乐时光，以及还准备去远游的想法等，让我感觉他从头至尾表现的就是英雄情结和自由精神。”我首先分析了一个。

“我分析卢邵菁的吧，她的作文带着浓厚的浪漫主义的想法，应该属于浪漫派。”一个同学试着分析起来。

“我看蔡天恺的作文带有哲理的成分，像哲学家在思考生活。”

“那么，我们再看李奥尼的绘本，你会发现什么呢?”

“李奥尼的绘本教会我们用多种方法解决问题。”一个同学道。

“我看出作家很看重友情。”一个同学说道。

“作家想告诉我们：为大家的幸福作出过巨大贡献的人，人们会记住他的。”一个同学说。

“还有，作家其实在告诉我们好东西要和人分享。”这是另外一个同学的意见。

“还有吗?”我环视了一圈。

“其实，还有很多东西值得我们思考。比如我们总是被高墙一样的东西阻隔着，结果造成了彼此之间的不了解，甚至产生矛盾。要想彼此了解，就要沟通、交流，推倒横在人与人之间的‘墙’。”我补充道。

“老师，该怎样理解万浩然的作文呢?”一个同学问道。

“那就要问问万浩然同学想在习作中都表达什么意思了。”我把问题抛给了万浩然本人。

万浩然犹豫了一下，说：“我其实想说的是我更喜欢田园生活，所以就不愿意改变以往的生活。”

我点点头，说：“我明白了你的意图。在你的习作中，汽车是现代物质文明的象征，害怕汽车其实隐喻着对现代物质文明的恐惧，也可以说是对现代文明的恐惧吧，过快的现代化会让人陷入恐惧中，所以你采取的是阻隔的办法——好好保护那堵墙。但是，那堵墙能保持多久？生活在这个时代与现代文明完全隔绝，这可能吗?”我分析道。

“嗯，不可能。”同学们纷纷附和道。

“所以，面对高新技术应该保持一份警惕，不要让人成了高新技术的奴隶。”

“还有，这次习作中有许多东西值得大家思考。有的同学表达的是独自享受的思想，被我称作‘独自享乐者’；有的过度迷信技术，被我称作‘技术主义者’；还有的人为了追求自己的理想而牺牲自己的亲人、朋友，如一个同学写到蒂莉为了翻越高墙，结果造成众多老鼠被压在底下而死去，这是不足取的。综合来说，每个同学都在习作中表达了自己的梦想，有梦想好过没有梦想。追求梦想的方式可以因人而异，但是不要因为追求梦想而忽略了生活本身，毕竟我们还有亲人、朋友，他们需要和我们一起分享生活中的快乐。”

还有些话没有跟孩子们说，追求理想固然可贵，但不能要求别人为你作出牺牲，因为每个人的生命都是值得尊重的，每个人都应该有自己的追求。所以李奥尼的绘本选择的是以适合老鼠身份的方式——打洞，来获得与外界沟通的渠道，这是否在告诉孩子们，我们总可以找到一种积极、稳妥的办法去解决生活中的困难？还有，当挑战到来的时候，任何人都可能爆发出强大的能量，并表现出卓越的领导才能。当然，这是需要勇气的。有时候，成功的取得更有赖于勇气。

李欧·李奥尼的绘本给予我们的东西实在太多了，这就是为什么他被人们称作绘本大师的原因。

《蒂莉和高墙》可以让我们思索的东西还有很多，诸如阅读的方法、思维的方式及美国的教育问题等。沉思默想中，常为自己独特的发现而欣喜万分。

林语堂在《美国的智慧》一书中曾这样写到：“我相信，人类有幻想的权利，他不愿意让单调的事实成为禁锢他的藩篱，他有能力扯掉遮盖事实的面纱，并勇往直前地踏上探险之路，探索未知世界和未了心愿。这是人类救赎自身的途径。”这段话似乎也是专为《蒂莉和高墙》一书而作的注脚。

同时，他借用威廉·詹姆斯的话说：“只有在富有同情心的梦想家身上，一位哲学家、诗人或者传奇作家身上，或者当一位注重现实的普通人成为一个恋人，这种事实的永恒性才会有所改变。”那么，“只有这样，在百家争鸣的世界里……在完全不同于外部世界的、凌驾于我们肉身之上的想象力的广阔世界里，一缕真知灼见的光芒才会照亮我们的思想。”

一本好的绘本，有时就如一缕阳光将我们幽暗的心房照亮。

做个古代的人也很好

课堂上，孩子们在读朱青青为大家带来的一首诗——《做个古代的人也很好》，作者张牧笛。

做个古代的人也很好

张牧笛

做个古代的人也很好
看蝶穿的是哪宫的绫罗绸缎
听蝉咏的是七绝还是五绝
小小的郎中，用井水洗脸，七步成诗
写一封家书，用竹笺，
年轻时代的躁乱仍然继续
我就是那个不科举，不食禄的人
想想就醉啊，彤炉煮雪，往来豪杰
那么多数错的星星，灯笼一样挂在枝头
……

这几天跟孩子们读了很多古诗词，讲了很多诗，也背了很多诗，瞧着孩子们背诗的那股热情劲儿，你也会被感染的。“想想就醉啊，彤炉煮雪，往来豪杰”，这样的日子是惬意的。

“还记得我跟你们讲过《红楼梦》中有许多诗词，那是写得相当棒的。‘香菱学诗’是其中一个学诗的样板，我读给大家听听吧。”

黛玉道：“正是这个道理。词句究竟还是末事，第一是立意要紧。若意趣真了，连词句不用修饰自是好的，这叫做‘不以词害意’。”香菱道：“我只爱陆放翁的‘重帘不卷留香久，古砚微凹聚墨多’，说的真切有趣。”黛玉道：“断不可看这样的诗。你们因不知诗，所以见了这浅近的就爱，一入了这个格局，再学不出来的。你只听我说，你若真心要学，我这里有《王摩诘全集》，你且把他的五言律一百首细心揣摩透熟了，然后再读一百二十首老杜的七言律，次之再李青莲的七言绝句读一二百首。肚子里先有了这三个人做了底子，然后再把陶渊明、应、刘、谢、阮、庾、鲍等人的一看，你又是这样一个极聪明的人，不用一年功夫，不愁不是诗翁了。”

……

香菱笑道：“我看他《塞上》一首，内一联云：‘大漠孤烟直，长河落日圆。’想来烟如何直？日自然是圆的。这‘直’字似无理，‘圆’字似太俗。合上书一想，倒像是见了真景似的。要说再找两个字换这两个，竟再找不出两个字来。再还有：‘日落江湖白，潮来天地青。’这‘白’‘青’两个字，也似无理，想来必得这两个字才形容的尽，念在嘴里，倒像有几千斤重的一个橄榄似的。”

“这两段话告诉我们学诗最关键的有两条：一是要多读诗，读经典的诗；二是要用心品味古人是怎样遣词造句的，只有细细品味了才知道古人用字之妙。”

“其实我们学过的诗中也有很经典的炼字佳句，你们还记得吗？”

“贾岛的‘鸟宿池边树，僧敲月下门’中‘敲’字，也是诗人多次推敲后定下来的。”一个孩子道。

“王安石的诗‘春风又绿江南岸，明月何时照我还’，据说他也是多次推敲后定下‘绿’字的。”一个孩子说。

最后，我说：“关于炼字的故事还有很多，是需要我们用心体会方可真正领略其中的奥秘的。”

今天读到孩子们交上的作业——《诗中的夏》《诗中的冬》《诗中的花》《诗中的月》，真的是满眼繁花，令人目不暇接啊！

蔡天恺在《诗中的夏》中写道：

读李商隐《晚晴》中的诗句‘深居俯夹城，春去夏犹清’，竟感觉自己就是诗人，一个人过着深居简出、十分清幽的日子，俯瞰夹城；虽然春天早已过去，但还是感受到夏季的清朗。就这样，读着读着，诗歌的韵味就出来了。

夏，虽然在诗歌上推了我一小步，但让我与诗歌的距离近了一大步。

读诗当如此，想象是一大法宝，深入其中方可领略诗中真意。

郭悦红的《诗中的冬》也写得别有韵致，是女孩子的细致与用心，她是这样写的：

元曲中我最喜欢关汉卿的《大德歌·冬》：“雪粉花，舞梨花，再不见烟村四五家。密洒堪图画，看疏林晚鸦。黄芦掩映清江下，斜揽着钓鱼槎。”诗的意境真美啊！在诗中没有人迹却不缺少热闹，寒冷却不缺少生气，给人一种身临其境的感觉。

记得有一次读到白朴的一曲《天净沙·冬》中的句子“一声画角谯门，半庭新月黄昏。”刚开始怎么也读不懂，我正要去翻解释，爸爸拦住我说：“诗就像茶需要细细品味。”一次次揣摩品读，我还是不懂，最后查看资料才得知它的含义：在暮色中显出轮廓的谯门，萦绕在谯门内外悠远而哀婉的角声，随着黄昏夜幕的降临，新月冉冉升起，月光照着半个庭院。这首词表现了诗人的寂寥、沧桑之感。如果没有查阅资料，我怎么也不可能想到这么美的词句背后表达的是诗人荒凉、寥落的心境啊！

查阅资料是很好的学习方法啊！如果一个孩子学会学习了，还需要老师讲那么多吗？

写《诗中的月》的同学最多了，其中胡梦霖写得最有诗意，就选其中两段吧：

“凉月如眉挂柳湾，越中山色镜中看。”又是一幅美丽的月夜之景——雨后带凉意的新月，像弯弯的细眉挂在柳湾之上，越中的山色倒映在水上，就像水是一面镜子一样。真美的画面！有月的景色总是幽静、如画的！“可怜九月初三夜，露似真珠月似弓。”珍珠般的露珠，弓一样弯的月儿，又是露白月明，果然是个可爱的九月初三夜！

李贺的一首《梦天》倒不同，是首游仙诗，“玉轮轧露湿团光，鸾佩相逢桂香陌。”其实我一开始并不懂它的意思，当我查了注释才明白整句的意思是：一轮圆月被薄薄的湿气所包围，润洁光亮。诗人仿佛听到了月宫中戴着鸾佩的仙女在道上相逢，路边的桂香伴着鸾佩的叮当声。这月宫的景色原来如此美丽！

最有趣的莫过于卢邵菁同学了，她在《诗中的月》一文结束时还自创了两句诗：“月下远影微斜风，飘落梅池淡淡香。”读之感觉有点不妥，随手给她改成了“月下梅影微斜风，飘落墨池淡淡香。”这样是不是要好一点？尝试写过诗的人对诗歌的理解会更深入，毕竟体会过诗人创作的艰辛，也就知道炼字与炼意之不易，学习起来自然也会用心许多。香菱学诗之所以进步快，也是因为常常作诗的缘故，体会起来自然比旁人要深刻得多。

这一段时间跟孩子们一道读诗、学诗、讲诗、论诗，读读背背中体会到许多乐趣。有一天还专门欣赏了许多由今人谱曲的古诗词歌曲，像《月满西楼》、王菲的《明月几时有》和琼瑶的《在水一方》，都是孩子喜欢和接受的。有时候到古人的庭院里散散步，听听古人的歌吟，真好！

最近，在网上读到一条消息——谭盾荣获德国“巴赫奖”感激中国文化深邃传统，消息称谭盾荣获德国最有威望的作曲家大奖——巴赫奖。这个奖项是由德国汉堡市参议院发出的，在德国每四年颁发一次，以奖励全球范围内近期最具创意、并对世界音乐文化作出杰出贡献的作曲家，是德国授予当代杰出作曲家的最高荣誉。

谭盾说："巴赫的音乐一直以来都是我探寻内心深音、寻求音乐哲理的指南针，我在巴赫的音乐里领悟了音乐的精神性和深刻性。同时，巴赫的音乐也犹如一面镜子，照出了我心中的禅意，它让我坚持不懈地追求天人合一的音乐境界。如果要将哲学与娱乐相辅相成，那么巴赫的音乐就是所有音乐爱好者在有生之年必须学习而铭记的座右铭，巴赫的音乐对于整个古典音乐界和教育界至关重要。我非常感谢德国巴赫奖评选委员会给予我这份荣誉，我更感激中国文化和中国音乐的深邃传统让我取得了这份殊荣。"

节选谭盾的发言是想说明中国文化于当今世界文化的意义，我们没有理由自卑，中国古代灿烂的文化依然活在今人的血脉中，我们有责任在今天的课堂中自觉维护与传承中华文化之精华。

做个古代的诗人也很好
在一只竹笛中深居浅出，不浪费笔墨
折枝人等在春天着青衫，
拢一把逍遥的羽扇
银两的重，草根的轻，触动了这个
光、水滴和风的世界

有时候，跟着孩子们读读这些单纯的诗句，就觉得这个世界还是那么澄澈、清明，透着股无法言传的静谧与安详。世界依然安静，生命依然美好，我们借助钻石般的诗句传递着文化的精髓与生命的力量！

有首歌藏在园子里

早上，听孩子们读张存怀的儿童诗——《铅笔树》和《有首歌藏在园子里》，这也是朱青青费尽周折找到的。两首之间，我比较喜欢后者，就录在下面给大家欣赏吧！

有首歌藏在园子里

张存怀

有一支歌藏在园子里
那是我踩满童年脚印的园
我曾在园子里种下白杨的种子
期待它发芽
现在下雪了
我
已无法寻找枝叶的踪迹
甚至来不及重温旧梦
时光匆匆
我已上路
园子里童年的歌
播入泥土
想象奇迹出现后的喜悦
于是在骄傲中　等待
园子里的歌
将在下个世纪中
抽芽　含苞　吐绿
真是一份平淡的奇迹

摇醒自己　原来
园子已荒芜
童年永远也不会回来
只有
一首歌藏在园子里

有点淡淡的伤感，不知道孩子们是否也体会到了。或许，许多年之后，他们也会明白"童年永远也不会回来"的感觉。那时，已到感怀的年纪，读到这样的诗句，或许会想到小学校里的人和事，还有教学楼后面那个小园，只是不知道那时小园还在不在呢？

今天，跟孩子们一道欣赏一本精美的绘本——《野马之歌》。是欣赏，很单纯的一种愿望，只为了让孩子们能睁眼看世界，在已有的阅读基础上看到更多更美的作品。

"之前，我们曾读过一本以马为主人公的作品，是——"我问道。

"是《风之王》。"

"还记得那匹受尽磨难的马的名字吗？"

"闪。"

"是的，闪的一生就是一个传奇，它坚韧、顽强的形象就如同一座丰碑一样刻进我们的生命。今天老师还要带你们读一本关于马的绘本——《野马之歌》，它同样是一个传奇。记住《野马之歌》的作者是美国的保罗·戈布尔。"

"请看书的封面，注意观察，猜猜看这是关于哪个民族的故事？"

"藏族。"

"非洲。"

"印第安人。"

孩子们争前恐后地喊起来。

我笑笑："说藏族的是有道理的，因为画面上那个人的穿着具有典型的游牧民族特点：装束色彩艳丽，着长袍高靴，配戴各种珠串银饰，跟我国藏族同胞的衣着打扮有几分相似，但她并不是藏族人，而是印第安人。"

"万浩然，我听到你说的是印第安人。那么，你是依据什么来判断的呢？"

"我之前看过许多关于印第安人的图画书之类的，之前还查过有关印第安人的资料，所以我一眼就看出那上面画的是印第安人。"万浩然有点自豪地说。

“不错，你很善于学习。今天我们欣赏的就是一个关于印第安人与野马的故事。首先我们看到的是一幅生机盎然的画面，在开满了五颜六色鲜花的原野上，有五匹矫健的骏马，枣红色的毛色，配上黑色的马鬃，看起来真是威风凛凛呐！”

“在画面的右下角铺着一张彩色的毯子，向里侧卧着一个身着艳丽服装的印第安女子，她是谁呢？”

“接着看第二页，是横开的一幅大画，这幅画更加绚丽、壮美，地平线上鲜红的太阳映红了周围的一切，有一匹特别高大健硕的马仰头长啸，马鬃舒展，马尾飞扬，真是一匹神奇的骏马啊！画面中再次出现那个长发女子，依然背对着我们。她是谁？和这些马儿是什么关系？”

“不知道。”

“很神秘！”

“是的，作者想要表现的就是印第安人的那种神秘感。”

“从前，印第安人总是随着野牛群四处迁徙。他们用马匹来运送帐篷和各种东西，还训练速度最快的马捕猎野牛。由此我们可知，马匹在印第安人的生活中起着重要的作用，自然地印第安人也是十分地喜欢马了。”

“有一个印第安女孩特别喜爱马，她总是陪伴在马儿身边，牵着马儿到河边饮水，陪着马儿散步，照顾受伤的马儿。有一天，天气炎热，女孩儿竟然在马儿身边睡着了。远处的闷雷没有惊醒女孩儿，天空布满乌云，闪电在黑暗中明灭。突然，闪电划过天际，轰隆的雷声震动大地。女孩被惊醒了，所有的动物都被惊醒了。”

孩子们睁大了眼睛。

“大朵的乌云笼罩了天空。”

“我看到燕子都惊飞了。”

“还有几只兔子也是惊慌失措。”

“马的鬃毛飘扬起来。”

“一匹马前蹄扬起，好像急得不知怎么办才好的样子。”

“嗯，大家都说得很好，我还注意到马的眼神，那里面写满了惶恐不安呐。”

刹那间，马群像一阵旋风，飞驰而去。女孩儿叫马群停下来，可是雷声掩盖了她的声音，马儿根本停不下来。女孩儿只好抱住马儿的颈子，手指抓住马儿的鬃毛。她紧紧抓住马儿，唯恐不小心掉下马背，被疾驰而过的马群辗过。

“可是，在雷声与闪电追赶下，它们跑出去太远了，把熟悉的草地远远地抛在身后。当暴风雨停下的时候，女孩儿知道她们迷路了。”

“故事总是在迷路的时候峰回路转，请同学们欣赏下一页。”

“哇！好美的马！”

“你们看到的是一匹身上布满斑点的野马，它比之前我们看到的那些马儿还要美，因为它是在大自然的怀抱中长大的，具有一种野性的美。这真是一匹无与伦比的骏马啊！”

画面上，瀑布、彩虹、花海，衬托得骏马无可比拟地俊美。

这匹马既强壮，又神气，比女孩儿想象的任何马匹都更俊秀。它告诉女孩儿，它是山丘上漫游的野马群的首领，欢迎女孩儿与它们共同生活。女孩儿很开心。所有的马儿也都抬起头来，发出愉快的马嘶声，它们很高兴能与马群一起共度自由的日子。

“人们到处寻找女孩儿与消失的马群，可是都找不到。一年后，两名猎人骑马进入野马居住的山丘，猎人们见到那匹美丽的种马领导的野马群，种马身边正是骑在马背上的女孩儿。猎人们呼唤女孩儿，可是马群把女孩儿带走了。”

“后来，人们还是把女孩儿找回来了，可是回到父母身边的她并不开心，她怀念小马与野马群，种马也在山顶上呼唤女孩儿回到她的身边。女孩儿该怎么选择？是回到种马身边？还是留在父母身边呢？”

“我猜女孩儿会留在父母身边，毕竟与父母有割舍不了的亲情啊！”

“我猜女孩儿又回到了野马群中，因为她是那么爱那些马儿。”

“是的，女孩儿的父母同意她回到种马身边。这说明女孩儿的父母非常尊重她，也反映了印第安人‘万物平等’‘万物同属自然’的思维习惯，在他们眼里，自然生物与山川大地都是神圣的、平等的。”

“送女孩儿回归自然，与她喜爱的种马在一起，这是只有古老的印第安人才可能具有的伟大的仁慈与宽容啊！”

为了报答父母，女孩儿把小马送给她的父母。每个人都非常高兴。

女孩儿再次骑上马，陪伴种马前行，她们幸福地生活在一起。

不过她并没有忘记她的族人。每一年她都会回来，每一次她都会送给父母一匹小马。

“这就像一个出嫁的女孩儿回来看望父母。”

“这是一个懂得感恩的女孩儿。”

“每年回来一次，这也是一种仪式，古老的印第安人是很讲究仪式的，有时仪式就是维系亲情的一种方式。”

有一年，女孩儿没有回来。此后，再没有人看见过她。可是，当猎人们再次看到野马群时，发现一匹美丽的母马在神气的种马旁边奔跑。它的鬃毛与尾巴就像淡淡的云朵在身旁漂浮。人们说，女孩儿一定也变成了一匹野马。

直到今天，我们依然为野马族中有我们的亲人而高兴，它们恣意奔驰让我们欣喜，我们的思绪随它们驰骋。

“印第安人是如此真挚、热烈地爱着马儿，这是因为他们认为野马族中有他们的亲人，马儿——那可是生命与力量的象征啊！这是印第安人引以为自豪的地方。多少个世代以来，在美洲大陆上，印第安人都是倍受欺凌的民族，可是《野马之歌》让他们找到了自尊。我们也通过《野马之歌》感受到了印第安人自由、奔放的个性，以及印第安人的仁慈与宽厚。在我们眼里，印第安人粗糙的外表下藏着一颗多么高贵的灵魂啊！”

最后，让我们一起来欣赏印第安纳瓦霍人吟咏爱马的歌谣吧：

我的美丽的马呀，
蹄如玛瑙，毛如鹰羽，
腿如闪电，身如飞箭，
尾如黑云，鬃如彩虹，
耳如玉黍，眼如星辰，
齿如贝壳，
长长的马勒在口中，
我驾马自由地驰骋。

其实，还想跟孩子们讨论一下本书的插图风格——亮丽的色彩和如剪纸般效果的插画不正是画家竭力想要表现的美洲大陆在未开发之前的清新与美丽吗？蓊郁的花草、清清的湖水、飞翔的小鸟和跳跃的小兽，无一不显示印第安人所处环境的优美、宁静，如画卷一般逐一展示在我们眼前，使我们感受到浓郁的异域风情，也领略到天人合一、人与自然和谐共处的美好与可贵。

由于画家具有扎实的绘画功底，画面上所展示的牧马、牛群都显示出无可比拟的力与美，使我们感受到造物的奇妙与自然的伟大，并对雄壮、矫健的自然之子——马儿，油然而生爱慕之情。这不正是女孩儿舍弃父母、回归马群的重要原因吗？

“教育的最高境界是使人对生命敏感”。教育的最高境界又何尝不是使人对自然充满敬畏呢？

传奇里有智慧，传奇里有大爱，传奇里有大美。这就是人们喜欢传奇的原因。

趁着孩子们还小的时候，多播撒些爱与美的种子吧。相信总有种子会发芽的。

“思想无国界，智慧跨世代。”一本好书读到最后，感觉就是在说自己的故事了。

“有首歌藏在园子里”，那一定是童年的歌谣；有个传奇藏在脑子里，那一定是童年的记忆。

教育，从某种程度上讲，就是在以一种特别的方式根植记忆。

空间魔术师——《变焦》

今天，跟孩子们一道再次阅读匈牙利绘本作家伊斯特万·巴尼亚伊的绘本《变焦》，这是一次特别的阅读。

大屏幕上显示的内容是对上次阅读的回顾：

绘本名称：暂时隐去

阅读方法：从两头往中间读，其中前面读6页，后面读8页。

训练方法：根据已读内容发挥想象，可以写一个故事，或一个完整的绘本。可以配图。

“孩子们，我从你们交上来的作业中选了几篇，给大家欣赏一下吧，首先是吕城同学的习作，他的题目是《无题》。”

那是什么？像火焰一样，上面还有斑斑黄点，边上还带有一点点蓝色。太阳？海星？都不是，哦，原来是一个鸡冠，一只公鸡正以雄伟的姿势大声啼叫，鸡冠像烈火一样直往上冲。

公鸡的旁边是一扇窗户，两个农夫正趴在窗户上，欣赏着阳光下啼叫的公鸡，多么美丽的景象啊！

屋子的外面是一个大牧场，牧场里有鸡、鸭和猪，它们正互相闹着玩儿呢。牧场的旁边有一个车库，里面停着一架载货用的卡车，其他都是农夫们住的小屋。

牧场的上空，有一架飞机穿梭在云层之中。云的形状各种各样，有的像马，有的像猪……飞机越飞越高，现在所看到的是一座岛屿，上面有一座火山，滚烫的岩浆正冒着气泡。

穿过云层来到大气层，穿过大气层我们看到了地球的表面。地球的表面五彩缤纷，绿色的是草原，黄色的是沙漠，蓝色的是大海，白色的是雪山。

再远点看，地球就像一颗蔚蓝色的宝石，美丽极了，如果拿去珠宝店，一定可以卖到好价钱。

突然间，四周一片黑暗，我们来到了宇宙，而中间有一颗白点，那就是地球。所以，我们刚刚所看到的一切，其实都是渺小的。

吕城读完了，教室内响起了热烈的掌声。

“还有一篇也非常棒，是刘缗缗同学的习作——《心有多大，世界就有多大》，同学们在听的时候要注意比较。”

久石让的音乐《The Rain》（雨）霎时充满了教室，唯美的幻灯片一一掀开，伴随着叮咚的钢琴声，刘缗缗甜美的声音响起来。

红红的，齿状的，还有花纹，这是什么？是公鸡的鸡冠，没错。这没什么，是的，没什么，耐心点，再往下看看。哈！真是一只公鸡啊！猜中了，难免有些兴奋。一只公鸡，奇怪吗？不奇怪。

一个点，即便是最小的一个白点，在全黑的世界都是那么显眼。我猜那是一个星球。

“噢，你看！那只公鸡在栅栏上呢！”两个小孩靠在窗边，看着外面的公鸡，“多漂亮，深黑的脖颈，七彩的尾巴。”

近了，原来是地球。外表看上去，如同蒙着一层水蓝色的薄纱，还飘着淡淡的白色云层，真美！

回来，回到世界中来，退后点，再看看。原来两个小朋友踩着凳子，窗户实在太高了。小房间里空荡荡的。

我真的很幸运住在地球里耶！看啊，这辽阔的大海上小岛错落有致，真如一颗颗棋子呢！

又看见你了，小村庄，你坐落在什么样的环境里呢？我真的很想知道。“说什么呢！是我在摆积木！”什么？你在摆积木？这不过是积木而已。

大海是美丽的，那么沙滩呢？有人打排球，有人在捡贝壳，不过还是躺在躺椅上享受阳光浴更舒服，不是吗？

“好了，这没什么的，不过是个积木，有更多的等着你看。”天哪，我竟然在对着电视说话？切，不过是电视里的动画罢了。

我看到了一座很高贵的建筑，尖尖的顶部，圆锥形的塔楼，飘扬的旗帜，弧形的拱门，太完美了！

“这真有意思，这个电影太好看了！”那个动画在电视里，那个电视在电影里，那个电影在我的音乐播放器里。你还想如何递进？

世界很大，这建筑不过是沙滩上嬉耍的孩子们用沙子堆起来的沙堡罢了，不用这么惊讶。世界很大，请把视野放宽广！

世界很大，也很小。世界会无限的扩大，却无法超越你的心。从一个渺小的身影看起，一个鸡冠到一个音乐播放器还走不出一个人的手掌心。世界还能无限的扩大，能有多大，就有多大。

世界却又是如此渺小，浩瀚的宇宙中，它不过是一个小白点，在群星之中，它只是一颗水蓝色的星球，但走进其中，却又是那么丰富而美丽。地球有局限，心没有局限；地球很大，心可以更大。

心有多大，世界就有多大！

幻灯片播放结束，音乐还在持续，孩子们的脸上现出或欣赏或沉思的表情。

“说说你们听了后的感受吧。”我微笑道。

“吕城是从前往后叙述的，刘缗缗是从两头开始，然后在中间汇合。”一个同学分析道。

“嗯，这是叙事结构的不同，还有别的吗？”

“他们都从这几幅无字的画面中看到了许多我们没有看到的东西。”

“是的，这就是细致观察的结果，当然也有个人的想象，至于两个人的结论，差别还是很大的。”

“吕城在其中发现了世界的广大，地球的渺小，至于人那就更渺小了，而刘缗缗得到的结论是‘心有多大，世界就有多大’。”

“嗯，分析得不错。刘缗缗看到的更多，她不仅发现了人的‘小’，还看到了人的‘大’——心有多大，世界就有多大！这就是我们挑战思维极限的收获，只要你大胆去思索，就会有很多的感悟。”

“但是，有一点请同学们注意，对同一个绘本的阅读，每个人的感悟都是不同的，这就是好绘本充满魅力的地方。绘本表达的内涵总是非常丰富的，需要我们沉下心来独立思考。好，下面就让我们完整地欣赏一次绘本吧。”

“首先来看作者设计的封面吧，第一个问题解决了，你看到了这本书的书名是《变焦》。仔细看，上面第二个字母里站着一个孩子，而‘变焦’二字里藏着五只眼睛，好奇妙的设计！为什么是这样的设计呢？我不解释，你们自己想想吧！下面我们来欣赏绘本！”

打开绘本，打开一个神奇的世界：明净的画面，鲜艳的色彩，出乎意料之外的构思，每掀开一张都是孩子们惊讶的喊声，此起彼伏的，让人来不及将孩子们的反应一一记录下来。

“哟，大公鸡隐藏在那扇门后了。”

“这是一个农场，有三头大肥猪，一匹马……”

“咦？这不是玩具吗？是积木，有一个小女孩在搭积木。”

“唉，原来是一本杂志的封面。”一个孩子发现上当了。

“这个小孩坐在游轮上，因为我看到他背后有黄色的栏干，有海风吹动了他的头发。"

"好大的游轮啊！上面还有游泳池！"

随着书页的翻动，孩子们惊呼的次数也越来越多，后来有一个同学喊出来："原来是画里有画呀！"

"游轮在公交车上，公交车在大街上，城市在电视里，有人在看电视，看电视的人坐在沙漠上……而这么复杂的图画原来仅仅是一张小小的邮票！"

"是寄给澳大利亚所罗门群岛一个部落酋长的一封信！"

"嗯，这次我看到了活火山。"

"飞机从高空飞过，小岛越来越小，天空飞过吕城笔下像马、像猪的白色云朵……最后，地球成了苍茫宇宙中一个小白点。"

嘘——，孩子们长吁了一口气，有完整看过一本绘本的快乐与满足，至于作品蕴含了什么样的哲理则是需要慢慢回味的。

"喜欢这个绘本吗？"我笑问。

"当然喜欢！"是孩子们愉快的回答声，还伴随着笑声。

"能说说你们最新的发现吗？"

"我发现作家在设计绘本时是通过一点逐渐地缩小画面的，也就是说刚开始我们看到的是很大的一个东西，到后来看到的内容越来越多，最先看到的东西就越来越小了。"一个孩子说。

"嗯，你说得很好！互联网上称这个绘本为《放大 10000 倍》，其实我看有的东西放大了，有的东西是缩小的，这都是因为我们观察事物的角度不同，所以看到的东西也就不同。"

"这就是观察的方法。如何活用观察力来提升自我的眼光呢？有以下几种方法，请看幻灯片。"

1. 近看，远看。
2. 从高处往下看。
3. 花时间慢慢看。
4. 摸摸看、敲敲看、分类看、比比看。
5. 切开来看。
6. 联系地看，组合起来看。
7. 站在"人"的立场来看。
8. 远离地球，从外太空来看……

"请看这里——"说着，我切开了一个苹果，"看看里面是怎样的呢？"

"是一个星星样的果核。"前面的孩子说道。

“对了，以前你们可能没有看到过，因为很少有人这样横着切。”我解释道。

“所以，看人看事都要从多个角度去看，这样才能看到更多的内容，对事物的认识才会更深刻。”

“前面两个同学看到的和感悟的是那样的，换个同学就又不一样了，比如谭晰元，她看到的就是另外的图画。”

哈哈，原来，这张拍好的照片正清晰地出现在了电脑上，这正是大名鼎鼎的苹果电脑。

这台电脑又出现在了一个电视屏幕上。哈！原来是一则广告啊！

不过，这让我想起前不久去世的乔布斯，我们为世界失去了这样一个天才而感到惋惜。怪不得这则广告是黑白的，原来是为了追悼乔布斯啊！

接着，这个电视屏幕出现在了一个小岛的露天酒吧里。因为那是一个晴朗的白天，没有什么人来到酒吧，老板正在无聊的看着大屏幕上的电视，结果看到了这则广告……

真是画中有画，我最深的感叹就是：世界太大了，遥远到不可想象；而我们人类又太渺小了，渺小如一粒沙。有什么理由不热爱不珍惜这个星球呢？

“作者伊斯特万·巴尼亚伊之所以创作绘本《焦点》，就是想通过这个绘本让阅读者对自己的观察习惯、思维习惯进行反思。他说：‘事情不一定是看到的样子。就像这个不停旋转的世界，不停地变幻焦点一样，我们只能抓稳镜头，跟着世界移转。’”

“那么，现在你对这本无字书该有所了解了吧！还想不想听听其他的认识呢？”我问道。

“当然——”是孩子的喊声。

于是，打开幻灯片，我们又听了不同的声音。

“我要告诉大家的是，梁家宝是唯一一个按照绘本的写法来创作的同学，他在每一幅图后都配上了相应的文字，让我们一起来欣赏吧。时间有限，我只能选择最后一部分了。”

梁家保：这幅图画，一直放大，再放大，一直放大到飞行员开着飞机的样子我们都能看得清清楚楚的，而在地球某个角落的我们好像显得更加渺小了。

在整个宇宙中，地球是渺小的，可它在我们心中却是广大的，我们永远不会忘记我们赖以生存的地球。

我们是渺小的，但我们的心可以包容整个世界。

卢邵菁反映的则是她对生活的感悟，这是对图画所蕴含的哲理的提炼，是她自己独特的感悟：

是地球用它的大眼睛目睹了无数个“世界”，可地球之上，又有许多生物在看着——宇宙。

生活就是这样，我们生活在同一个世界里，可这个世界，没有包涵其他“世界”的话，恐怕就会显得太过单调。我们活在别人的世界里，也活在自己的世界里。你只要知道，我们在这里，生活得很充实很快乐，这就对了。

蔡丕泽非常聪慧，他发现观察角度不同结论就不同，所以他对事物的感悟就更深。他能这样变换角度看事物，这非常难得：

如果从地球渐往高处看，也会让人越来越兴奋，虽然依旧是地球，不过从高处鸟瞰的话，原来这颗星球还有更加美丽的一面，实在令人感叹。

地球不会变，可是我们观察地球的角度可以改变，换个角度看世界或者任何问题都会有新的发现。凡事总是有双面性的，如果只是看到了其中一面必定会忽略另一面的优点和问题。因此从不同的角度看待事物，任何时候都是很重要的。

但地球是会变的，是的，我们这个世界从未停止过变化，我们周围的一切都在变啊！

其实，还有很多东西可以跟孩子们谈谈，比如除内容之外，匈牙利绘本作家的设计艺术——红黑撞击的书页装帧，是不是还蕴含着其他的内容呢？一个孩子说黑色代表着“黑洞”，苍茫宇宙能不能说就是“黑洞”呢？不知道作家有着怎样的考虑。也许，在想象力所能到达的最遥远的地方，最后都变成了混沌一片了吧！好绘本在开启我们的思维之后，又给我们留下了许多的疑问。这些疑问没有统一、标准的答案，它存在于每个人的意识中，留待日后与其他思想碰撞、冲突，进而激荡出新的思想。

晚上，阅读印度著名哲学家克里希那穆提的书——《一生的学习》，读到这样一段话：“正确的教育，一方面鼓励技术的学习，同时也应该完成某种更为重要的事；它应该帮助人去体验生活的完整过程。这种体验才能将能力和技术置于它们应有的地位。如果一个人真正有话说，那么在他说话时，便会创造了他自己的格式。然而，学习一种格式而没有内心的体验，则只会导致肤浅。”克里希那穆提的话值得每一个教育者深思。

遇见 100 % 的巴尼亚伊

上周跟孩子们一道欣赏了《变焦》后，孩子们就一直期待欣赏《变焦 2》。

还是变换的镜头，还是“画中有画”，可是却有很多不同了。我们随着伊斯特万·巴尼亚伊穿行在时光隧道里，一会儿欣赏石器时代的岩画，一会儿欣赏古埃及的象形文字，一会儿又穿越到法国的协和广场……时间在一块手表上显示，画面在不停地变换，我们无法确定下一站到达什么地方，但我们可以想象：穿行在时光隧道里，我们可以到达任何一个我们想到的时代和任何一个我们想去的地方。

但随之问题也来了。

一个孩子问：“那个蓝皮肤的人是谁?”

“他是印度人，他的大名叫‘黑天’，在印度人眼里，黑天是诸神中具有非凡才能、最受崇拜的一位神，据说他很讨女士的欢心，是帅哥中的帅哥，他娶了一位美丽的公主做妻子。但是，画面上大家看到的黑天是位发福的中年人，带有一点点调侃的味道，其实是画家为了增加读者阅读的趣味。至于黑天的蓝皮肤，是画家考虑到蓝与黑较接近的缘故，故选用蓝色，以强调黑天作为神的与众不同吧。”

“和他谈话的人呢?”还有疑问。

“那是著名的电影导演希区柯克，他是英国人，他导演的电影以《三十九级台阶》和《爱德华医生》最为著名。画家之所以让这样两个互不相干的人物坐在大象上品茗、谈话，无非是表达一种意思：不同种族、不同文化背景的人也可以沟通，这可以理解为文化的交流吧。”

“哦，原来是这样。”

“所以，你读巴尼亚伊的绘本，一定要具备相当多的知识，否则你会看得一头雾水，不知所云。”

“和《变焦》相同的是画中有画，画家的镜头总是在伸缩之间变换，我们看到的画面也是时大时小，这也是由于观察的角度不同所造成的。”

“为什么画家选择的是不同时代、不同国家的镜头呢？看看结尾处那个画面你就知道答案了。一个孩子在地铁上看杂志，而杂志上所显示的内容就是之前我们看到的那个丰富多彩的世界。人类几千年、甚至上万年的历史可以浓缩在一本书中，这并不是奇怪的事。现在我们手上拿的掌上电脑，就可以呈现无限丰富、无限辽远的世界。”

“你们再仔细观察，在纽约地铁上还发现了什么人物呢?”我微笑着问道。

一个孩子眼尖：“那个人是不是爱因斯坦呢?”

“是的，那位看报纸的先生就是爱因斯坦。起初，我也不明白，画家为什么让爱因斯坦坐上了纽约地铁，后经反复琢磨终于想明白了，原来画家是想借助爱因斯坦来暗示我们，所谓时间和空间都是相对的，即爱因斯坦的狭义相对论；另外，爱因斯坦还提出了广义相对论，他预言宇宙中存在引力透镜和黑洞，他的理论一直吸引后来的物理学家不断开展相关研究。美国著名思想家史蒂芬·霍金的著名学术著作《时间简史》和《果壳中的宇宙》就是在爱因斯坦相对论基础上的进一步发展。”

“大家看到绘本最后一页黑漆漆的画面中只剩下了两盏红红的灯，有人说那是思索者的眼睛。这是有深刻寓意的一个画面，似乎是在暗示人类：时光隧道消失于黑暗中，但借助于爱因斯坦、霍金这些伟人思想的光芒，人类还将不断进行新的探索。”

“这就是《变焦 2》启示我们所想到的一些问题，其实它远不止这些。人类发展的历史就是文化不断交流与融合的历史，不同种族、不同区域、不同文化之间，乍看差异很大，但是仔细研究，你会发现其实是你中有我，我中有你，是多元文化的融合促进了全人类文明的发展。这才是作者最想对你们说的话。”

记得前不久，我读到日本诗人谷川俊太郎的一首诗——《二十亿光年的孤独》，这是一首思索生命及宇宙的诗篇，是诗人 21 岁时的作品，它收录在日本小学三年级的课本里。

人类在小小的地球上，
睡觉起床然后工作
有时候真的好希望火星上也有同伴啊
火星人在小小的星球上
在做些什么呢　我都不知道
（说不定是哩啦啦　咕噜噜　呼哈哈之类的）
但有时候好希望地球上也有同伴啊
真的好希望啊

万有引力是
把东西拉在一起的孤单力量
宇宙是弯弯的
所以大家都能碰在一起
宇宙逐渐在膨胀
所以大家都会不安
对这二十亿光年的孤独
我忍不住打了个喷嚏

“仰望星空，宇宙到底有多大呢？20 世纪 50 年代，当时的科学家认为宇宙是 20 亿光年，不过现在的科学家发现宇宙超乎想象的大，至少是数百亿光年。大家可以想象一下，宇宙在我们认识之前是无穷的遥远，在我们认识之后也是如此，一直往时间的两极去想，结果是两头都是漆黑一片，没有办法去想象啊！所以，人类在宇宙中显得特别渺小，特别孤独，而‘打了一个喷嚏’的结尾，可能就是这种渺小、无助感的外在表现吧。所以，有分析家认为‘打了一个喷嚏’的结尾‘是这首诗的神来之笔，让无解的人生难题，找到了一个诗意的出口，仿佛那些烦恼困顿都可以雨过天晴，散发出一种感性的东方智慧之美’。”

唯一没有跟孩子们详细介绍的是地铁上的画家毕加索，只是告诉孩子们他是二十世纪一位天才画家。那么，作者的意图是什么呢？也许作者是想告诉我们：我们的生活需要科学，也需要大师的艺术吧。

真是一本值得人们反复研读、琢磨的“超酷”的绘本啊！遇见《变焦》和《变焦 2》就等于遇见了 100 % 的巴尼亚伊，它让我们惊喜，它让我们沉思，它让我们在会心一笑中感悟这个有点“诡异”的世界。

第二天读到黎晏君同学的日记，她说：

看着画一点点在结束，消失在黑暗里，只有两束光慢慢地向远处驰去。我们的时光穿越之旅结束了，但我们一定要记住，我们一直在历史的长河中漫游。

每一幅画都有一个故事，你单单去猜测是没有用的，你要细细品味，慢慢去了解历史，那么作家的意图你才会真正明白。

在历史的长河中，我们漫游着、品味着、欣赏着，我们需要了解各国的历史与文化。

看到一个六年级的孩子有这样深刻的感悟，我真有种说不出的感动与快乐。

林晓在《戚和藏书票》一书中写道：“绘画或许提出了问题，或许给予了答案。绘画让原本平静的生活有了猜测的起源……”我认为林晓深谙绘画艺术之魅力。

林晓还说：“文明的脉络，让人们感到了伟大的时代；智慧的结晶，让人们觉察到了时代的奇特。”无论孩子，还是我们自己，都需要用一颗诚挚的心去感受人类文明的成果，否则又怎么去感知一个时代的伟大与奇特呢？而一颗没有艺术润泽的心灵，终将枯竭。

教育，很大程度上是借助艺术来滋润孩子的心灵，开启智慧之门。我相信，我们所期待的创造，终会不期而至！

日记里的日子，日记里的世界

最近，没有新课可上，除了检查背诵、听写之外，多了些阅读孩子们日记的时间。

打开吕城的日记本，我读到这样一篇有趣的日记：

今天，我们吃了一种鱼。它是银色的，身体呈椭圆形，长得有点像仓鱼，生活在浅海。这种鱼肉很鲜甜、很细腻，没有小鱼刺。

妈妈还跟我讲述了一个关于这种鱼的故事。

渔夫因为没有种田，所以经常用捕来的鱼去换粮食。有一种鱼米店的老板很喜欢吃，拿这种鱼去换米，都会多给一点点。所以，渔夫一打到这种鱼，就拿去跟米店的老板换米。久而久之，大家就叫这种鱼“换米”。

真形象的名字啊！

写得真好！看来，生活不仅是写作的灵感源泉，也是写作的素材源泉，而且这种素材是取之不尽、用之不竭的。可以说，是生活将阅读与写作的距离拉近，也是阅读与写作将不同的生活拉近。

后来，读到艾思危同学的日记——《无中生有》，乐得我“嘿嘿”笑出声来。

昨天中午，在进校门时，和我同行的乔心源发现自己没戴队徽，眼看就要被值日生登记名字了，就在这危急时刻，我急中生智，使出了“无中生有”这一计。

我从口袋中拿出了一枚队徽，递给他说：“你的队徽不是在我这么？”

他一看我来“救”他，便应声答道：“对哦！”

于是我便用这一招帮他躲过这一“劫”。

“无中生有，诳也，非诳也，实其所诳也。少阴、太阴、太阳。”意思是先制造虚假后，便以虚假为底，慢慢转化为了真实。

“无中生有”这一计乃三十六计之一，用于迷惑他人，最后将虚假转化为真实，由迷惑转变为主动。

此文优点有二：一是材料新鲜，语言生动；二是巧用典故，平添风趣。

平日里孩子们背诵的经典已悄然化作了他们生活的智慧，这是我没有想到的。

最近，孩子们一直在读《吴姐姐讲历史故事》，所以写读后感的孩子也不少。有一篇很特别的读后感是涂胜同学和爸爸一起写的，这也是我没有想到的。

涂胜爸爸是这样写的：

在这本书中，我最欣赏的就是隐忍不发的徐阶，或许他的一些做法不被人认同，他的一些思想不被人理解，但是他用时间证明了他自己的做法是正确的。卧薪尝胆，等待时机，只有真正拥有大智慧的人，才能做到。虽然，严嵩的行为人神共怒，但是细细品读这本书，我也对他产生了一丝丝怜悯，其实严嵩一开始也是与杨继盛、张居正一样是个爱国热血青年，只是因为他的一念之差，或者说，是他的强烈的想证明自己的心，让他走上了一条不归路。假如他不被高傲的夏言所瞧不起，假如他能轻松地得到夏言的赏识，假如他知恩图报，对推荐他的夏言心存一点感激之情的话，也许历史上就少了一个奸臣，多了一个清官。

涂胜是这样写的：

所以，人一定要有一颗善良、宽容与感恩之心，这是我从严嵩的一生总结出的一点看法。读完这本书，我不仅从历史中懂得了做人的道理，而且明白了，在生活中要亲近那些品德高尚的好人，远离那些品质恶劣的坏人。品德是人生的必修课，做人首先要做品德高尚的人！

如果有更多的家长和孩子们一起来读书该有多好啊！家长们在和孩子们共享阅读的过程中，培养起来的不仅仅是阅读的习惯和能力，还有亲情、道德感与无法割舍的精神联系。这是一个潜移默化的过程，也是一个静心修为的过程。前者是通过阅读影响孩子，后者是通过阅读改造自身。

爱因斯坦曾说："一切人类的价值的基础是道德。"通过引导孩子们阅读历史书培养孩子们的道德感，这是我起初未曾预料到的。这使我更深切地认识到，没有单纯的历史，所有的历史都与一个个活跃在时代的波峰浪尖上的人物有关，他们的价值观与道德观决定了某个历史阶段人类精神所能达到的高度，他们中的杰出人物也为后世树立了道德标高。

涂胜和他爸爸的日记提醒我，在孩子们具备一定阅读能力的时候，应该引导他们读范围更广的书，这其中当然包括史书。这让我想起爱因斯坦曾经说过的一句话，"教育应当使所提供的东西让学生作为一种宝贵的礼物来领受，而不是作为一种艰苦的任务要他去负担。"

最近，再次读到卢邵菁的习作，是她为连载小说《路灯下的野猫》写的序，文字好极了，令我震撼，这可真应了广告牌上的那句话：“你永远不知道下一刻的震撼”。

虽然之前我已将她写的《路灯下的野猫》第1、2节推荐给《青少年报》的编辑芥末小妖，也曾鼓励她继续写下去，但看到她写的序时我还是暗暗吃了一惊：种子的力量是永远不可估量的，你永远不知道，地里的种子哪一天会长成参天大树！

我也不知道为什么要写这部作品，当时只是想试着写写看。后来有一些朋友关注并且鼓励我写下去，于是我渐渐有了动力。但同时，压力也很大。

我虽然只有十一岁，但不要小瞧我了哦。每个年龄段都有不同的思维。也许我的文笔还很稚嫩，也许我的故事还不是很有内涵，但是我眼中的世界、笔中的宇宙会跟别人有很多不同。

法国作家阿尔弗莱·德·缪塞曾说过：“生活如同一朵玫瑰，每片花瓣代表一个梦想，每根花刺昭示一种现实。”

是啊，人生那么短暂，有些人能够活得从容淡定有品味，而且活得特别明白；可有些人呢，混啊混啊，混到了哪一个层次了都不知道。随着年龄的增长，我们每个人把自己放在心里的位置都不一样，有时很前面，有时很靠后，有时甚至没有了自己的位置，这叫作迷失自我。我想通过一本书，找到我自己在生活中的位置。

我的梦想是当一名DJ（电台主持人），我喜欢那样的职业，DJ是在你累了的时候可以让你笑起来的人。

这也许不是什么伟大的梦想，但请你不要轻视。每个职业为什么还能被人们称作职业，那么就一定会有它存在的理由。他们并不是什么大师，但他们一定会用自己的语言打动你。或许在某个角落某个时刻，会有一束让你感动的光。弥足珍贵啊，不是吗?

这是小序的部分文字，字字句句都出自真心，让人感动，也引人深思：这是一个只有十一岁的孩子对人生的思索吗？是什么让一个孩子会有如此深刻的思考呢?

这令我想起她的母亲曾经告诉我的：她是那么痴迷于阅读和写作，简直达到了忘我的程度。只要看看她的日记本就知道了，每一次她都是那么用心地写啊，写啊，直到找到她想要表达的内容和形式。乐此不疲，乐而忘返，简直是欲罢不能啊！

所以，我始终坚信：是阅读教会了孩子们阅读和思考，是写作教会了孩子们写作和表达。

有人曾问我怎样指导孩子写作。现在看来，最好的方法是引导孩子们进行阅读与阅读之后的自由练笔，而日记就是他们练笔的最好方式。

在每一个寻常的日子里，在每一个值得回眸的瞬间，总会有些令人心动、值得记忆的东西，那就记下吧。

我常常跟孩子们说："这样的训练有许多好处，你学会观察生活，那能提高你的眼力；你动脑思考，那会训练你的思维能力；你动笔去写，那能训练你的表达能力。久而久之，你的眼光必定能独到，思考必定变得深刻，文字必然充满魅力，而那些珍贵的日记就成了你取之不竭、用之不尽的小金库。"

我也常说："日记是人生永不再来也最最真实的记录，通过日记你可以看到自己心灵成长的足迹。"所以，我总是要求孩子们保存好自己的日记本，那是一个人成长路上最好的纪念。

近三年多来读到孩子们的日记，粗略地计算也有 16000 多篇了，平均每个孩子大约写了 300 多篇，这是多大的训练量啊。我亲历了这样的训练过程：孩子们由不会写到渐渐地会写，到现在能自如地表达自己的思想感情。一切都是那么自然、那么快乐，我想，所谓"水到渠成"大约就是如此吧。

明人项穆著有《书法雅言》一书，颇值得玩味，他人看来这是一部书法理论著述，我读有些篇章倒觉得这是在谈论写作，如《神化》一文的开篇如此写道：

书之为言，散也，舒也，意也，如也。欲书必舒散怀抱，至于如意所愿，斯可称神。书不变化，匪足以语神也。所谓神化者，岂复有外于规矩哉？规矩入巧，乃名神化，固不滞不执，有圆通之妙焉。况大造之玄功，宣泄于文字；神化也者，即天机自发，气韵生动之谓也。

"变幻莫测的精神只有经过了剪裁以达到秩序化，才是有价值的"，所谓"书不变化，匪足语神"。是不是可以理解为我们所要表达的思想感情只有经过了精心的剪裁才可以流泻到纸上呢？而文章所要达到的理想境界其实是天性的自然流露吧？没有天长日久的训练又怎么可能达到如此高妙的境界呢？

好东西是要拿来与人分享的，有时也挑些特别好的日记读给孩子们听。课堂上，看着孩子们睁着一双双好奇的眼睛，那么入神地听着，我的心里就暖暖的。日记中的日子，孩子心中的世界，因为有了分享的机会而显出了独特的意义，虽然其中不乏纷争与矛盾，也有伤心与失落，但那就是孩子们最真实的生活啊！经历了这样一个宣泄、梳理与沉淀的过程，孩子们的思想情感得以净化，精神境界得以提升，意志力也得到了磨练，这难道不是语言训练之外的收获吗？

读读，想想，这样的日子也很惬意，不是吗？一个人若是到了这样的年纪，还有心情那么耐心地阅读每一个孩子的日记，然后独坐，静思，这本身就是一种难得的状态。很多时候，我们都忘记了怎样保持一种好的状态，而是让自己淹没在无边的琐事中。仔细想想，这难道不是非常可怕的吗？

《一生的学习》一书的封底上有一段话我很喜欢，它提醒我们对自己生命的状态保持一份警醒：

我们配做父母吗？想想我们曾经受过的教育，想想我们是如何一天天变得平庸的。如果教育只是像用模具来塑造各种标准式样的人，教导人们去寻求安全感，成为重要人物，或是早日过上舒服日子，那么，教育只会助长这个世界的不幸与毁灭；如果教育只是一个职业，一个赚钱的方法而已，那么老师怎么会用爱心去帮助每一个学生，让他们对自己和这个世界充满好奇？

有时，我们也该问问自己：我对这个世界还充满好奇心吗？我让我的孩子们仍然对这个世界充满好奇心吗？

看看孩子们的日记就可以知道，如果孩子们通过文字表达出的是一种生机勃勃的精神，那么你就会知道，孩子们很阳光、很健康，他们活力无限，创意无限，不经意间让你震撼。

我们唯一要做的是：给予爱的阳光，耐心等待花开！

木木老师和小雪人的故事

冬至这天，天朗气清，阳光灿烂，真是一个美好的日子。

我们上了很特别的一节课。在这节课上，我和孩子们欣赏了木木老师创作的电脑绘画《小雪人》系列作品，并邀请木木老师走进课堂与我们分享他的创作经验。

在叮叮咚咚的钢琴声中，开始播放幻灯片。

第一张：茫茫雪地上，斜插着一把铲子。是要堆小雪人呢？还是要向雪地下的土层开掘呢？也许都有可能吧。

第二张：小雪人乘着一叶小舟于万顷碧波之上，一个漂流瓶牵一细线于水面，孩子们在猜瓶中信上写着什么。

“他在信上写的是希望找到一个好朋友。”

“也许是给远方的朋友节日的问候吧。”

“他可能是许下了一个心愿吧。”

第三张：在一个岛上，小雪人和他的朋友站在大树下，向远方遥望。

我想考考同学们，就说：“请你们给这幅画取个题目，如何？”

一个同学说：“找到一个好朋友。”

另一个同学说：“伴侣。”

……

“我记得木木老师是有题目的，请木木老师告诉我们吧！”

“我的题目是《红尘有爱，笑傲江湖》。”木木老师话音未落，孩子们已笑作一团。

第四张：小雪人在造一座小小的房子。墙角外，有一张白色的蛛网。它令我想起夏洛用爱密密织就的网。

一个同学说：“盖房子。”

一个同学说：“我想有个家。”

第五张：乍看，白色的草花围绕着小雪人，下面到底是什么呢？

一个孩子说：“嗯，下面很像牛屎呀。”

哈哈哈，孩子们笑得眼泪都流出来了。

我也看不懂。细看，小雪人下面似乎还藏着一个大雪人，这是为什么呢？还要想一想，就说："你们可以下载了再仔细观察。"

第六张：嗯，还是看不懂。小雪人似乎是站在飞碟之下，小岛之上。我想起了孤独的小王子，他住在一个小小的星球上。

第七张：题目是《琥珀》，两个困在琥珀中的小雪人对望着，他们是在期待相会吗？

第八张：小雪人站在一块石头上，可是为什么石头上有一根细线，那根细线要延伸到哪里去呢？

又打开一张，小雪人坐在灰灰的屋顶上，黑的瓦上还留着几片残雪。

"这是在屋顶看风景啊！"一个孩子说。

"这一张我特别喜欢，它有一个很好的题目——《坐在冬季，等待春天》。"这次我忍不住了。

孩子们睁大了眼睛，看谭晰元把这八个字写在黑板上。

又打开一张，小雪人站在山顶上，山下鲜花盛开。

陈思文笑着说："我知道这幅画的题目——《春晓》。"

木木老师站起来说："这是我特意为陈思文绘的，她说我的小雪人调子太灰了，于是就有了这一幅色彩明丽的《春晓》。"

再看画面，颜色果然明丽了许多，山下开满了鲜花。那应该是一个特别美的春天，但我心里的《春晓》似乎比这幅更美。正所谓最美的风景在我们自己心中。

下一页，也很美丽，红红的气球飘满了天空，小雪人高高举起小手。

一个孩子说："我知道这幅画的意思，它是告诉我们：梦想有很多很多，只要抓住一个就够了。"

"嗯，你说得真好！"

我看到木木老师拿着笔在记录着，还不时点点头，大概是又有新的构思了吧。

再翻一页，小雪人坐在一个木箱里漂流在海上，他身后飘扬着一面小红旗。这是要到哪里去呢？

一个孩子说："我想他是要去远航。"

下一页，真怪啊！小雪人站在画的右下角，为什么要画一个圈站在圈里呢？

"我想到了'画地为牢'这个成语，但不确定木木老师就是这个意思，你们尽可能地去想吧。"

我们一直在看，小雪人打捞照片，小雪人坐在飞碟上，小雪人高举着火炬……我们在一幅画前停了下来，小雪人在为一株花浇水。

“孩子们，这幅画像不像小王子和他的玫瑰花呢？”我笑问。

“不像，因为这不是玫瑰花，而是别的花。”

“那这是什么花呢？”一个孩子问。

“这就是‘玫瑰花’，这是小雪人的‘玫瑰花’。”木木老师肯定道。也许那是株什么花并不重要，重要的是，那就是木木老师心中的“玫瑰花”。

我们欣赏完24幅木木老师的画后，就邀请木木老师上台讲述他创作小雪人系列的初衷，以及他和小雪人的故事。

木木老师说：“我刚才注意到一个同学说‘梦想有很多，但只要抓住一个就够了’，这句话对我很有启发，我会吸取同学们的好意见，不断来改进我的绘画。”

“为什么会创作小雪人系列呢？这和我的生活阅历、个人兴趣及阅读思考有关，我一直想找一个形象来表达我的一些想法及我对生活的感悟，找了很久，后来就找到了小雪人。刚才你们的老师说我画了80多幅，其实我已经画了300多幅，你们当中有同学看过我的画，但我的读者主要是校外的一些朋友，他们非常喜欢小雪人。有一次，我接到一个电话，是一个朋友打来的，他说他已经挑选了一些小雪人的图片，印成了一本书，要送我一本，这是我没有想到的，但这件事之后我就考虑要正式出一本绘本了。”我看到孩子们都睁大了眼睛，那眼神里流露出的是惊讶，更有深深的敬意。

“怎么说呢？到目前为止，我虽然创作了300多幅，但我并不满意，一是希望大家为我提意见，这样我会画得更好，更多；二是我一直想为画面配上文字，这样阅读的人会更深入地理解画面。如果同学们有兴趣，可以选择喜欢的画面配上小诗，或是精练的文字，等到我真正出版小雪人这本绘本的时候，我会将你的名字也印在上面。”

我接过木木老师的话：“这是一次极有创意的合作，同学们可以写小诗，也可以写成小故事。为了让大家做得更好，我建议你们进入木木老师的QQ空间，欣赏更多的画，找到更想表达的内容。”

周五早上，收到同学们的日记，《小雪人的故事》在孩子们的笔下生动鲜活、摇曳多姿，令我开心不已。

郭伟俊同学是这样写的：

男孩走后，小雪人每天都在思念那个有着乌黑头发的男孩。“真希望能够再见到他呢！”寒冷的夜晚，她总在寻找空中的流星，希望有一天流星拜访的时候她能许下一个心愿。

终于，有一天，一颗流星在晚上拜访了小雪人。

“你好，流星，能停一下吗?”

“你要干嘛? 我很忙啊!”

“如果你给我如人一样的生命，我就可以去寻找那个男孩的方向了。”

流星说：“好吧!”于是雪人马上被赋予了如人一般的生命，从那时起她就不再是冰冷和沉默的了。

卢邵菁同学的也很有创意，她改换了木木老师的题目，重新拟了新题，特选择两则略加说明：

原题：光阴易逝，青春易老　改题：沙漏的时间

配小诗：逝去的时间去了哪里呢？/谁也不知道，/可我知道：/上一秒，/已成为历史。

原题：棋子　改题：落棋无悔

配小诗：决定了就不要轻易改变/人生没有可以改变的棋子/错过了/就没有悔恨的机会了

更多的同学是根据画面内容尝试写的小诗，这些小诗显示了孩子们超凡的理解力与创造力，就选几则列举如下吧。

如个子高高大大的李建龙，看起来不那么细腻，可是读读他写的小诗你就知道，他是真的入了心了。

坐在房顶上的感觉

黄昏已经来临
我坐在房顶上静静地看着天
云对我微笑着
思绪沿着檐角向前延伸
通向远方的路仿佛无穷无尽

路灯下的遐想

我独自走在空旷的路上
望着一盏盏路灯投下的影子
童年的伙伴们，此时此刻在做什么呢
真想去看看他们

谭晰元的小诗也颇令人动容：

蜗居

呵呵小屋，我来了——我暖暖的小窝
无论你多矮，多小
也能容纳我，温暖我
而我，也不再孤单

流逝

我的心早已埋葬在沙漏里
凋谢的玫瑰，成了唯一的回忆
只有沙漏记得，我们遗忘的时光
……

刘琛明同学干脆制作了幻灯片，给每一张都配上了小诗，我数了一下共有9张：

1

独自一个人
静静地砌一座房子
世界对我来说显得那么宁静
我只能一人默默地
造一个属于自己的房子
没有人会搭理我
我独自一人　好孤独……

2

长长的路　看不到尽头
只知道
我总会一个人
慢慢地　将这一条路
走完

最喜欢胡梦霖的小诗了，因为她与我有着近似的理解，她的语言空灵而诗意，读之令人难忘。

屋顶

我想找到下一个季节，美丽的季节
坐在屋顶上，遥望春天
哪怕时间不再，我也愿意
用生命去换取

残墙

我把墙砸开了一个大洞
向里望去，漆黑一片，我不动声色
有时候努力过后仍是失败
我相信这绝对标志着下一次的进步呢

一路花开

坐上豪华、浪漫的小马车
一路花开，在这里我是帝王
一望无际的原野载着我的快乐
继续我一个人的旅程

第五季

我思考除了春夏秋冬外的第五季
是希望
有嫩芽待发有心花怒放
春华秋实的第五个季节
多么令人憧憬

胡梦霖写得太好了！她一共写了 34 首，每一首都有独到之处。很多次，我都忍不住拍案叫好！写诗对她来说是一项极有意义的锻炼，正是在这些诗歌的创作里，她实现了一次次的自我超越。在我心里，她就是当之无愧的诗人！

再次见到木木老师的时候，他非常开心地告诉我有很多同学加了他的QQ，他称赞孩子们的小诗很美，特别欣赏胡梦霖的小诗。

我说："我也非常感谢你，给了我们这么珍贵的欣赏艺术的机会。我会将同学们写的小诗整理好后再发给你，供你选用。"

“如果孩子们有了好的创意也可以告诉我，我可以根据他们的创意去画呀!”木木老师叮嘱道。

“嗯，我会的。”我笑道。

今天，在吕城处借到几米的绘本——《星空》，说是不超过 24 小时，可是我没有办法做到。那么唯美的画面让我欲罢不能，这就是艺术的力量啊!

我惊叹于他绘画功底的扎实，那么精美的构图，那么细致的线条，那么绚丽的色彩，每一个细微之处他都能做到“一笔不苟”，页页精彩，真是既悦己又悦人，每每让我感慨：在这个世界上做一个艺术家是多么美好的一件事啊！是怎样的教育与怎样的经历成就了这样一位杰出的艺术家？我们又该怎样培养我们的孩子，才可以造就出这样超凡脱俗的艺术家呢?

抬头望着星空，
世界变得好大好大……

我仍然沉浸在孩子们创造出的那些小诗的优美意境里，眼前浮现出小雪人可爱的小模样。忽然，胡梦霖的一首小诗跳出来：“坐上豪华、浪漫的小马车，一路花开，在这里我是帝王……”

哈哈哈，这个礼物实在是太美了！我咀嚼着这些诗句，就如同疲乏的老牛咀嚼着甘草，坐在牛栏里等待春天的到来。

木木老师不知道，他给我们带来了多少快乐，他也不知道我和孩子们都在等待他的绘本早日付印！（注：木木老师就是孩子们的电脑绘画老师林建庚）

总是愿意相信美好

早上，清寒的风传送着孩子们清朗的诵读声。先是经典的诗词，然后是现代的儿童诗。我们的诵读总是这样坚持着，既有古诗词的积累，也兼顾孩子们的阅读兴趣，那些优美的儿童诗就是给予我们心灵滋养的营养品之一。

孩子们读得最多的儿童诗都是朱青青为大家准备的，因为她一直是《儿童文学》最忠实的读者，发现好诗并推荐给大家已成了她的自觉行为。这次她向大家推荐的是《水晶蜗牛》《木舟树》《水果们的晚会》和《总是愿意相信美好》。

水晶蜗牛

你这默默无闻的小东西
只因背了一身的月光
我就爱上了你的白色
你有话经常不说
爱在花草生水时上路
不说累，是斜坡也要努力攀爬
尽管，距离成熟的日子还远
那枚果子，也许并没有人蓄意采摘
你依然把决心装得满满
不管不顾地前行

孩子们读得真好！有时候觉得就让孩子们一直这样读下去该多好。尽可能延长孩子们的儿童期，让他们保持一颗纯洁而活泼的童心，这不就是我们教育的责任吗？

这几天，一直在跟孩子们探讨关于《牧羊少年奇幻之旅》一书的有关问题。我的方法是先抛一个问题给他们去寻找答案，然后引导他们自己提出疑问，自己去寻找答案。阅读总归要回到他们那里去，由他们自主提问、自主解决问题的办法最好，既省事也有利于他们思维能力的真正提高。

我首先抛出的问题很简单：在寻宝的途中，牧羊少年遇到了哪些人？他们分别都给了他怎样的启发或教训？

从孩子们交上来的作业看，绝大多数孩子完成得不错，但是也不乏简单、肤浅的理解，这不是说梳理的过程有多难，也不是说内容难到无法理解，而是说明有些孩子还比较缺乏耐心。浮躁，也许是这个时代的通病，传染这种疾病的途径实在太多，而养成沉静品格的方法又太少，我们都需要让自己的心沉静下来。

“孩子们，牧羊少年在寻宝的途中，都遇到了哪些人？”我抛出一个简单的问题。

“有吉卜赛老妇人、撒冷之王、骗钱的男孩、水晶商人、英国人、赶驼人、法蒂玛，还有沙漠上的头领、炼金术士。”孩子们很从容地回答着。

“这些人都给了他什么样的启发和教训呢？”我追问道。

“其实你们在笔记本上已尝试回答过，但是没有抓住要点的也不少，下面我们就尝试来分析一个人物吧。如吉卜赛老妇人是给牧羊少年解梦的，她认为‘既然是个小孩让你见到了它，那金字塔就一定存在。你将在那里找到宝藏，变成富翁。’吉卜赛老妇人鼓励圣地亚哥去寻找宝藏，这不就是在告诉我们有了梦想就要敢于去追寻梦想吗？另外要注意到，在解梦之前，吉卜赛老妇人让少年发誓把财宝的十分之一给她作为交换，作家这样写又有什么意图呢？”

“这其实是想告诉我们要想找到宝藏、实现梦想是需要付出代价的。”一个孩子回答道。

“是的，实现梦想是要付出代价的，而且是非常大的代价。”我强调道。

“那么，有了以上的分析，你再来看撒冷之王就不难理解了，因为作家跟我们玩儿的就是捉迷藏的游戏，他希望我们透过故事看到更多的东西。”

“与吉卜赛老妇人不同的是，作家用了许多笔墨来写这个人物，肯定是有很多用意的。你们还记得撒冷之王跟圣地亚哥讲过的卖爆米花的人的故事和掘矿人的故事吗？有几个同学在笔记本上提出了疑问，问撒冷之王给少年讲述这两个故事有什么用意？问题提得很好，这的确值得我们思考。”

“首先我们来看那个卖爆米花的人的故事，他是有条件实现自己的梦想的，但是他并没有实现自己的愿望，为什么呢？他总是在攒钱中，却一直没有出发，为什么？同学们找出一个原因吧！”

“因为卖爆米花比当牧羊人有地位，虽然牧羊人可以到处游荡。”一个同学分析道。

“还有一个重要的原因，卖爆米花的人有房子住，而牧羊人只能在野外露宿。人们宁愿把女儿嫁给卖爆米花的，也不愿嫁给牧羊人。”又一个同学分析道。

我接着分析道：“是的，你们的分析都很有道理。人们选择做什么都是非常现实的，卖爆米花的人虽然收入并不高，但有住房，生活稳定，牧羊人虽然可以四处游荡和追寻梦想，但居无定所，收入也不高，所以人们不会将女儿嫁给他。因此，从人们对待两种人不同的态度就可以看出来，生活中的人们是很现实很功利的。至于梦想，那不是他们要考虑的，或者说更多的人是不会考虑梦想，更不会付诸实践的。明白了这一点，你们就明白了大多数人的梦想为什么最终都难以实现了。”

“撒冷之王讲的第二个故事是掘矿人的故事，这也是颇耐人寻味的。大家再读第37页的文字，一定会有新的发现的。”

那个掘矿人抛家舍业去寻找绿宝石，在一条河边干了五年。为了找到绿宝石，他敲开了九十九万九千九百九十九块石头。还剩下一块石头，只差那一块石头，他就能发现他要找的绿宝石了。恰恰在这个关口，掘矿人打算放弃了。

“掘矿人不能成功的原因是显而易见的，因为他没有坚持到最后啊。”一个同学分析道。

“很多时候，失败就源于我们自己的主动放弃，哪怕是已经坚持了很久的事情。”

最后，我总结道：“所以，我们可以看出，撒冷之王讲这个故事是要告诉牧羊人，既然打算出外寻宝，就一定要坚持下去，无论遭遇多大的困难，也不要轻言放弃。”

“还有，你们当中也有同学提出疑问，吉卜赛老妇人和撒冷之王都曾向牧羊少年提出过要求，但他们的要求有什么不同吗？”

“有不同。虽然都是要报酬，吉卜赛老妇人要的是牧羊少年将要找到的财宝的十分之一，撒冷之王要的是少年羊群的十分之一。”一个同学道。

“那么，这有什么不同吗？”我笑问道。

一片沉默。看起来他们被问题给难住了。

“嗯，的确值得沉思。这就是撒冷之王与常人不同之处，他要走了少年眼前财富的十分之一，也就使得少年手里的财富越来越少，他这样做可以迫使少年下定决心去寻找宝藏。还有，他告诉少年：‘如果东西还没有到手，你就先许诺于人，那你就不会积极去争取了。’可见，撒冷之王这样做是为了增强其追梦的信念呀。”

“另外，我将给你们留几个思考题供大家下去继续寻找答案，这些题目都是从你们那里征集来的。”

1. 天命是什么？牧羊少年追寻天命的时候，是否也吸引你去尝试寻找自己的天命呢？

2. 虽然《牧羊少年奇幻之旅》并非一本宗教信仰书籍，但书中充满了信仰色彩，你能否从中看见各种信仰元素？

3. 牧羊少年在寻宝途中遇到了哪些考验？

4. 水晶店老板的出现对牧羊少年具有怎样的意义？

这几天读孩子们的日记，其中夏雪的一篇日记深深吸引了我：

今天看微博时无意看到一条消息《中药协会会长：被取胆的熊很“舒服”》，看到题目时，我就已经很生气了！便点击了这条微博想看个究竟。

看了内容，我真的控制不住自己的情绪，太生气了。在沟通会上，中药协会会长房书亭表示，他曾亲眼见过活熊取胆，“取胆汁的过程就像开自来水水管一样，自然，无痛，完了以后，熊就痛痛快快地出去玩儿了。我感觉没什么异样！甚至还很舒服。”并称“无管引流的养熊取胆生产方式，无论对野生黑熊的保护还是熊胆业生产的发展，都取得了突破性的进展。”看完后，我真的当场拍了桌子，没想到中药协会的会长居然说出这样的话！

这里，我很想说一句话：“没有买卖，就没有杀害！”也许对那些熊来说，死亡就是幸福的归宿。亲爱的小熊，真的很对不起，看着你们那么难受我们也很心疼，但是我们也没有办法啊，只能靠“转发微博”这样的一点微薄之力来呼吁大家：停止买卖，停止杀戮！

课堂上跟孩子们交流这篇日记时，孩子们都非常气愤，他们仿佛已经真切地感受到了小熊的痛苦，也感觉到自己的责任了。什么时候才能改变这样的现状呢？我也不知道。但亲爱的孩子们，我希望你们能肩负道义与责任，去改变这种现状！

晚间读书，想起朱青青带给我们的一首好诗《总是愿意相信美好》，我的心里忽然敞亮起来：

总是愿意相信美好
相信你说过的每一个字
青草香气中我微笑着苏醒
静静等待阳光
推开明亮的窗子

想一想，那些美好的感觉都是诗给予我们的。

真该和孩子们每天都读一首好诗！

鸟巢，是大树的另一种风景

这几天真冷，早春时节就是这样。我和孩子们继续读诗，从《爱国篇》《志向篇》读到《勤奋篇》，从儿童诗《我多么希望》《我喜欢你，狐狸》读到《鸟巢》。

鸟巢

金波

鸟巢，是大树的另一种风景
鸟巢，是大树的另一种生命。
没有鸟巢的大树
日子很寂寞很冷清
叶子和叶子对话
根和泥土默默倾听
大树有了鸟巢
就像树开了一朵花
鸟巢里，白天升起太阳
夜晚升起月亮
雏鸟和星星说话
鸟巢让沉默的大树快乐
鸟巢让大树的生命鲜活

金波的小诗写得真美！这是诗人的心灵与自然的对话，如果没有一颗同样纯洁、沉静的心是不可能读好的，同时，诗歌还需要我们反复朗诵，只有在反复诵读中才有可能抵达诗人的心灵世界。

随后，我和孩子们一道欣赏了一本关于哲学启蒙的绘本《人性的善与恶》，本书的文字部分是由法国作家奥斯卡·伯瑞尼弗撰写的，绘者为雅克·德普雷，他原本应该继承家族事业，成为一名珠宝商，但他暗中学习美术，后来他放弃正统的美术，从事当时还在起步阶段的虚拟成像，后来虚拟成像便成为图像生产业中需求最大的行业。本书中的设计都具有动画、游戏色彩，显得极为活泼、有趣，非常符合儿童的阅读趣味。

对于人性的善与恶，不同的人会有不同，甚至是完全相反的想法……

文字之下配的是画面，一黑一白，两个夸张的人物造型，两张显现迷惑神情的脸。这是人类由来已久的表情，活着的每一个人都需要思考与面对的问题：人性的善与恶到底该如何区分？

有些人认为，善与恶是完全相反的概念，我们能够清楚地区分它们。但也有人认为，善与恶之间的界限非常模糊，不好的东西常常也会披着漂亮的外衣。

我看到孩子们同样迷惑的眼神。这是对的，哲学的确难懂，但是哲学关乎一个人对世界最基本的看法，六年级的孩子们应该接触并了解哲学。

有些人认为，善与恶在所有地方都差不多，人们对它们的定义是相同的，但也有人认为，善与恶取决于不同的文化和不同的人，所以，我们常常会为别人的行为感到奇怪，甚至震惊。

“所以孩子们，你们在评价事物的时候，一定要学会换个角度看问题，站在不同人的立场上来想问题，因为这个世界的文化是多元的。”

有些人认为，善与恶是由规范社会的制度和法律决定的，所以，人们必须严格遵守，否则就会受到惩罚。但也有人认为，无论是善与恶，都是每个人自己的性格，我们可以自己来决定，不用考虑其他的事情。

“孩子们啊，法律固然可以规范自己的行为，但是在法律之上应该还有道德来约束我们的行为。还有，你们要记得，有些事情绝对不可按照自己的性格去做，由着性子来是会害人的。”

有些人认为，我们之所以要做善事，是希望看到别人幸福，因为这样也会让我们自己感到幸福……

有些人认为，有时候，做一些不好的事情也是必要的，比如，保护自己、惩罚坏人，或者阻止别人做坏事……

有些人认为，善与恶是引导我们生存的有效准则，它们能够让人类平安和谐地生活在一起……

“孩子们，善与恶与我们的生活密切相关，我们怎么可以停止关于善与恶的思索呢？”

“所以，‘对于生活来说，我们可以积极地追求真理，让自己自由、快乐和从容’，这就是作者想要告诉我们的。但是，你们是怎么想的呢？作者也希望你们能有自己的思索。”

“封底上还有一段话也值得我们思索：生活中的问题，不都是只有一种答案，也不都是只有一种思维方式。每个人都应该自己去发现，去寻找，去创建属于自己的那一部份……”

“所以，孩子们，哲学其实是教会我们学习思考的一门学问，也是能启迪智慧的一门学问。课余，大家还可以找一些浅显的哲学书读一读。”

课后，想想，这样跟孩子们谈哲学行吗？孩子们到底能接受多少呢？我不知道，但是我没有理由不跟孩子们讲一点儿哲学，这就是我的固执吧！

记得曾经读过古希腊哲学家们的一些小故事，吸引我读下去的原因并非是故事多么有趣，而是他们思考问题的角度及善辩的语言令我折服，也由此引领我走近了哲学。可见阅读哲学书籍往往是由兴趣入手，或许给孩子们讲几则哲学家的小故事更能吸引孩子们去探究吧？毕竟故事更贴近儿童的心灵。

忽然想起曾经听过的几节儿童哲学课，感觉课堂气氛比较沉闷，是不是哲学总让人感觉高深莫测呢？还是儿童本身无须这样去教导他们学习哲学呢？这是我不断思考的一个问题。

打开刘晓东的《儿童精神哲学》，读到有关儿童哲学的章节，作者根据对许多哲学家的研究得出这样的结论：“看来，作为一个人，如果要生存和发展，就要去适应这个世界；要适应这个世界，就必须用思维积极地把握这个世界；而用思维把握这个世界的活动本身就是本义的哲学。”当然，作者说“儿童有其自己的哲学，或者说，儿童就是一个哲学家”，儿童是可以自己去建构自己的哲学的，但这并不等于说无须教育者的引导了，相反，“我们可以期望一些儿童文学作品来表达成人的哲学在道德和理智才能方面难以解决的那些问题；敏感的、富有想象力的儿童文学能在挖掘儿童的哲学潜能方面作出可贵的贡献。”可见，优秀的儿童文学作品依然是引导儿童学习哲学及进行哲学思考的最好的教科书，而且这样的学习是自主的，教师无须赘言，而要相信儿童自我建构的能力。

作者甚至更进一步论述到：“在真正的哲学讨论中，儿童可以成为出色的发言人。儿童可能没有成人对手的丰富信息和老道的语言能力，但是他们的想象、他们的困惑和发现意识、他们对不和谐以及不恰当的敏感、他们认识事物的急切热望，都特别有利于哲学的思考。”我以为，在孩子们有意识与老师进行哲学对话时，我们应当给予其机会，并进行平等对话，这样的活动是可以培养儿童的哲学思维的。

一个民族的落后固然有许多的原因，但关键问题有可能就是缺乏一种民族性的哲学思维，而这种民族性的哲学思维，不独是传承和研究，更应当是延续和演进。只有具备了那么一点哲学思维能力，人才能接近摆脱奴性、思想自由，而摆脱奴性、思想自由，却是人之为有尊严的人的根本之所在。

著名数学家、教育哲学家怀特海说过，“价值镶嵌在事实之中”。

当我们引导孩子们开始读点哲学，或者在孩子们阅读的文学作品中涉及到哲学的时候，我们能给予一些指导，有时甚至只是与他们探讨一点关于哲学的问题时，我相信这就是哲学的启蒙了。至于哲学思维也并不神秘，当你看到孩子们开始有意识地去思考问题了，那就意味着他们开始自己的哲学思维训练了，因为哲学的本义就是“爱智慧”。

“鸟巢，是大树的另一种风景。鸟巢，是大树的另一种生命。”美丽的、充满诗意的大自然是“世界上最美妙的书”，是“发展儿童智力的活的教材”，让孩子们到自然中去学习，让孩子们到平等、和谐中去思考，让思想成为生命的风景，也让思想成为生命的灵魂。在学习的路上、思索的路上，今天的他们或许还只是蹒跚学步，但我相信有一天，我们的孩子能成为真正有“独立之人格，自由之精神”的大写的“人”，他们会永不止步地为生活、为生命而思考！

撒冷之王给予少年的是什么

课堂上，关于《牧羊少年奇幻之旅》的讨论仍在继续。

黄沛云说：“我想跟同学们交流的是，撒冷之王和牧羊少年关于天命的一段对话。作者说‘天命就是你一直期望去做的事情。人一旦步入青年时期，就知道什么是自己的天命了。在人生的这个阶段，一切都是那么明朗，没有做不到的事情……但是，随着时光的流逝，一股神秘的力量开始企图证明，根本不可能实现天命。’从这段话里，我知道了什么是天命，而且知道要实现天命不那么容易，因为总会有困难阻碍，你坚定的信念就是你前进的马达，不要让困难把你摔倒在路上。”

“嗯，你的分析很有道理。撒冷之王虽然这样说，但他并不是在给牧羊少年泼冷水，只是想告诉他追求梦想要趁早啊！”

“另外，他们的谈话还在继续。撒冷之王说，‘那是表面看来有害无益的力量，但实际上它却在教你如何完成自己的天命，培养你的精神和毅力。’思考一下，哪些是‘看来有害无益的力量’呢？”

“嗯，我的理解是这样的：之前老人说会有困难阻止你前进，那些困难不就是在培养你的精神和毅力吗？熬过去，重振旗鼓，东山再起；挺不住，则信念渐失。”

“你说得很有道理。或许大家一时还无法理解这看似矛盾的话语，但老师举个例子你就明白了。比如你平时成绩很好，但一次考试失利，会有人讽刺你、挖苦你，好朋友也疏远了你，看起来这对你是有害无益的，但如果你从此更加努力学习，相信不久以后你就可以从失败中走出，而且会比以前更加坚定、勇敢，这就是看似有害无益的力量，在教会你如何培养自己顽强的毅力。”

胡梦霖说：“我研究的是第30页的内容，关于世界上最大的谎言的讨论，为什么撒冷之王说在人生的某个阶段，我们失去了对自己生活的掌控，命运主宰了我们的人生。这就是世上最大的谎言？难道我们不是被命运所主宰吗？”

"这恰是撒冷之王的智慧之言。他之所以这样说是为了引起我们的思考，因为在现实生活中有很多人的人生的确是被命运主宰了，自己想去做的事情总是没有机会去实现，等到了人生的某个阶段就会说'人应该相信命运'，或者说'不信命又会怎样呢?'，生活难道会因此而改变吗？但是撒冷之王想说的是这是一个谎言，其实我们是可以去抗争的，至少我们值得这样去做。那么，究竟值不值得抗争呢？你们读过这本书，你们当然知道故事的结局了，牧羊少年找到了宝藏，过上了他想要过的生活。这就说明，哪怕是卑微如牧羊少年这样的人，也是可以与命运抗争的。这就是撒冷之王说'命运主宰了我们的人生'这句话是世界上最大的谎言的原因了。"

"另外，我还有一点想跟大家交流，在第 50 页撒冷之王说'主啊，正如您所说，这是纯粹的虚荣，我明白这一点。不过一个老迈的王，有时需要为自己感到骄傲。'分析这句话，可以看出即使是撒冷之王这样睿智的人，有时也会爱慕虚荣。"胡梦霖补充道。

"是啊，即使是拥有大智慧的王也会有缺点。你注意到了细节，说明你读书很用心。"我肯定道。

任宸娴说："我想跟大家讨论的是分手之前，撒冷之王给牧羊少年讲的那个'勺里两滴油'的故事，我觉得这是撒冷之王在告诉牧羊少年幸福的含义。"

"你的理解当然是有道理的，但是'小故事中蕴含着大道理'这句话同学们应该听说过。撒冷之王的故事是值得我们深思的，请同学们再读这个故事，细细体会撒冷之王讲这个故事的用意。"

我看见孩子们有沉思的眼神，也有迷茫的眼神。

任宸娴说："既然让他到处看看，为什么还要让他拿着茶匙呢？是为了考验孩子的耐心吗？后来我经过思考后明白——或许在追梦的途中，你会遇见许多令你流连忘返的东西，但不要忘了自己最终的目标，这才是你要的幸福。"

"嗯，有道理。我起初看这个故事，也认为是撒冷之王在故弄玄虚，让那个少年尽情地看好了，为什么让他这么为难呢？后来，我体会到这也许是撒冷之王在告诉孩子——幸福的秘密就在于，在享受幸福的时候也要小心谨慎啊！可是，今天和你们一道再次阅读的时候，我又有了新的想法，撒冷之王是不是想通过这个故事引导我们思考关于过程的问题呢？如果我们在做一件事的时候，过度地小心、谨慎，可能就减少了许多乐趣，因为我们的注意力全在工作那件事上，而没有偷空去享受工作过程中那些美好的东西。缺少了看风景的心情，让我们的工作变得单调而乏味，这样的人生还有什么幸福可言呢?”

“这就是智者给予我们的启示，我相信只有认真思考的人才可以体会出这是什么意思。当然，可能不是一下子就能理解的，所谓经典的意义就在于引起你的思索，不断地思索。一览无余的作品是不值得读的，因为那恰如白开水一样淡而无味。”

“今天，我们讨论了一些与撒冷之王相关的内容，由此进入作品内部，并尝试去理解作家的写作意图。但是作品中还有许多内容与撒冷之王有关，依然值得大家去探索。”

“同时，我还要留下新的思考题，这是朱青青同学提出的问题，请大家认真阅读、认真思考。”

1. 只有一份宝藏，却有两个人（圣地亚哥和金字塔男孩）同时获得预兆。天命如何判定有个人会放弃？若两个人都找寻天命，必定有人会失望，就无法完成天命。

2. 书中说，人的一切都是命中注定的。既然已经是注定的了，我们的追求还能改变什么呢?

3. 圣地亚哥在丹吉尔等了一年，他在等什么?

我想，经典是读不尽，也说不完的。阅读，远远不是解决几个有限的问题，而是帮助我们不断地发现问题，又不断地思考问题，而问题的答案，只要是来自我们真实的体验和心灵的声音，就不会单薄!

最近，又读到许多好的习作，我无法一一点评，因为属于自己的时间越来越少了，跟孩子交流的时间也显得不足。那些曾经打动过我心灵的文字像翩然飞舞的蝴蝶，如今它们静静地停歇在某个角落，等待我再度重温这优美的文字。

我复印收藏了郝玎玎的《每天都是一份礼物》，任宸娴的读后感《一只狗的一生》，陈家丽的《听听有趣的音乐》，黎思琪的《萤火虫》，钟昊宜的《放弃游戏》，肖梓鹏的《残忍的自然法则》，还有很多美的文字，我无法一一记录下来。我感叹孩子们进步之大，也感慨时间流逝得真快，我和他们在一起已经到第四个年头了。

课堂上，我读了一段刘琛明同学在《特殊的日历》一文中写的一些感悟：

那么，现在重要的是什么呢?

重要的并不是用金钱买到的，而是你自己创造的；重要的不是你得到的，而是你付出的；重要的不是你的成功，而是你的价值……

在读完《站在成功边上》一书后，他又有这样的感悟：

人，只有努力才能成功，没有谁能一步登天，要脚踏实地地去学习。让我们呆在离成功最近的地方吧，无论是哪一个名人，他们在成功之前不都是让自己呆在离成功最近的地方吗？爱迪生、爱因斯坦、林肯、钱学森……

书中有一句话最引人注目，也颇耐人寻味：

我们平时只关注成功者最辉煌的一刻，其实他们背后天长日久的付出和人生中的酸甜苦辣，我们看不见也想象不到，而他们却要一一品尝。

读着这样的文字，我是欣喜的，也是自豪的，虽然他们的习作中还有很多瑕疵，但是每一个人的写作不都是这样走过来的吗？只有充分肯定孩子们的优点和长处，才有可能引导他们走得更远。

胡梦霖的小诗集《万水千山走遍》已写到第十首了，那么丰富的意象竟然出自一个小女孩之手，让人万分惊讶这“文字的炼金术”让那些看似寻常的文字具有了神奇的魔力。选择第四首以飨读者，也借此结束本文的写作吧。

组诗《万水千山走遍》

玫瑰园

我无法折下一朵春天的花，送与百年后的你
所以，我愿永远带着玫瑰的芬芳
打开窗子，让阳光照进来吧
你会发现，内心的玫瑰已经开满山岗

撒冷之王想要告诉少年的不正是要我们敢于去追求自己的梦想吗？“即便永远到不了金字塔，他也比任何一个他认识的牧羊人走得远”。像一个寻宝的冒险家那样观察世界，你会发现，玫瑰园就在脚下！

自由心灵的歌唱

今天，由胡梦霖带着大家读儿童诗。《我记得……》和《母亲的手》这两首诗歌最易唤醒儿童对母爱的体会与理解，《星星和花》则表现了诗人对自然的爱，而最能引起孩子们共鸣的是德国诗人雷丁的《你们每天容忍这些嚷嚷》那首了，他们读得特别起劲儿，也许是城市的喧嚣让他们在这首诗中找到了宣泄的渠道。毕竟是孩子啊，他们活泼的天性需要大人的理解！当然，他们也从中学习了拟声词，再次感受了拟声词的无穷魅力。

“咔嚓!”铲土机铲进了废墟。
“轰隆!”有人推倒了一座房屋。
“嘎吱!”汽车来个急刹车。
“乒乓!”砸过来了不得。
你们每天容忍这些嚷嚷。
可孩子偶尔发出一声“咩!”
忽然说是闹得慌，
于是就：“真讨厌！孩子，别——”
……

课堂上，跟孩子们一道欣赏一个根据真实故事而创作的绘本——《高空走索人》，是美国绘本作家莫迪凯·葛斯坦根据法国杂技艺术家菲利普·帕特的故事创作的。

“告诉我，你们所知道的最惊险的杂技是什么?”我微笑着问。

孩子们抢着回答：“自行车上顶竹竿，上面还有人做高难动作。”

“走钢丝!”

“高空走钢索!”

“嗯，你们知道的还真不少。今天老师就给你们讲一个走钢索的故事，它发生在1974年，纽约世贸中心双子星大楼即将竣工之际，法国杂技艺术家菲利普·帕特在两座楼之间拉起了一条钢索，他要在400米的高空行走。这是一个非常冒险的举动，大家可以猜想，结果怎样呢？当然是帕特成功了！这是一次伟大的壮举，可以说是空前绝后。因为2001年，震惊全球的‘9·11’事件爆发，双子星大楼因恐怖袭击而倒塌。帕特的壮举从此成为绝唱，再也不可重现，但它已和大楼一起，永远融入了纽约的城市记忆。”

“曾经，这里有两座大楼比肩而立，每一座都高达400多米，是纽约最高的建筑。大家看到的就是这两座大楼，它们如巨人一般耸立着，它们脚下的那些高楼大厦此时都变成矮子了。”

“大家有没有注意到，第一页中故事的主角就上场了。能看到他在哪里吗？一直往下看，在页面的左下角，有一个举着一顶高高的帽子的人背对着我们，他就是杂技艺术家帕特。”

“帕特是怎样的一个人呢？看第二页就知道了，这三个画面将帕特独特的个性展示了出来，他喜欢玩杂技，无论是玩抛球、耍火把，他都是一流高手。当然，他最喜欢的是在两棵树之间拉一条绳子，然后在绳子上做各种表演。我想问问同学们，帕特这样做是为了靠卖艺赚钱吗？”

“当然不是，因为帕特在来纽约之前早已是有名的艺术家了，他无须为钱发愁。作者告诉我们，他就是这样的人：看见三个球，就必须要起来；看见两座大楼，就必须在楼顶间走一走。由此看出帕特是怎样的一个人呢？”

“他喜欢杂技，发自内心的喜欢。”

“是的，这就是热爱，喜欢做某件事是不需要理由的，只要能做就好了。只有这样的人才有可能创造奇迹！”

“对于他这样的举动外人理解吗？”

“应该不理解，毕竟太危险了。”一个孩子说。

“可能理解，也可能不理解。”另一个孩子说。

“是的，你们说的都有道理，在外人看来，他这样做就是为了谋生，没有什么可奇怪的。但是关心他的人，可能会觉得太危险而阻止他。事实上，他这样做的确危险，也一直有人阻止他这样做，但是对于一个喜欢冒险的人来说，别人的阻止是不起作用的。帕特永远都在寻找机会突破自己。”

教室里静静的，孩子们的目光被精彩的画面所吸引。

“在巴黎圣母院的两座高塔间，帕特如一只小鸟般轻松地来去；在纽约的双子星高楼间，为什么不去试一试呢？”

“当一切准备就绪，黎明来临了。帕特穿上黑色的紧身衣裤，拿起九米长的平衡杆。仿佛，他生命中所有的一切，都是为了这一刻：在双子星大楼间行走。”

眼睛紧紧盯住大屏幕：帕特矫健的身姿出现在画面上，他的脚下是只有两厘米宽的钢索，钢索下是滚滚车流，再远一点是著名的纽约港，海鸥在大楼间飞来飞去……

展开水平式拉页，我们似乎听得到两座大楼间呼呼的风声，听得到纽约港传来的汽笛声，海浪冲击岩石的声音。

他一步一步往前走，走到钢索中间时，他感觉像在空中漫步。好几次，大楼之间的风刮来，帕特随着风微微摇动。他感觉，那是大楼在呼吸。他不害怕。他觉得宁静、快乐，而且无比自由。

教室里一片嘘嘘声，孩子们的眼睛瞪得大大的，嘴巴张大成O型。惊讶，无比惊讶。

翻过一页，再看，是一张垂直式拉页，顺着画面上人们的视线一直往上看，在高高的大楼间，帕特在云端漫步，那是多么令人惊叹的一幕。

所有人都停了下来，抬头往上看，他们屏息凝神。在400多米的高空跳舞，这是多么令人震撼，令人提心吊胆，却又令人惊叹不已的一幕！

将近一个小时，帕特在钢索上来来回回地行走、跳跃、奔跑，还半跪在钢索上向大家致意。甚至，他还躺在钢索上休息。城市和海湾在他的身下，天空环抱着他，海鸥盘旋在他的身边。只要在钢索上，他就是自由的。

“孩子们，这就是为什么帕特坚持在双子星两栋大厦间走钢索的最重要的原因，因为他此时体验到的是心灵的完全自由。只有战胜了怯懦与自我的人，才可能做到！”

“没有想到的是帕特被警察抓走了！更没有想到的是法官判罚帕特在公园里再次为孩子们表演。这就是美国法律人性化的一面，法律给予了创造者以充分的自由，所以美国才会人才辈出！”

“如今，双子座大楼已经不在了，但是帕特所留下的美好记忆依然还在，因为1974年8月7日那个美好的早晨，帕特曾经在这两座大楼间漫步。一座城市之所以有魅力，就因为生活在那座城市里的人们曾经创造了无数的奇迹！将来有一天，漫步纽约街头你就会感受到这一点。”

“翻译者王林博士说：‘我若是帕特的朋友，我也会帮他把重重的钢索搬上楼顶的……这本书不是安全教育读本，它歌唱的是立于天地之间大写的‘人’——那些拥有快乐和自由心灵的人！’”

第二天，收到孩子们写的小诗，有为《卖火柴的小女孩》写的，也有为《海的女儿》《拇指姑娘》写的，还有为帕特、凡卡写的，孩子们写得好极了。这是我特意布置孩子们去写的，我希望看到孩子们更有创意的表达。

蔡天恺是这样为帕特写的：

致高空走索人

在这个世界上
有些人，他们的思维不被人理解
人们总是说：“他一定是疯了！”
但是，奇迹
往往由他们创造

还有，郝玎玎是为英格儿写的一首小诗，她告诉我英格儿是安徒生的童话故事《踩着面包走路的女孩儿》的女孩儿。真该找来这篇童话读读。

万浩然同学虽然没有写小诗，但是他从网上找到一首写给安徒生的小诗，特别好，兹录如下：

安徒生·蓟·我

几百年后，那株被你的眼睛爱抚过的蓟
在你的童话里冲我微笑
阳光下金黄的蓟、大地
金黄的你
你告诉我
人生多少荆棘
多少花朵就在等我采撷
世道无论怎样险恶
水晶的心会照亮一切
命运再多莫测
幸福终会在泪水过后降落
我还有什么理由不期待
有一天，你从童话中走来
把曾经磨破公主手掌的蓟化作明亮的星星
布满我黯淡已久的天空

记得曾对孩子们说，也许安徒生的童话你已经读过很多遍了，但是为什么还要读呢？就因为你在他的字里行间可以感受到作家那颗悲悯的心，读着读着就感觉好似有一双大手将你的心抚慰了一遍，这样的作品会让你的心灵变得敏感、细腻、沉静、刚强。我们应该多读这样的作品。

美国教育专家杰克·帕特拉什在《稻草人的头　铁皮人的心　狮子的勇气》一书中谈到孩子的情感教育时说：“教育必须直接触及孩子的心灵，

帮助他们关心周围的人，让他们相信世间存在着美和善，而正是由于他们所起的重要作用，美和善才长存人间。正如捷克共和国民主领袖哈维尔于 1991 年苏联解体后不久在联合国发表演说时沉痛说道：‘人类世界的解救之道不在别处，而在人的心中，在于人有反思的力量，在于人的善良以及人的责任感。’”

灯下阅读，我常常回味杰克·帕特拉什的话，今天我们的教育触及孩子们的心灵了吗？触发他们反思生活了吗？鼓舞他们持守那份善良了吗？激励他们承担一份责任了吗？而作为教师，我们给他们一个温暖的信念了吗？让他们的心灵向往着自由了吗？

生命对于那些勇于实现天命的人总是慷慨的

课堂上，再次跟孩子们探讨关于《牧羊少年奇幻之旅》一书的相关问题。

抢答预热之后，就是各小组的汇报交流了。

刘琛明代表小组同学发言："我们小组继续回答撒冷之王在牧羊少年寻宝途中所起的作用，我们认为当牧羊少年即将和梦想擦肩而过的时候，是撒冷之王点醒了他，并引导他努力将梦想变为现实，这使牧羊少年坚定地踏上了寻宝之路的第一步。所以说撒冷之王起着引路人的作用。"

"同时撒冷之王还告诉牧羊少年，在遇到失败后不要轻言放弃，这也是寻宝途中关键的指点。"

"还有第三点，撒冷之王给了牧羊少年两个宝贝，这两个宝贝一是提醒牧羊少年要去追梦，并引导圣地亚哥时刻思索撒冷之王所揭示的真理：当你想要某种东西时，整个宇宙会合力助你实现愿望；二是在危急时刻这两个宝贝可以帮助牧羊少年渡过难关。所以，由撒冷之王这一举动你可以知道，一个人要实现梦想是非常不容易的，需要智者的引导与帮助，撒冷之王就是一位这样的智者。"

"你们小组的研究是很深入的，能体会到这些是很不容易的。"我肯定道。

"我们小组想跟大家交流的是关于炼金术士在故事中所起的作用，在男孩儿的眼中，炼金术士一路上的引导与鼓励，都是引导男孩前进的动力。所以，我们认为炼金术士是一个很好的引导者。"蔡天恺说道。

"有道理，虽然你们内容不多，但抓住了要点。"

肖梓鹏说："下面就是我们小组的汇报了，我们讨论的问题是'在追寻天命的过程中，牧羊少年得到哪些珍贵的东西？'我们讨论的结果是牧羊少年在寻宝途中获得了许多珍贵的东西，比如不要轻易相信别人，还学会了与别人一起合作、一起生活，最重要的是他留下了追寻天命的珍贵的回忆。"

吕城说："我们小组回答大家一个问题：如果一开始就让男孩知道宝藏在无花果树下，那么男孩的一生将平淡无奇，除了虚度光阴外，不会再有别的什么收获。"

"嗯，说得有道理，但也未必。但是一个很年轻时就拥有了大量宝藏的人，大约是不会有太大的作为了。这就是上帝呀，他对人还是很公平的。"

任宸娴说："我们想跟大家交流的是关于牧羊少年在寻宝途中学到了什么，我们认为主要有这些：要学会把握机会，才能成功；凡事要小心谨慎，既要观察周围，又要小心看护好自己所拥有的东西；还有不要轻易放弃自己的梦想，要坚持到最后一刻。"

"另外，在和炼金术师交往的过程中，男孩还懂得了'在生活中寻找金子'的道理。另外，男孩从骆驼夫那里明白了人生的磨难、挫折，在一个人死亡之前是不会停止的。"

"是的，还有些内容你们没有考虑到，但是从你们的回答中可以知道：牧羊少年寻宝的过程其实就是一个学习的过程，他学到了书本上没有的东西，还有他的父亲也不可能告诉他的东西，这就是追寻的意义。"我补充道。

刘缙缙跟同学们谈的是宗教信仰，她说："我们通过研究后认为，这本书中有很多关于宗教信仰的内容，涉及最多的是基督教的内容，基督教的教义可归纳为两个字——'博爱'。在耶稣眼里，博爱分为两个方面：爱上帝和爱人如己。如水晶商人对牧羊少年的帮助就体现出基督教的教义，虽然他本来是伊斯兰教徒，但是偶然的机会他帮助了牧羊少年，这一点正体现基督教中的'爱人如己'的教义。"

钟旲宜说："另外，我们小组还研究了序言中引用的一则小故事，其用意何在呢？故事中那个神甫地位是很卑微的，他唯一擅长的就是杂要，即便如此，他仍然愿意为主奉献他那仅有的才艺。神甫用他那独特的才艺侍奉并取悦了神——'小耶稣笑了'，那么他就得到了神的祝福。所以，我们认为作者想要告诉我们的是——凡事捧着一颗虔敬的心去做，尽力去做，这就够了。"

"说得很好，说明你们小组的学习是很深入的，值得肯定。"我微笑道。

谭晰元说："我们小组讨论的也是有关宗教信仰的问题，在本书的第6页，作者引用《路加福音》的故事，在本书中起到了怎样的作用。在《路加福音》中，提到了马大、她的妹妹马利亚以及耶稣。其中最重要的一句话就是：'你为许多的事情思虑烦忧，但是不可少的只有一件，马利亚已经选择那上好的福分，是不能夺去的。'马利亚选择了在耶稣脚前坐着听他布道，而马大却在旁边忙东忙西伺候人，两人选择的不同，当然获得的也不同。这也暗示了故事的发展，圣地亚哥到底该选择怎样的道路？从故事的发展来看，圣地亚哥选择了后者，就像马利亚一样，所以他在寻找宝藏的途中，不仅收获到了丰厚的宝藏，还学会了如何生活，以及明白了许多蕴藏在生活中的道理。”

“嗯，研究得很深入啊！我记得印度诗人泰戈尔也曾经说过‘不是我选择那最好的，是那最好的选择了我’。选择非常重要，你选择了聆听教诲，你就不会把时间浪费在无关的事情上了。”

最后，我总结道：“今天同学们谈得都很好，说明大家在下面花了很多功夫来研究，这就是为什么一本书要反复研读的原因。当然，要想读懂这本书还有许多值得我们研究的问题，如以下几个问题：你如何看待成功？故事中说的‘神秘力量’指的是什么？生命究竟是不由自主、还是可以自我主宰的呢？这些问题依然值得我们思索。”

虽然我知道孩子们在课堂上的表现并非都是那么好，而且有些孩子是通过上网查询的问题及答案，但我还是感到欣慰：毕竟他们知道可以通过网络来学习，还懂得筛选与提炼，这就是个进步。

我记得曾经对孩子们说过：网络学习最大的好处是便捷，最大的弊端是会让人养成依赖的心理，而独立思考依然是我们要努力培养的能力。任何时候都要让自己习惯于独立思考，不要陷入人云亦云的泥沼，因为那是非常可怕的。失去了独立思考也就失去了认识世界与发现自我的能力。

华德福资深教师杰克·帕特拉什从多年教学经历中领悟到，孩子成长的历程犹如奥兹国的历险，他们要像狮子那样找到勇气，像铁皮人那样找到自己的心，像稻草人那样找到智慧，从而与这个世界建立深刻的联系。现在，我已经把孩子们带进一个书籍的王国，我希望他们凭借勇气与智慧找到属于自己的道路。

《牧羊少年奇幻之旅》告诉我们，“生命对于那些勇于实现天命的人总是慷慨的”，希望我的孩子们都能真正明白这一点，并努力去寻找属于自己的天命。

今天还抽空跟孩子们欣赏了几篇好的日记，我记住了谭晰元在日记中写的一段话，说得太好了！

看着星星，我想对你们说：“不管怎么样，不管谁伤害了谁，谁欺负了谁，谁讨厌谁，谁喜欢谁，我们永远是最好的一班人，最好的同学，我们一定会彼此记得。小时候曾经导演的那场戏，马上就要落幕了，不怕。引用这期“快乐大本营”的话就是——‘不是么，我们都好好的’。是啊，我们都好好的。”

孩子，你真的太可爱了！你得到了最好的情感教育，这是你父母的功劳，还有你丰富的阅读的收获！

约翰·加德纳在《教育精神之追寻》一书中指出了这一点，他说：“思考在童年早期体现为主动融入环境之中，在基础教育阶段变为就各种事物表达出情感，最后开出思想的花朵。这就是真正的智力。”

我们曾经偏离了正确的轨道，而且太久了！

我们需要远行，因为我们心中还有向往；但我们也需要回归，因为还有一个自己在某个地方无声等待！

《父与子》给予我们的礼物

课堂上，跟孩子们一道欣赏从《父与子》一书中节选的几组漫画。

吕城说："我给大家讲《假期第一天》的故事。"

假期第一天的早上，爸爸早早就起了床，他想给儿子一个惊喜，但儿子还在呼呼大睡，这时爸爸有了一个好主意。他请朋友帮忙把儿子的床抬到车上，然后就拉到了郊外。过了一会儿，儿子醒来了，他发现自己正躺在一个美丽的地方，动物们都在对他微笑。这时，爸爸从草丛里跳出来，说："就知道你会喜欢这里。"儿子说："我好像还没有刷牙呢！"

一个同学说："吕城的故事有错误的地方，爸爸没有从草丛里跳出来，也没有说话。"

"嗯，吕城的观察不够细致，当儿子发现来到郊外后他的表情是怎样的？他的心理活动又是怎样的？他想说什么呢？这是需要我们设身处地去想象的。"

黄沛云说："我是这样写的：这时，儿子被一阵嘈杂的声音给惊醒了。他坐起来一看，周围是一大群动物，牛啊、鸡啊、鸟啊、马啊、兔子啊。虽然他对这一切感到很惊讶，但更多的是兴奋。躲在一边的父亲看见这一幕，欣慰地笑了。"

"嗯，黄沛云的观察要细致得多，儿子的表情及心理把握很准确，父亲的良苦用心也通过一个'欣慰的笑'表现出来了。"

刘琛明说："我想跟大家讲述第二个故事——《鱼儿来信》。"

父亲带着儿子去钓鱼。父亲丢出鱼竿后，就叼着烟管吸起烟来。儿子呢，躲在父亲后面在写着什么。趁父亲没有注意他的时候，他悄悄溜下水去。父亲见钓竿有动静，就慢慢将钓竿收回来。谁知钓竿上并没有鱼，而是一张纸。他取下纸，一看，上面写着："今天我们不想要！顺致高尚的敬意——鱼儿。"父亲看后傻眼了。

"你的故事也有点问题，你们想想父亲看了信后是傻眼了吗？"

"应该是明白这是谁干的了。"一个孩子说。

“是呀，父亲怎么会不认识儿子写的字呢？所以，我觉得父亲看了信后，应该是立即明白这是怎么回事了。而且依父亲的性格，他可能会说‘哦，鱼儿来信了，他们今天不想要鱼食，我们可以收工啦。’这可以表现出父亲幽默的性格。”

李建龙说：“我讲的是第三个故事——《全都输光》。”

父亲跟儿子出外游玩，路上看到有两个小朋友在玩丢扣子的游戏，父子两人商议也玩儿一局。父亲摘下西服上的一颗扣子给儿子，不幸的是儿子输掉了这颗扣子。儿子要父亲西服上的另一颗扣子，父亲不放心儿子，他亲自参与游戏，结果也输了。他们只好灰溜溜地走了。

“不对，其实父亲还输掉了裤子上的扣子，因为他是提着裤子走的。”一个孩子补充道。

“是的，你很细心。不仔细观察又怎么会知道呢？”我表扬了这个孩子。

“由此可见父亲也是非常贪玩儿的，真是童心未泯啊！”

“那么，你们认为这是怎样的一个父亲呢？儿子在跟父亲的相处中都学习了哪些课程呢？请在小组内讨论讨论吧！”

教室里顿时热闹起来。

肖梓鹏说：“我们小组认为这是一位慈爱、幽默的父亲，也是一位宽容、勇敢和赏罚分明的父亲。”

“我们小组认为这是一位善良、机智的父亲，但有时也有点粗心。”胡梦霖说道。

蔡天恺说：“我们小组认为父亲是一个可爱、憨厚的人，他还喜欢搞恶作剧，看得出他是一个保持童心而又风趣的人。”

“同学们的分析都很有道理，事实上只要我们多读读《父与子》这套书，你还可以看出父亲的其他品质来。接下来，我们要讨论儿子从父亲那里都学习了哪些课程呢？”我问道。

刘琛明说：“我们小组认为，儿子在跟父亲的相处中学会了乐于助人，他和父亲曾帮助过一只豹子从巨蛇口中逃脱。还有，在《父与子》这本书第107页的故事可以看出，儿子跟着父亲学会了利用旧物进行改造，这说明父亲总是注意培养儿子的生存能力。”

肖梓鹏说：“儿子从父亲那里学会了幽默，以及做人的机智。”

任宸娴说：“我们小组认为儿子跟父亲还学会了关心他人、真诚待人，尤其是他还学会了乐观面对生活中的困难。”

“你们的分析都不错，看来你们的小组学习是很有成效的，还有补充的吗？”我问道。

蔡丕泽说："我们小组认为儿子跟父亲学到的是爱护动物的课程，他们在生活中时时处处都注意到对动物的尊重与保护，这点是很明显的。"

胡梦霖说："我们小组认为儿子跟着父亲学到了生活中的智慧，面对不同的问题如何巧妙地解决问题，这就是生活的智慧。这是在书上学不到的东西。"

钟昊宜说："我们小组认为儿子还跟父亲学习了为人处世的方法，还学会了包容别人。"

"是的，你们讨论的内容是很广泛的，从你们的发言中可以体会到儿子学到的东西实在是太多了，这些内容可以概括为爱的课程，关于尊重与理解的学习，关于对大自然的保护的课程，以及与人相处的课程，还有你们提到的关于父亲的幽默与智慧，这是一门智慧的课程，是需要长时间学习才可以学会的课程，希望大家回去后好好体会，并努力仿效。"

有时间还想跟孩子们谈谈《父与子》的作者德国著名连环画大师E. O. 卜劳恩，这是一个生活在纳粹时代的连环画大师，他既要选择适应命运，又要努力追求艺术，危险的处境逼迫画家借助漫画巧妙地表达自己的思想。所以，有时画家的选择是甘愿隐藏了自己的才华，以防止被人滥用，这是不容易做到的。但是我们依然可以看出画家的才华，不全靠文字来表现思想，但依然让我们感受到画家思想的光芒，这有赖于画家对生活的最精准的表现与最精细的表达。透过漫画，我们看到的是一位与你我的父亲何其相似的父亲，那么真实又那么平易近人，面对不可测的现实，这对父子总能找到解决问题的办法，而且永远都是那么从容和快乐。这或许就是画家想要告诉我们的人生哲理：生活也许永远都充满了坎坷，但我们不可以不快乐。那么，就让我们从容地面对一切吧。

保持一颗天真单纯的心，哪怕是面对磨难也总能体验到常人无法体验到的快乐，这是不是生活的唯一法宝呢？作者没有说，需要我们常怀感恩之心去体验与感悟。未经世事的孩子们，怎么能体会到这一层呢？

曾经思考过漫画对于儿童的意义，一般人认为漫画之于儿童的意义是有限的，甚至有家长反对儿童阅读漫画，他们认为漫画包涵的内容有限，不值得儿童花气力去欣赏与阅读。事实上这种观点是错误的，只要看到孩子们阅读漫画时兴奋的眼神就可以知道答案了：孩子们喜欢漫画、欣赏漫画，更懂得漫画。他们用一颗未曾受到污染的心灵去感受漫画、体验情感、感悟生活，并由衷地感到快乐。

由于漫画家通常运用夸张的手法来表现生活，因此所呈现的都是极富想象力的夸张的造型，特别切合儿童追求新奇与浪漫的心理。在欣赏漫画的过程中，他们表现得更为投入与专注，并自觉进入漫画家的精神世界里，与画中人物同欢乐、共悲伤。这样的阅读，看似所获有限，其实不然。儿童借助漫画来认识世界，用画家的眼睛更细致、更细微地观察人和事物，达到感受世界、认识事物和辨别真伪的目的，这是我们花费许多精力都难以达到的效果。

儿童只有在这种没有压力的阅读中才可能真正解放自己，才能轻松进入预设的教育情境中，身心愉快、思维活跃，提出问题与寻找答案，乐此不疲、兴趣盎然，逐渐发现趋势与规律。

看似所获无多，但所获已在孩子们的积极参与中。因为孩子们是用整个身心来拥抱这个复杂的世界的，而漫画家在选材上的广泛性与切入生活的灵活性，又为孩子们提供了丰富多彩的生活教材。此外，漫画的笔调本身也是戏谑的，有一份自然流露的幽默，这就让孩子们的接受过程本身就是充满趣味和快乐而非枯燥又死板的说教。

好的漫画是很好的生活教材，好的漫画也是生活的润滑剂，爱上漫画的孩子们，你们的生活已经增添了多少明媚的色彩啊！

阅读与思考

书籍改变命运，思考带来变革。教学是一项复杂的任务，教师具有对教学本身的思考和探究，才能创造出色的课堂教学效果。人生亦如此，充分的阅读和思考使人更加清醒。思考，要跳出具体的课堂，从日常的阅读和学习中不断打磨，不断提升对教学及人生的感悟。正如笛卡尔所言："我思故我在。"

开在时间深处的一朵蓝花

与《蓝花》不期然相遇在学校的图书馆，拿过《肖申克的救赎》的同时顺便拿到它。

相异于以往的阅读经验，故事并没有太吸引人。读完才知道这是英国女作家佩内洛普·菲茨杰拉德为德国18世纪著名的“蓝花诗人”、浪漫派的代表人物诺瓦利斯所写的传记。有点奇怪，传记也可以这么写，传主几乎没有什么惊天动地的大事，作者的叙述也是拉拉杂杂的，牵涉到诗人家中诸多琐事，似乎与传主成为浪漫派诗人没有多少关系。再读时方才领悟作者本意，似乎就是以这样的方式告诉我们：生活并不浪漫，但你可以选择做一个浪漫的人！诺瓦利斯，也就是书中的弗里茨，生活其实过得很一般，他出生在一个没落而刻板的贵族家庭里，读书期间经常遭遇“经济危机”，但贵族阶级所要遵循的一切都不能改变。他小时受过严格的宗教教育，那个时代的贵族几乎都是这样的。弗里茨9岁以前完全懵懂无知，在周围人眼中那就是一个小傻瓜，9岁时大病一场，然后就变得聪慧异常，长大之后，简直就是一个天才了。事实上，我猜测可能是弗里茨小时过于腼腆，较少与人交流，所以给人这样的印象。

由于弗里茨超人的理解力与异常的思维，使得他无法在一个普通的学校里读书了，他的父亲为他雇了从莱比锡来的家庭教师，这使得他得以继续接受教育。但真正改变他的是在耶拿和莱比锡两所大学所受的教育。他学习哲学、历史和诗歌、戏剧等，后来还学习数学、采矿及相关理工学科，并尝试开始创作。作者似乎并未列举多少他创作的诗歌，所选的也都是些弗里茨兴之所至随手写下的片段，也许还不能从中体会出那些诗歌有多么高妙，但从作者沉静、舒缓的叙述中还是可以感受到弗里茨对诗歌的沉醉与对创作的热爱。这是一个潜心研究与创造、从矿井和石灰窑中看到“黑暗的星辰”的年轻人，他正渴望用无限热情与无穷创造力来着手创造一个新世界。

书中着力叙写的是弗里茨的爱情故事，在格吕宁根城堡的客厅窗户前的一位少女吸引了他，22 岁的弗里茨确信他在 15 分钟内爱上苏菲·冯库恩小姐，一个不谙世事的 12 岁的小女孩。她看起来还很幼稚，充满孩子气，他们甚至无法交流，因为苏菲几乎没有读过什么书，根本无法理解他所拥有的深奥的学问，而弗里茨可是大家公认的天才呢。可是弗里茨却视她为“我的哲学”，把她当成“心肝宝贝”，虽然她并不了解他，更无法理解他的作品，或许从这件事上可以看出弗里茨并非是诗歌创作上的浪漫，而是骨子里的浪漫。他将浪漫的内涵如阳光般投射在一切事物上，他在金灿灿的阳光里看到他期待的黄金时代的到来。

可惜“我的哲学”在 14 岁时罹患重病而死，书中只字未提弗里茨痛苦的感受，只是以沉静的语气告诉读者，弗里茨在苏菲去世后成为世人皆知的大作家，或许是苏菲的早夭加快了弗里茨写作的速度。某种程度上，写作是可以疗伤的。

那个时代医学还很不发达，连肺结核都无法治疗，后来弗里茨的一个弟弟、一个妹妹皆死于结核病。弗里茨也在 29 岁那年因结核病而死去。一颗冉冉上升的明星就此陨落。

他留下了优秀的诗篇，但更多的是遗憾，灵光一闪时的断片很多，但无法连缀成完美的诗篇。弗里茨一直在写的《蓝花》的故事从未完成，好像在向世人暗示浪漫的故事从来就没有结局。他是一个未完成的诗人，命运对他太过铿吝。

谁也不知道该怎样解释这样的现象：一个研究哲学、数学和矿学的天才，创造的却是浪漫的诗篇，这其中隐藏着怎样的秘密？或许桑叶与丝并没有联系？

盘桓在我脑海中更多的，是弗里茨住在神圣罗马帝国的“黄金谷”里的画面，群山环抱，溪水潺潺，盐库、磨房、酒馆点缀其间，茂密的黑森林带给诗人无穷无尽的遐想。“嘚，嘚，嘚”的马蹄下，是向着远处无限延伸的道路，弗里茨第一次看到亮晶晶的蓝花，从此开始了疯狂的向往。

为一朵花而烦恼？为一朵花而写下优美的诗篇？多么的不可思议！弗里茨短暂的生命留下了不朽的诗篇，人们不该忘记这位蓝花诗人，他让我们知道，总有一些东西成为我们活着的理由，也总有一些东西可以证明我们曾经在这个星球上活过。

在挫折与失败中成长——《土鸡的冒险》

“一只鸡叩响了我的门，门开了，我看到了一只土鸡，它让我一瞬间坠入了梦幻和现实的峡谷中，我写了这部关于土鸡的冒险史……”作家常新港在故事前面这么写到。就这样，一只弱小、内向但很有思想的小土鸡通过常新港那清新、俏皮而有点诙谐的文字踽踽向我们走来。

打开书来，我们看到一只羞涩、淳朴但又敏感的小土鸡向陌生的读者讲述着它们成长中的小故事。它们啄破蛋壳走出黑暗感受阳光的瞬间，它们那嘈杂、混乱的生长环境，它们的男、女主人的性格特点，它们被主人辨认性别时的羞耻感，以及小土公鸡们被一批批卖掉的可悲的下场（公鸡们长大后很快就会被新主人宰杀、吃掉）。生为土鸡的命运就是如此，哪怕你是一只会思想的土鸡，不能为主人下蛋，那就等着挨宰吧。“我”就是一只这样的土鸡，一只暂时被主人误判为母鸡的小公鸡，“我”的命运必然坎坷，因为这是“我”无法逃离的劫数。

“我”的生活里必然纠结着危险、争斗与血腥，因为这就是没有自由的土鸡的生活。“我”目睹了雄健的爸爸跟邻家大公鸡决斗的血腥场面，“我”也看见了“假洋鸡”姨妈因抗议主人恶劣的生存条件而被关禁闭的悲壮情景。生活与个人的喜好无关，一切都掌控在主人的手里，凡是对主人有利的你就必须去做，对主人没利的就必须回避，否则就会“被处理”。更可怕的是“我”被爸爸看出“我”是一只小公鸡，“我”的童年提前结束了，“我”将面对错综复杂的现实生活。或许这才是残酷生活的开始。

虽然“我”得到了爸爸的特别关照，虽然“我”也努力掩藏自己，但是还是被女主人那锐利的眼睛看出了“我”是一只公鸡。退缩和躲避是不可能的了，爸爸告诉“我”必须面对。“我”首先要面对的就是白毛，那个长相酷似爸爸的小公鸡，“我们”开始了竞争、打斗、啼鸣，哪一样都不能输，否则就只有挨宰的命运。当然，勇武过人固然重要，更重要的是智力的比拼，这是白毛所缺乏的。所以作者借“我”之口说：“谁叫你从小就知道吃，不学一门外语呢。你如果学了人的语言，会平白无故地挨上主人一大棍子？”

竞争，说到底就是实力的比拼，来不得半点侥幸，需要的是长久的准备和时间的历练。爸爸给了“我”最及时的忠告和最好的示范。如爸爸说：“一只想当领袖的土鸡，他就是站在平地上，也能望到很远的地方。”爸爸还说：“你千万不要学表面上的东西。”这些话语都促使“我”思索更深层的东西，同时也不至于迷失方向。

就这样，在爸爸的训导下，一步步地，“我”从最初的迷惑、胆怯逐步走向坚强与自信。

所以，“我”能冷静面对主人对洋鸡的种种优待，亦能平静面对爸爸受伤的惨烈与悲壮，更能深刻理解爸爸在决斗致腿残之后的坚韧与刚强。或许，一只土鸡的成长就是这样的，面对令人沮丧的世界，不断调整自己的心态，这才是最重要的。

在对待主人挑选种鸡的问题上，“我”面临着许多的挑战，是甘愿被主人喂肥、杀掉，还是继续磨炼自己准备迎接挑战？是同情弱者与弱者一同流于平庸，还是保持清醒、独善其身？生存的法则就是这么残酷，“我”只能有一种思想，“我”只能成为王者，“我”只能选择唯一，因为一群土鸡只能有一个王。

“我”看到了篱笆上站着一具骨架，那是失踪的爸爸。历尽沧桑的爸爸死了，没有谁再来教“我”怎么成为王者。“我”必须面对邻居家黑白土鸡的挑战，“我”必须快速成长，因为“我”必须成为真正的“王”。

“我”放走了因战败而毫无斗志的白毛，“我”以家族领袖的名义跟邻居家的黑白公鸡进行了一场名正言顺的厮杀。“我”知道“我”赢了，“我”成了真正的“王”。

做一只土鸡，是“我”的幸运。可是再勇猛的土鸡也抵挡不住瘟疫。养鸡场的肉鸡全死掉了，土鸡能够活下去真不容易。可是作为土鸡总有一天会被人吃掉，这就是土鸡的命运。当城里人疯狂地来买土鸡的时候，当主人拼命地抬价的时候，“我”意识到了我们土鸡的危险。

带着土鸡们逃离家园，这就是“我”最疯狂的举动。“我”知道自己已经开始衰老了，“我”知道“我”的责任重大，“我”知道“我”走的是一条不归路，可是还有别的路可以走吗？我们必须走下去，我们要做一群流浪的自由的土鸡……

还有比这更感人的故事吗？闭上眼睛，你看到的还是那只会思想的土鸡，那只一心追求幸福与自由的土鸡，它痛苦过、忧郁过，也快乐过，最后它自由了，它是在幸福与满足中离开这个世界的。作为生命短暂的一只土鸡，它没有白活。

阅读这个温暖的故事，总让我想起生命的某个时刻，或许就是在我小的时候，在我与乡下土鸡相遇的时刻，我曾经用小小的手去抚摸那些毛茸茸的生命，它们“叽叽叽”的叫声好像来自天外，总让我忍不住想和它们用眼神交流。当然，在乡下，我也亲眼目睹了土鸡的生、老、病、死，以及它们所能遇到的各类残酷的事情。想要当一只自由而幸福的土鸡，那是梦想。正如一个人的成长，也同样的凶险而不可测，能够一直坚持理想，直到美梦成真，要经历多少的失败与挫折，要多么坚韧与刚强，有谁能说清楚呢？

阅读的时候，我们是不是也要凝神思索一下：我们有没有通过去做某件事让我们的生命变得充实与厚重？最后，我们还要问问自己：我们生活得幸福吗？我们获得了我们想要的自由了吗？我们是否为自己的幸福追求过？

能够经历一次如土鸡冒险这般不平凡的心灵历程，或许也是一种幸福吧。

是不是也期待，有谁在特别的时刻，也敲响了你的门，然后你也开始了一段特别的经历……

天使就是弟嘟的模样——《绿拇指男孩》

荣获法国龚古尔文学奖的《绿拇指男孩》是一本诙谐有趣的童话小书，故事中的弟嘟是一个非常可爱的小男孩儿，他有一头金黄色的卷发和一双蓝色的大眼睛，又粉又嫩的双颊常惹得大人们对他又抱又亲，当然这都是因为他长得太美了。虽然弟嘟在未去学校读书以前一直是个讨人喜欢的孩子，也跟着母亲太太学过一段时间的数学，可是他一到学校就想睡觉，完全没办法控制自己。结果可想而知，他被退学了。

忧愁找上门来，弟嘟不知道他该怎么办，好在父亲先生和母亲太太特别开明，他们并不因为弟嘟在学校总是睡觉而责怪他，而是打算尝试一种全新的教育，那就是让他用直接观察的方式学该学的东西。弟嘟开始跟着园丁翘胡子先生学习种花，他惊讶地发现：种花的工作让他乐在其中。结果一件非比寻常的事情发生在弟嘟的身上，所有他弟嘟填满泥土的花盆，都在五分钟的时间里开满了花！园丁翘胡子先生告诉弟嘟：他拥有绿拇指，那是老天所赐予的天赋——凡是绿拇指指点过的地方都可以开出娇艳无比的花朵。园丁翘胡子先生给弟嘟一个很好的评价：这个小孩儿对种花很有天分。

接着弟嘟跟杜纳狄思先生学纪律。他强调纪律对维护城市治安的重要性，特别是对违纪者要处以惩戒，这样就有了监狱。弟嘟在杜纳狄思先生的带领下看到了阴森森的监狱，看到了栅栏后面低头不语的囚犯，他感觉到他们很不快乐，他很想哭。杜纳狄思先生不理解弟嘟为什么沉默不语，当然对他学习纪律这一天的表现评价也不高。学纪律之后的那个晚上，弟嘟做了个噩梦，他梦见自己的小马小健和纯种栗马被剃得精光，穿着条纹囚衣在监狱里转圈圈，突然小马小健一跃而起想跳过栅栏，却不幸掉落在巨大的铁刺上，可怜地哀号……弟嘟再也睡不着了，他想出了一个好主意，决定让监狱那里开满鲜花，那样或许纪律就没那么丑陋了，囚犯或许也会比较听话。趁着午夜时分，他到达监狱，到处点他的拇指，甚至连岗亭也没有遗漏。这一招真不错，第二天居住在米尔宝的人们都发现，他们的监狱变成了花之堡、奇幻之宫。人们都感到震惊，但没有人能解释这一切。只有园丁翘胡子先生知道是怎么回事，他表扬弟嘟第一次出手就很漂亮，还给了他很好的建议。

大人们喜欢无所不用其极地解释无法解释的事情，争议最多的当然是植物学家，但是植物学家的惊奇、吵闹与囚犯的诧异比起来实在算不了什么，那些囚犯脾气变好了，被释放的人也不想走了，他们开始喜欢上种花。米尔宝的监狱被当成范例在全世界宣扬。弟嘟为自己的成功暗自窃喜，却又不得不保住秘密。实在保不住秘密的时候，他就去找小马小健说悄悄话，他告诉小马他发现花儿可以阻挡坏事。

弟嘟第三次的课程是学习贫穷。因为他出生在一个富裕的家庭里，父亲先生觉得他很有必要学习贫穷。杜纳狄思先生把弟嘟带到了贫民区。这里的情况比监狱更糟糕，弟嘟简直无法忍受。他根本听不进杜纳狄思先生在讲什么，至于杜纳狄思先生所谓因贫穷而滋生的各种问题都需要靠监狱来解决的说法，弟嘟更不可能接受。当然他最后能做的就是用他的绿拇指不断地指点那些丑陋的地方，最后的结果是弟嘟用他的绿拇指将那个贫民区变成了城市最美的区域，那里到处都开着鲜艳的花朵。居民们开始着手改造他们生活的地方，盖附有电动厨房的公寓大楼，许多人因此有了工作。参观的人络绎不绝，财源滚滚而来。翘胡子先生一有机会就称赞弟嘟。

更精彩的是弟嘟还帮助了一个生病的女孩儿，他让她的窗前开满了鲜花，还有一朵玫瑰花在不断变化，向小女孩儿展示着生命的美丽。可想而知，小女孩儿的忧伤不见了。当天晚上，她的腿开始移动，喜悦回到了她的心头。

这一年里，米尔宝不断涌现的鲜花让市民惊讶不已，理所当然地，这个城市也就变成了花都米尔宝。

但是，弟嘟并不开心，他一连几个小时总是沉默不语，因为他觉得这个世界应该比现在更好，但是事实并不是这样的，他为此感到忧虑。就这样，他被带到了动物园散心。他发现动物们生活得特别糟糕，就利用动物毛发里的种子造出了它们国家的花草树木。米尔宝的动物园变成了世界上最美丽的动物园。

现在弟嘟开始思考战争的问题，因为他从翘胡子先生那里知道战争意味着破坏、消灭，还有许多人会失去手臂、腿或生命，所有的人都会失去某种东西。弟嘟认为战争是世界上最巨大、最邪恶的混乱，他要找杜纳狄思先生谈谈该如何阻止这场战争。杜纳狄思先生告诉他有两个国家——一个叫去吧，一个叫滚吧，他们将为一片沙漠而开战，原因是沙漠底下是石油，他们都想要，目的是为了不让其他人拥有石油。如果不能取胜，他们都有可能再请一个大国来援助，然后两个大国互相攻打，这就是所谓的冲突扩大。随后，杜纳狄思先生带着弟嘟去父亲先生的工厂，他父亲先生的工厂生产所有战争需要的东西，眼下两国即将开战，所以十分忙碌。在工厂里，弟嘟发现他们的货将发往两个敌对国，因为杜纳狄思先生说他们都是很好的顾客。弟嘟怒不可遏，大喊："我觉得您的生意实在可恶。"一个巴掌打在了弟嘟的脸上。去吧和滚吧之间的冲突竟然延伸到弟嘟的脸上。

谁都在说战争一触即发，可谁都没有想到是弟嘟阻止了可怕的战争。这次，弟嘟又想出了一个很棒的主意，他在一夜之间让所有的武器箱子上都长满了攀爬缠绕的植物，那些植物全缠绕在机关枪、冲锋枪和左轮枪上，并开出了美丽的花，壮观的卡车上长满了荨麻，当然司机也无法坐上去了。至于装甲车、摩托车的油箱里到处都是凤仙花的足迹，坦克车也被蔷薇花叶给卡住了，没有一样仪器能逃过神秘的植物的侵袭。由于两军都无力攻击，战争就这样结束了。沙漠也因此恢复了它的孤独和自由。

父亲先生的工厂停工了。他们非常生气，发誓要找出那个暗中搞破坏的人，弟嘟承认了这一切。弟嘟看到父亲先生瘫倒在沙发上，显然父亲先生还不愿接受这一切。

翘胡子先生走了，这是花朵无法阻止的坏事，弟嘟很伤心。他在园子里种了两棵特别高的树，然后又种植了紫藤，紫藤向上爬去，缠绕着两棵树，也就成梯子了。弟嘟顺着梯子爬到了云端里，梯子不见了，弟嘟再也不会回来了。草地上有花写成的句子：弟嘟是天使。

故事似乎要以这样的结尾告诉我们：在一个喧嚣扰攘、利欲熏心的世界里，怎么能容下一个这么善良、美丽的天使呢？或者说是以这样的方式在提醒人们：如果我们看重金钱利益以至超越亲情人性的极限之后，即使最亲爱的人也会离我们而去。

《绿拇指男孩》这本童书的主题并不单纯是在批评成人世界的物欲横流与自以为是，同时也隐含着对当代教育的深刻反省与理性思索，充满着对朴素的、人性化教育的渴望与追求。以翘胡子先生为代表的人们那种充满智慧的引领当是值得我们学习与效仿的，因为这个世界需要的不单是拥有知识与能力的人，更需要善良、正直与充满社会责任感的公民，唯有热情、正直与充满智慧的老师才可能作为年轻一代的导师，引领他们走向光明的道路。这个世界唯有如此才有可能变得美丽而温情。

在燃烧中永恒——宫泽贤治童话

“突然，车厢里豁然明亮起来。定睛看去，河水无声无息地在灿烂的银河河床上流淌，河床上遍布着宝石、露珠和其他所有璀璨的东西。河中央，有一座岛屿，映衬在银色的光芒中。岛屿最高处的平坦地面上，竖立着一个洁白炫目的十字架，那简直如同用北极的冰云铸造而成，披戴着一层晶莹剔透的金色光环，静穆、永恒地伫立在那里。”

这是日本作家宫泽贤治的作品《银河铁道之夜》中的一段描写，作者用极其优美的语言写出焦班尼和柯贝内拉在天上奔驰的火车上看到银河瞬间的情景，绚烂、辉煌而又肃穆、永恒，一如宫泽贤治自己创作的童话，将长久地存留在读者的心中。

最初读到宫泽贤治的作品是在几年前，第一次阅读的就是作家的代表作品《大提琴手高修》。主人公高修是个技法不佳、备受嘲笑的大提琴手，即使他再用功地练习也总是跟不上乐队的节奏，为此没少挨训。是花猫、布谷鸟、小狸子和田鼠教会了他有效控制节奏，以及耐心与激情，还教会了他如何与人合奏。小动物们的无私帮助让高修领悟到拉琴的各种技巧并学会凝神静气与全力以赴，最终他以自己的高超表演赢得掌声与尊重。故事的结尾耐人寻味，高修对着布谷鸟飞去的天空说：“布谷鸟啊，那天真是对不起你啊，其实我那天不是在生你的气。”作者似乎在提醒我们：什么时候都要善待小动物们，不要把它们当成人类的出气筒。只有人与动物自然和谐相处，才有清新美好的世界。

《雁童子》通过一个老人讲述雁童子下凡的故事，告诉我们，小动物们就如天使般善良、可爱，它们总会带给我们意想不到的欢乐与希望，规劝世人不要残杀生灵，指引世人都要沿着善所指引的光明大道，到达无上菩提的境界。

《风又三郎》的故事以诗意的笔法展示了一段山村小学校的同学之间淳朴、真挚的友情，雨中追马、摘野葡萄和河里摸鱼的情节如诗如画，令人心驰神往、浮想联翩，童年的记忆如画卷般在眼前展开。故事中多次出现的狂风、芒草及树木的生动描绘，给人以身临其境之感，使人深刻感受到作家平静的文字下热烈的心跳。童趣的歌谣、人风合一的美丽遐想，充满了纯真与诗意，令人久久难忘。

《银河铁道之夜》是作者的代表作，作品借由一辆奔驰于银河的列车徜徉在无上繁华与晶莹璀璨的世界里，来反衬人间的孤苦与无助，并借由生死两界的人物对话，来传达作者对幸福及人生意义的理解，灯塔看守者的话或许就是作者真正想要告诉我们的：其实，无论多么痛苦的事，只要能正道直行，即使赴汤蹈火，也能一步步接近幸福。最终，柯贝内拉为救一个孩子而献出了生命，实现了作者为他人谋福利的人生理想。作品中反复出现的星空、银河及萤火虫的美丽意象，无不映射着作者理想中光明与幸福的所在，而所有花团锦簇的绚烂景象无一不是灿然而逝，则又隐含着作者诸多的忧伤与感慨，令人唏嘘、怅惘。

被视为宫泽贤治自传性小说的《古斯柯多利传记》，带有明显的自传性质，但也不完全是。故事中的古斯柯多利一生历经磨难，倍尝艰苦，却依旧不断努力。他利用自己掌握的知识，为人类谋福祉，最终为人类的幸福生活而献出生命。这样的故事结局似乎一开始就隐含着作者献身人类的伟大理想，这是一个令人感动也令人伤心的故事，为什么所有伟大的人物一定要献身人类、而不是长久地活在世间呢？

或许这也是作家一直思考的问题，在《夜鹰之星》这个故事里，作家给予了最好的回答。活着当如夜鹰一样，哪怕生活在一个四处碰壁、不为他人所理解的世界里，也不要忘了追寻生命的意义，即使在奋力拼搏中死去，星空也会为他留下一个位置，让他在燃烧中永恒。作者似乎在以这样的故事告诉世人，他努力追寻的就是这样的人生境界。

世界上有一种作家是用生命来写作的，阅读他们的作品会感受到作家生命的热度。阅读宫泽贤治的童话就会有这样的感受，虽然作家仅仅活了37岁，过度燃烧的生命，让我们感受到他生命的光和热，一如不停燃烧的夜鹰星象带给我们的美丽光辉。

儿童与绘本阅读（一）

老羊从美国回来，带给我一个很有意思的电子绘本——英文版的《一粒沙子》，是一首很优美的摇篮曲。请韩闵之老师全文翻译后如下：

一粒沙子
世界上的一粒沙子
一粒沙子
一个小男孩，一个小女孩
一粒沙子
蓝天上一颗孤独的星星
一粒沙子
一个小小的我，一个小小的你
一粒沙子
大海中的一滴水珠
一粒沙子
一个小小的你，一个小小的我
一粒沙子
暴风雪中的一朵雪花
一粒沙子
我会抱着你给你温暖
一粒沙子
草原上的一片叶子
一粒沙子
我现在就要歌唱，一遍又一遍
一粒沙子
在世界上的一粒沙子
一粒沙子
一个小男孩，一个小女孩

一粒沙子
一粒沙子就是我的快乐
一粒沙子
一个小女孩，一个小男孩
一粒沙子
一滴小雨滴飞进我的眼睛
一粒沙子
一个小小的你，一个小小的我
一片小草叶子
暴风雨平原上的一片小草叶子
一片小草叶子
我们来了又去来了又去
太阳会升起
太阳会升起然后落下
太阳会升起
一个小小世界会转啊，转啊
闭上你的眼睛
闭上你的眼睛睡觉
闭上你的眼睛
一个小小的微笑，一声轻轻的哭泣
一粒沙子
沙滩上的一粒沙子
一粒沙子
一个小小生命，谁还会要更多？
一粒沙子
大海中的一滴水珠
一粒沙子
一个小小的你，一个小小的我
一粒沙子
一粒沙子是我的所有
一粒沙子
一粒沙子是甜蜜的家
睡觉吧
在无边的海洋旁睡觉吧

睡觉吧
我会抱紧你，抱紧你
一粒沙子
在全世界的一粒沙子
一粒沙子
一个小男孩，一个小女孩
一粒沙子

这是一本特别纯净、唯美的绘本，所配文字亦令人迷醉，我相信所有亲眼见到此绘本的成年人也会受到感染，因为在这个倍受污染的世界里，我们的心灵都需要艺术的滋养。打动我的首先是一幅幅美丽的画面：深蓝的天空、闪耀的群星、碧蓝的大海、雪白的浪花、青葱的椰树、小小的房子……每一幅画都是一首绝美的诗，向人们传递着无限的诗意与柔情，令人欣喜快乐，进而产生无穷的联想与想象。生而为人，何其有幸，可以欣赏到如此美丽的绘本，简直就是一种莫大的享受。所以，阅读一本精美的绘本，首先就是美的享受，是诗与画和谐统一的大美的享受。

你也许会产生疑问：一个小小的婴儿如何能欣赏到绘画的美？是的，这是个疑问，但是笔者作为母亲曾观察到，一个出生仅仅十几天的婴儿都在观察周围的世界，墙上的画、桌上的花、精致的器物，都成为婴儿观察的对象。在电梯里，你同样会发现，坐在婴儿车里的幼儿也在观察，他的眼睛扫过周围人的脸，最后停留在一张美丽的脸庞上。这是我屡次观察的结果，所以我相信，即使一个小小的婴儿也在寻找美丽的所在，而精致、优雅的绘本恰恰为幼儿打开了一扇观察世界的窗户，他从这里可以看到一个静谧、唯美的世界，这对培养幼儿美的感受力以及想象、思维、情感均具有重要价值。

婴幼儿能理解绘本上的文字吗？答案是不一定理解，但他们一定可以感受到，并通过这样的方式来学习语言。虽然婴幼儿无法完全理解文字的真正含义，但这并不影响父母亲给予孩子的朗诵或吟唱。因为早在母腹中，孩子已经熟悉父母、尤其是母亲的声音，婴孩在襁褓中都在努力聆听或学习人类的语言，尤其是母亲经常吟唱的摇篮曲会成为婴孩学习语言的最好的范本，虽然他可能不完全理解是什么含义，但这并不妨碍他的学习。而且，从研究来看，越早进入儿童头脑中的东西，越容易成为儿童自身的一部分。好的绘本除了培养儿童的语言能力，发展儿童的思维、想象、情感及艺术感受力外，还可以培养如分享、诚信、专注、自信、勇敢、友爱、互助、宽容、智慧、诚信等优秀品质。这就是为什么我们提倡给儿童最好的绘本、最美的音乐的原因。

据此来观照《一粒沙子》，绘本既向我们呈现了蓝天、星空、大海、森林、草原、城市等人类赖以生存的环境，又通过一张张优美的图画启迪我们将视野投向无限宽广的世界及无穷无尽的宇宙。将人的思维推向无穷辽远的地方，这无疑是帮助儿童建立一种无有穷尽的宇宙观，同时又通过小小的房子、小小的窗户、小小的婴儿床，将人们的视野从无穷的宇宙拉近到一个小小的世界中来，使人们产生世界何其大而人类又是何等渺小的感觉。但就在这个仅有十八页的绘本中，作者却又通过温馨的画面与一小节一小节优美的诗让人感受到母爱何其温柔与伟大，被母亲怜爱是多么幸福！回环往复的结构也非常符合摇篮曲的特点，母亲轻声吟唱着小诗哄婴儿入睡，这本身就是一种爱的交流方式，母亲通过这样的方式将无尽的爱源源不断地传达到婴儿的头脑中，使婴儿的心灵感受到母爱的滋养。而在这种反复吟唱间，亦能使人感受到作者幽深的哲学思考，世界是何其苍茫、辽远，人类是何等渺小、柔弱，唯有真爱才能让世界永恒！

好的绘本从一开始就为儿童成长提供了丰富的营养，使一棵小小幼苗得以健康成长，这就是为什么越来越多的教育专家倡导给儿童阅读绘本的原因。但究竟什么样的绘本才是好的、适合儿童阅读的绘本呢？

我个人认为凡立足儿童本位的绘本都是好的绘本，也就是说作者是站在儿童的立场上，并不为通过绘本向儿童灌输某一种思想，或者进行某方面的教育，而是通过绘本唤起儿童的好奇心，解放儿童的身心与启迪儿童的智慧，培养儿童的观察力与思考力，培养儿童善良的天性及活泼的个性，帮助儿童认识社会及丰富的人性，促进儿童和谐、健康地成长，这样的绘本忠实于艺术，含有高贵的情感、高尚的道德及丰富的哲理，是能为儿童带来幸福的绘本。

“图画书是儿童在人生道路上最初见到的书，是人在漫长的读书生涯中所读到的最重要的书。一个孩子从图画书中体会到多少快乐，将决定他一生是否喜欢读书。”

我们有理由相信，一个儿童最早读到的绘本将决定儿童以后的阅读品位及未来的发展方向。虽然现在还没有这方面的数据统计，但我相信早期教育是可以为儿童未来的发展奠定某一方面的基础的，这是无须证明的。

最近在网上读到一位专家的文章，他说一个儿童在三岁以前所受的教育将决定他未来的发展，越是受到丰富的信息刺激的孩子越聪明，越容易成功。我虽不完全赞同他的意见，但是我个人认为好的绘本可以为儿童提供丰富的有意义的信息刺激，并能激发儿童的好奇心与求知欲，达到不断挖掘儿童潜能的目的。同时，由于好的绘本是经过专家挑选和时代的淘洗的，它更符合儿童的心理特点，更适合儿童阅读，对陶冶儿童情操，培养儿童良好的个性起着重要的作用。这就是为什么越来越多的国家选择绘本来对儿童进行早期教育的原因。

在最近阅读过的绘本中，日本岩村和郎创作的《14只老鼠去春游》是我特别喜欢的一本。这是一本图文并茂、充满童真童趣的绘本。打开书，一股春天的气息扑面而来，让你感觉自己仿佛正跟随着老鼠一大家子一起在春天的原野上郊游。鹅黄嫩绿的小草、舒展身姿的大树、各色的鲜花、啾啾叫着的小鸟、攀上花枝的甲壳虫、探头探脑的蜥蜴、吐丝结网的蜘蛛、忙碌的蜜蜂和蝴蝶……到处都是一派生机盎然的景象，令人目醉神迷，流连忘返。

这个绘本的可贵之处在于作家用浪漫的艺术手法激活了儿童的身心，全方位地调动了儿童身上所有的器官，使他们全情投入春天的原野中，去感受、去聆听、去发现、去想象，去拥抱这个生机勃勃的春天。伴随着阅读与欣赏的整个过程，你可以感受到儿童情感细微的变化，快乐与激动，愉悦与满足，以及无法言说的幸福感。都说好的艺术作品具有移情作用，《14只老鼠去春游》就达到了这样的效果。随着书页的翻动，儿童不知不觉沉醉其中，与图画书中的十只小老鼠一起共享这风清日暖的美好春光。

如果是由父母亲陪伴儿童一起来阅读这个绘本，并朗诵给孩子听，我相信那个聆听的孩子一定会很幸福。

“念书给孩子们听，就好像和孩子们手牵手到故事国去旅行，共同分享同一段充满温暖语言的快乐时光。即使经过几十年，我们仍然以自己的方式，将这些宝贵的经验和美好的回忆珍藏在内心深处。”（松居直）

至于你想给予孩子的教育——智力的开发、观察力的培养、语言的学习，以及让孩子感受家庭成员间的亲情等，都在不知不觉间完成了。

值得一提的还有日本作家木村裕一与秦好史郎合作创作的惊险、幽默的“独幕剧”《摇摇晃晃的桥》亦是一本难得的绘本，它的价值在于打破常规思维，颠覆传统的故事模式，给人带来惊喜与满足。作者让故事的主人公——狐狸和兔子这一对天敌相遇在一根原木上——这里原本是一座桥，但被大雨冲坏了。现在，狐狸和兔子这两个主人公，强大与弱小，狡猾与单纯，在力量上并无本质区分，因为它们处在原木的两端，靠共同努力维持原木的平衡，就像维持翘翘板的平衡一样，任何一方放弃努力或故意造成事故，都可能导致原木失衡而失去对方的生命。敌意消除了，它们由敌对关系变成了朋友关系，甚至互相关心，彼此回忆从前快乐的事情，唯恐对方因疏忽大意而造成失误。“喂！兔子！醒醒。现在睡觉会掉下去淹死的。听着！你要好好珍惜生命啊！”从狐狸说的这番话里，既能感受到它对自身命运的担忧，也有对兔子的真心关怀。兔子当然感受到了这份情意，所以，当它最终从甘愿当桥身的狐狸身上平安地跳到岸上后，它也毫不犹豫地把即将落入激流中的狐狸给拉了上来。

儿童在阅读这样的绘本时，可能会比较关注动感十足、视觉冲击力极强的画面，主人公夸张而富于变化的表情，以及由此而造成的幽默效果，这都是比较符合儿童心理的。其次会是一些富有童趣的细节，如激流冲起的巨大浪花，悬在空中仅靠唯一支点支撑的横木，悬崖上一块摇摇欲坠的大石块，黑暗中狐狸和兔子闪亮的眼睛等，这些都会引发儿童真实的情感体验。在获得初步的经验之后，则是对文字的捕捉，他们会关注跳脱出来的一些字眼，如“咚——”“吱吱——”“哎呀——”等拟声词，并体味其丰富的内涵及蕴含其中的乐趣。

至于故事想要表达的主题：不同的存在之间，哪怕曾经是敌对关系，一旦命悬一线，双方的命运交织在一起时，彼此也会交流、沟通，最终成为朋友关系。一旦脱离险境，是否还是朋友就不得而知了。这是一个处处矛盾的商业时代，处在这样的一个多变时代里，应该学会转换头脑，时时准备灵活应对风云突变的世界。当然，儿童并不关心这个主题，他聆听的是一个惊险的故事，他关注的是活脱脱的生命及由冲突而造成的幽默感，以及他在阅读过程中发现的、往往为成年人所忽略的细节，但这个故事所揭示的主题会以密码方式沉淀在儿童的记忆里，成为他宝贵的人生经验之一。所谓智慧不就是化解人生道路上诸多难题的方法吗？

最近，一直在阅读日本儿童教育家松居直的《幸福的种子》一书，收获颇多。松居直说许多父母亲想要说给孩子听的话，其实都通过绘本巧妙地给了他，我们所要做的不过是找到好的绘本，然后将孩子抱在我们的怀里，和他一起享受一段美妙的时光而已。

松居直认为：“有一些话，是父母必须对孩子说的，为了使他们健康地成长，将来能够靠自己的力量过活。例如：人活着到底是为了什么？该追求什么？‘活着’的真谛何在？从孩子很小的时候起，父母就应该向他们灌输这些道理，让它们深深地刻在孩子的心里。

念书给孩子听，也就是为了传达这些观念……

孩于们长大以后，我才真正了解到，当时我用自己的声音、自己的语言讲了这么多故事的意义在哪里。我也发现，通过念这些书，我已经在他们小时候，把一个做父亲的想对孩子们说的话说完了。”

是的，我亦相信：人类智慧的种子已经通过活泼、有趣的绘本移植到儿童的心中，并通过绘本孕育出充实的内心世界。我们有理由相信：一个在童年时期与父母一道共读过大量绘本的孩子是幸福与健康的，他们充满了旺盛的精力与成长的力量，他们将来也一定会通过自身的努力创造幸福、美好的生活。

日本专家一致公认：日本战后教育的成功完全归功于图画书。松居直在推广儿童图画书阅读方面作出了巨大贡献，这也是为什么人们称他为“日本图画书之父”的原因。图画书在启迪心智、发展思维、培养创造力及提高国民整体素质方面起过巨大的作用。

现在，我们要做的就是找到心仪的绘本，然后和孩子坐在一起，共度一段快乐时光。

儿童与绘本阅读（二）

开学初，收到周素芳女士特意为我从美国带回的几本绘本，有机会了解到美国儿童阅读的具体情况。感谢邱小曼老师在百忙之中，请人扫描，制作成幻灯片，然后一一翻译，供我研究之用。

出乎我意料的是，美国的绘本相较国内目前出版的绘本而言，倒显得俭省多了，纸张比较薄，十分轻巧、方便携带，应该有环保的考虑吧。其中一本《仙女字母书》是特意为刚学习字母的孩子设计的，硬纸封皮十分耐磨，适合孩子反复翻阅，作者是贝弗利·曼森，应该为一女性作家，因为内页画面色彩绚丽，主人公多为仙女和长翅膀的天使，配以花草、树叶和蔬果之类，画面温馨而浪漫，非常贴合幼童喜欢新奇、追求浪漫的天性。配合每一个字母的画面，从构图上约略看出与字母有几分相似，但也有些变化，并不机械，需要用心揣摩，可见作者在画面的设计上十分用心。

有趣的是，作者还特意为每一个字母编写了两、三句话的小故事，读之令人产生丰富想象，开心又愉悦，是启迪儿童心智的绝好的教材。下面是节选的几个字母故事，由此可见一斑。

A　是苹果仙子。仙子们好开心，因为苹果熟了，可以采摘了。

她们花了整整一个夏天的时间在照看这些苹果。

B　是欢歌笑语跳舞着的蝴蝶仙子。

她们正在教一个小仙子学习飞翔。

C　是糖果仙子。她们用糖果做房子，这些糖果是她们得到的礼物。

若仔细研究，《仙女字母书》也是儿童认识世界的一个窗口，鲜花、绿草、蔬果、藤蔓，蝴蝶纷飞、星光闪耀，仙女、天使、白马王子、小丑等，纯真可爱、一派天然，这些美好的形象由此进驻儿童的心灵，构筑一个充满魅力的浪漫世界。

父母都企盼孩子能成长为健全的人，而阅读精美的绘本是可以达到这样的效果的。《仙女字母书》非常适合亲子阅读，当孩子坐在父母的怀抱里，听着父母满含爱意的朗诵或讲解时，儿童可以得到最鲜明的语言的体验，心中也会涌动快乐、幸福的情绪，这样的体验是孩子一辈子也不会忘记的。

周素芳女士带回的另外三本绘本属于一个系列，是围绕亚瑟展开的几个小故事，内容包括选圣诞礼物、照顾宠物和拜见总统，这些题材贴近孩子们的生活，所以容易为孩子所接受。借助这几个切合儿童心理的小故事，作者将感恩、责任等必须学习的做人准则以生动有趣的方式告诉孩子们，使他们从小学会感恩及树立责任心。当然，三个绘本的侧重点又各不相同，《亚瑟的宠物事业》侧重培养责任心与诚实守信的品格，《亚瑟拜见总统》表面讲的是一个关于自信的故事，其实，作者想要告诉孩子们的是：当你见到大人物时也要表现得自信而有勇气。但绘本实际上还渗透了许多内容，如服务国家的信念，认识遵守国家法律的重要性，以及如何克服怯懦心理、保持自信等，给予孩子的都是积极正面的引导，但均立足儿童本位，易于被儿童接受，且活泼、有趣，流露出美国式幽默，令人在开怀大笑中有所收获。而《圣诞节》一书的内容完全来自生活，亚瑟为圣诞老人选择礼物的过程充分表现出他的真心与用心，尽管孩子气十足，但他的努力获得了“圣诞老人”的充分肯定，圣诞老人的留言也颇值得玩味：

亲爱的亚瑟，你真的太有心了，你花了那么多时间找出我喜欢吃的食物然后做出来。谢谢你。你也让我明白了圣诞节的意义。

爱你的圣诞老人

另外，你真的很幸运有这么好的小妹妹。

这么温柔的文字是会引起儿童的思索的，他们会明白圣诞节在收获之外还应有付出，“给”永远比“拿”让人幸福、快乐，兄弟姊妹之间相携相助是一种做人的美德。

也许有人会说，美国的绘本似乎更强调教育功用，而艺术味道则显不足。当然，这是一个缺陷。但是如果了解到美国没有中国式语文课本及品德社会学科，就不难理解美国绘本的这种功用了。毕竟，这是兼顾几门学科功能的“教材”，相反，这些绘本寓教于乐、活泼有趣、宜于消化、吸收，对养成儿童做人的优秀品德大有裨益，是亲子阅读的极好教材。

凯文·亨克斯的绘本《贾斯特的方式》则更强调儿童的个性发展，如故事开始就开诚布公地说，“贾斯特做事情总有自己的一套方式……”，那到底是怎样的呢，随着故事的展开，你会发现贾斯特喜欢特立独行，做事自有主张，这样的个性是很有魅力的。果然，贾斯特的做事方式就影响了他的朋友威尔逊，他们成了形影不离的朋友，做事方式也完全一致。

那么，如果遇到行事方式不一样的人怎么办？如果对方是异性该如何相处？这都是成长中不可避免的问题。绘本以戏剧化的方式解决了贾斯特和威尔逊与莉莉之间的“对峙”，使他们顺利地走到一起，成了要好的朋友。那么作者想要说明什么呢？读过此书的孩子一定能体会到：个性固然重要，但人总归各有所长，所以应该友好相处、互相帮助，分享快乐及人生经验等。而且你会发现，男孩、女孩的性格是互补的，如果他们能友好相处则有利于儿童个性的健康发展。

关于美国的儿童绘本，为人称道的是由阿甲翻译的李欧·李奥尼创作的绘本，如《世界上最大的房子》，图画色彩鲜艳明丽，文字质朴清新，故事简单却含义深刻，是一本老少咸宜的伟大作品。

这是一本相当讲究的绘本，出色的造型艺术使绘本显示出超凡脱俗的魅力，细腻的笔触，逼真的造型，呼之欲出的蜗牛形象，无一不打动儿童的心灵，吸引他们投入观察，一探究竟。出身设计师的李奥尼同时拥有动物学家的精细与艺术家的浪漫情怀，他笔下的卷心菜菜叶肥大、厚实，极具质感，住在卷心菜上的蜗牛也是形态各异、极其生动，每一只蜗牛都有细微的差异，因光线、角度的不同而产生晦明变化，螺纹清晰可辨，显示出作者超强的观察力与表现力，其他与故事相配的蕨草、松针、松果、蘑菇、鹅卵石等，也都刻画得形态逼真、唯美、诗意，显示出梦幻般的童话色彩。

阅读李奥尼的绘本，人们更多的是关注他的绘画，其实他对文字也相当地下功夫，编辑们赞誉他为“二十世纪的伊索”，除了赞叹他创作的故事寓意深远、耐人寻味之外，也因为他的文字简洁而富于诗意。而我则更欣赏作者悲悯的人间情怀，在物质主义至上的美国，他亦能保持一份克制，既不固步自封，也不尖酸刻薄，这一点尤其难能可贵。我认为他创作的《世界上最大的房子》，不仅仅是写给儿童看的，也是写给成年人看的，因为它值得所有的人重新思考生活的意义。

起初，你跟孩子一样，关注的是优美的画面——翠绿的卷心菜叶上一只只漂亮的蜗牛，以及精巧如艺术品的蜗壳，但是随着书页的翻动，你开始思索蜗牛爸爸对小蜗牛讲的一个故事：

从前有一只小蜗牛，就像你一样，他对他的爸爸说：“等我长大了，我要拥有世界上最大的房子。”

“有些东西还是小一点的好。”他的爸爸说，“要让你的房子保持轻巧，才容易驮着走。”

但是，那只小蜗牛有自己的想法，他拚命地撑呀，撑呀，尝试用各种方法，终于发现了能将自己的房子变大的方法。最终，他真的拥有了世界上最大的房子，长出了各种尖角和绘有美丽图案的房子，他的房子赢得了世人的敬畏与赞美，然而因为无法挪动，最后的结局是他饿死了，他的房子也碎了，垮了，什么也没有留下。

“要让你的房子保持轻巧，才容易驮着走。”这样的道理不是每个人都能懂的，很多时候人们都陷在物质的泥沼中而忽略了生活本来的意义，甚至还没来得及看清周围的世界，就在忙碌中渡过了一生。因此，需要有人适时提醒一下，你要卸下包袱，轻装上阵，你就随时可以去往任何你想要去的地方。有人会问：“这么深奥的道理孩子看得懂吗？”那么，就请读读李奥尼智慧的表达吧：

于是，有一天，他轻轻松松、高高兴兴地上路去看世界了。
有些叶子在微风中轻轻摇摆，
有些叶子在微风中垂向地面。
在黑土地裂开的地方，
水晶在晨曦中闪闪发光。
那边有几个红底圆点的蘑菇，
还有些像塔一样高高耸立的花茎，
顶上的小花仿佛正向人招手。
一颗松果躺在蕨草那像花边一样漂亮的阴影里，
一堆鹅卵石躺在沙床上，光滑圆润，就像斑鸠蛋。
岩石披着苔藓，树木裹着树皮，
柔嫩的花蕾蘸着晨露，芳香清凉。
小蜗牛非常快乐。

小蜗牛很快乐，跟孩子一起阅读的大人也很快乐，就是这种单纯的快乐会让一个成年人暂时抛却心头烦恼，享受这心绪宁静、充满诗意的一刻。如果生活中这样的时刻多一点的话，那种物质的欲望是不是就会降低一些呢？还有，那些孩子们！他们享受的是与父母一起阅读的快乐时光，以及由图画与文字给他们带来的心灵的震颤。相信这一份诗意的表达会长久地保留在他们的记忆里，沉淀在他们的生命中，并化作他们将来生活中的浪漫，至少会让他们知道，在过度物质化的生活之外还有另外一种简单生活的可能。

那么，《蒂莉和高墙》呢？李奥尼想借助这个绘本表达什么呢？

从老鼠们开始记事时起，那堵墙就一直立在那里。

他们从来没去注意过它，也从没想过问一问，墙的另一边是什么样的，或者说吧，那堵墙到底有没有另一边。他们只顾着忙着眼前的活儿，就好像墙根本不存在。

这个故事很适合念给孩子们听。有时候孩子们是用耳朵来听图画书的。你慢慢地念，孩子们静静地听，那些人物、那些故事就会走进儿童的心里。就像这个故事，孩子们边听边在想：这是怎样的一堵墙？墙的那一边是怎样的呢？蒂莉是怎样的一只老鼠？她到底去了墙的那一边没有？故事的结局怎样呢？

儿童听一本图画书的感觉和成年人是大不相同的，如《蒂莉和高墙》这个故事，在儿童的眼里就充满了神奇，蒂莉是如何思考的？蒂莉是如何打通那么长的隧道到达另一边的？为什么墙两边的老鼠都在为蒂莉庆祝呢？孩子们是会思考的，尽管他们未必肯马上告诉你一个答案，或者他们给你的未必是你期待的答案，但是这又有什么关系呢？我相信，《蒂莉和高墙》这个故事“潜在的内涵和中心思想，都会被孩子们带进他们的游戏和生活中，成为一种实质的生活智慧。”（松居直）

有时候，孩子们在读了一本真正的好书后，是会有很大的变化的。通过好的书籍提升孩子们的精神境界决不是妄言，他们会因此而变得高雅、坚毅、果敢，或是在精神世界里变得强大，而且很多孩子会在“有一天我也要做做看、有一天我也要成为某某”的期盼中逐渐成长。这种对未来的期待，是人类成长的一大动力。松居直所谓“内心的充实感”，就是指感动的不断累积、叠加。感动可以充实孩子们的内心，促进他们人格的健康成长。

孩子们为什么爱读图画书呢？难道就是为了接受某一方面的教育吗？当然不是，请你一定要记住：孩子阅读是为了获得阅读的快乐。所以，在跟孩子念图画书的时候，千万别总是问个不停，要知道频繁的提问只会让孩子远离阅读。

从掀开图画书的扉页，听到“好久好久以前……”的那一刻起，孩子就已经在故事的世界中悠游。直到故事结束以后，他们仍然暂时沉浸在故事中，在幻想的世界里天马行空。这是一段宝贵的时间，孩子可以自由地展开想象的翅膀，在幻想的世界中翱翔，不断激发自己的想象力。

松居直在《幸福的种子》一书中如是说，他希望大人们不要让提问践踏了孩子们在阅读刚结束时一段时间里的美妙幻想，要站在儿童的立场上来讲图画书。

如美国天才作家谢尔·希尔弗斯坦的绘本《谁要一只便宜的犀牛》，就是这样一本能引发孩子无穷想象的好书。

谁要一只便宜的犀牛？
我知道有一只正在出售。
他耷拉着耳朵，走路啪嗒啪嗒，
后面拖着一条摇来摆去的尾巴。
他胖墩墩好可爱，抱着真舒服；
他安安静静，像一只老鼠。
你家里有许多活，
他都可以帮你做。

读这样的文字，你会觉得轻松有趣，那么孩子们呢？他们早被书中的主人公——犀牛夸张的表情给吸引住了，他们看到犀牛忽而给人挠痒痒，忽而给人做盏灯，忽而吃掉你分数不高的成绩单，忽而把门给顶穿了……孩子们哈哈大笑，他们用手指点着犀牛那些好笑的动作，或是犀牛奇奇怪怪的打扮，他们会说："呵，快看，犀牛会救人，犀牛会开罐，犀牛会看报，犀牛会跳绳……"甚至你还会看到孩子故意模仿犀牛跳绳时憨憨傻傻的样子，令人忍不住开怀大笑。

这就是孩子的阅读，完全沉浸在故事情节中，伴随着主人公在故事中走了一遍，还不过瘾，再读一遍，喜欢的细节再细细品味一遍，不懂的地方不断地问呀，问呀。这时的问答是最自然的，因为没有人逼着孩子回答问题，是孩子自己提出的，所以此时回答孩子的问题要格外用心，千万不要敷衍孩子，否则就会扼杀了孩子的好奇心，也破坏了父母与孩子之间的信赖关系。

最后，你会发现，孩子呆呆地坐在那儿，原来他沉浸在故事里，还在回味那些好笑的情节呢。说不定，孩子的心思早已飞到云天外，在想象的世界里打滚儿呢。如果你知道谢尔·希尔弗斯坦既没有学习过写作，也没有学习过绘画，你就会明白为什么他会有无拘无束的想象和洒脱不羁的表现力，因为没有什么可以束缚他。那么，我们的孩子们呢，越少的束缚越有利于他们的成长。

为什么没有大人的指导孩子反而获得的东西越多呢？松居直先生告诉我们：

第一，孩子是非常认真地观察图画书上文字与插画的关系的；第二，孩子观察插画的眼光非常敏锐；第三，图画书的插画应该比文字的描述更丰富、更正确；第四，插画家对故事的了解非常深刻；第五，文图完全一致时，孩子会满怀信赖地进入图画书的世界，并体验图画书的乐趣。

那么，在阅读的过程中，我们是作为孩子的朋友的身份出现的，只在他需要时给予帮助，我们是孩子阅读的助手而已，明白这一点很有必要。那样，我们就不会以自己的阅读体验来代替孩子的阅读体验，更不会将自己的感受强加给孩子。

被人们称作艺术天才的谢尔·希尔弗斯坦，一个没有学习过绘画的插画家，完全凭着自己天才的创造力，为孩子们创作出这样一本充满温柔与爱意的精美绘本，给所有渴望保护与安慰的孩子们带来了快乐与满足。书里的每一幅插画都是无与伦比的，尤其是作者那股独特的、罕见的天真，让所有的插画都呈现出令人着迷的色彩，这不能不说是一个奇迹。

回头再看美国的绘本，感触还是很多的。美国的绘本将文学、哲学、历史、科学、社交礼仪、行为习惯、道德品质及艺术教育等巧妙地融合在了一起，为孩子们提供了营养丰富的"大餐"——阅读成为他们生活的常态，就跟呼吸一样自然，而尊重儿童、信赖儿童的美国学校和家庭，为儿童的成长留下了更多的自由空间，这也是美国人为什么个性张扬、充满创造力的重要原因。在这个过程中，绘本起着至关重要的作用。从某种程度上讲，是绘本提高了全美国人的素质，成就了美国经济与文化的辉煌。

要想造就充满创造力的新一代，请跟孩子们一起阅读绘本吧！

永恒的金蔷薇及其他

“像这样的金蔷薇是世上少有的，”夏米的母亲说。“谁家有金蔷薇，谁家就有福气。不光这家子有福气，连用手碰到过这朵金蔷薇的人，也都能沾光。”

在俄国作家康·帕乌斯托夫斯基的《金蔷薇》一书中有这样一个动人的情节。阅读过此书的人当然都知道，作家本意不在于此，而是借一个卑微的清洁工利用首饰作坊里背回来的尘土，打造一枚金蔷薇的故事来告诉我们：

“每一分钟，每一个在无意中说出来的字眼，每一个无心的流盼，每一个深刻的或者戏谑的想法，人的心脏的每一次察觉不到的搏动，一如杨树的飞絮或者夜间映在水洼中的星光——无一不都是一粒粒金粉。

我们，文学家们，以数十年的时间筛取着数以百计的这种微尘，不知不觉地把它们聚集拢来，熔成合金，然后将其锻造成们的‘金蔷薇’——中篇小说、长篇小说或者长诗。”

至此，作家的用意才真正显现——每一部小说、每一首诗都是作家沙里淘金、呕心沥血之作。阅读这样的作品你是要付出劳动的，这就是——珍爱你手上的书，全身心地投入阅读。

“一如老清洁工旨在祝贺苏珊娜幸福而铸造了金蔷薇那样，我们的创作旨在让大地的美丽，让号召人们为幸福、欢乐和自由而斗争的呼声，让人类广阔的心灵和理性的力量去战胜黑暗，像不落的太阳一般光华四射。”

“让人类广阔的心灵和理性的力量去战胜黑暗”，这是一个有道德、有良知的知识分子从心底所发出的声音，虽然微弱，但是毕竟还在历史的天空中回响。如果有幸读到《金蔷薇》的读者，我希望能用心体会作家蕴含在作品中的微言大义，否则就是对作家心血之作的怠慢。

最近，一直在读台湾作家唐诺的《阅读的故事》，很喜欢他的叙述风格。在他的笔下，一个个看似并无关联的阅读问题，都一一通过加西亚·马尔克斯的小说《迷宫中的将军》串联起来，你读到的是作者对小说中的主人公——将军这个人物的细致入微的分析，但同时也是在品味作者针对阅读的相关问题的解答。其实也未必是想找到某一个问题的答案，对于一个资深阅读者来说，许多问题的答案早已了然于心，我们需要的是心灵的回应，或者只为印证某一种做法。

但是，我还是感动于作者这样不厌其烦地寻找、解答、详细说明，这里有作者自己的切身体会，亦有作者爬罗剔抉、沙里拣金的细致与贴心。如果能与这样的作者交谈，估计是舒畅和惬意的。

“在阅读的世界里，永远有而你也天天会遇到你未曾涉足的新领域，在你熟稔的领域里也永远有新的书，在你念过的旧书之中也永远存着你不理解或还大有深入理解余地的空隙之处，但再来你的心情就笃定多了，你对陌生这件事不再陌生了，你知道了它的边界和限度，你已经知道怎么对付它，或至少怎么忍受它了。”

估计这样的感受在许多阅读者那里都会有过，读了这样的文字你是不是淡定了许多？

小说家格雷厄姆·格林讲了一段同时揭示着偶然性和宿命性的精彩话语：“一个人日后会成为怎么样一种人，端看他父亲书架上放着哪几本书来决定。”如以此话来对照生活，我想可以找到的例证应该是不胜枚举吧。这是不是说父亲的教育与引导在孩子的成长道路上起着非常重要的作用？但也有可能是偶然相遇的一本书改变了一个人的命运，所以说多读书总归是有好处的。

最切合我心情的是这样一段话：“四十岁之后的阅读，有些书你看看就好，如踏花归去，但有些书你却一字一句不舍得放过，不舍得快，如促膝长谈，那种你提着心不知道拿它如何是好的油然孤寂之感，让你又时时听见时间的汩汩流水声音，骇怕东方既白生途悠悠。”在我倒不是孤寂，而是不知“如何是好”，将书藏在枕头底下，或是什么隐蔽的地方，希望有朝一日潜心阅读此书，从此再无俗事打扰。

日本著名作家大江健三郎曾说：“通过读书，我们可以知道，写出那些书的人的精神是如何活动，一个人的思考又将使其精神如何发挥作用，读者将借此发现现在的自己遇见了怎样重要的问题，也就是说，我们将能够遇见真正的自己。”意即通过阅读找到自己未来的发展方向。“我经常认为是自己决定了借助不断阅读书籍和写作自己的书来前行的道路。”晚年的他曾深切地说：“确实是通过书籍决定的人生”。毋庸置疑，我们当中很多人的人生的确因读书而改变。

感谢那些伟大的作家，是他们给予了我们人生莫大的幸福。这是我一直以来都想说的一句话。

在一个世事纷扰、人心浮躁的年代，能够有闲暇时光阅读书籍的人，我认为他的幸福指数一定是很高的。

四十岁后再看走过的路与读过的书，会觉得有许多遗憾，但是生命就是这样，我们无法从一开始就让自己一切正确，但是曲折的道路自有它的妙处。现在来看，所有的风景都在自己努力追寻的过程中，不一定得见，但一定在你的心中。

也许四十几岁之后，我们的生命再也无法如我们所期待的那样，来一次大的逆转，但是我们终究会找到更妥善安顿自己争执不休的理性与信念的方法，因为自有永恒的经典所在，那是自《诗经》与《论语》以来所开创的伟大的经典之路，有许多美丽的思维的花朵就开在人类不断前行的路上。像永恒的《金蔷薇》一样，人类的思维之花，一定会开得更妖娆、更美丽，它们必将不断冲破人类前行道路上的迷雾，照亮理性的天空。

“博尔赫斯说未来什么都可能会发生的，这是阅读者的乐观，我也并没有忘记，我自己所相信的阅读，本来就包含着无尽可能性、永远抵抗绝望的世界。”（唐诺）

是书籍带领我们穿过狭窄、幽暗的道路，来到广袤、丰饶的原野，给予我们无限发展的可能。对此，我深信不疑。

阅读，或者只为遇见

在最新的《明日风尚》赠送的一本小册子上，读到香港资深视觉创意设计师又一山人的一段话：“一个人在临死前，能不能读遍所有的伟大名著？不，你不能够，你没可能读过所有的书。所以我想，能遇上某一些书，像是命运。”

跟随台湾作家舒国志先生去旅行应该是不会错的。舒氏遍游欧美，穿梭于亚洲各国间，旅游于他就是重要的生活方式之一，读读他的《理想的下午》你就会知道，他的文章多以游记为主，间有生活杂感，看似闲闲道来，其实颇有讲究，“于简淡中深富雅韵”，这是一种阅历，更是一种识见，他那毒辣的眼光非常人可比，因而落笔成文也就有了沉甸甸的分量，大到一个国家，一座城市，小到一条街道，一棵树，一个不为人所注意的角落，在舒氏的笔下也都有了特别的韵致，令人回味再三。

“英国的全境，只得萧简一字。而古往今来英国人无不以之为美，以之为德；安于其中，乐在其中。”

“波罗的海上散列的成千岛屿，将斯德哥尔摩附近的水面全匀摆得波平如镜，如同无限延伸的大湖，大多时候，津浦无人，桅樯参差，云接寒野，澹烟微茫，间有一阵啼鸦。”

难怪舒氏的文章要迷倒一大片台湾读者了，这样的行文风格端的是一个“古雅风流”——古老里流露出优雅，散淡中透着从容，行走在这样的文字里本身就是一种享受！

但舒氏最打动我的是关于“找寻”的一段文字：“多半人没碰上与之相投的人，没去到恰如其分的吃住、工作的地方，没做到展现恰好自我的事，这就是问题。最后他也有钱了，也有时间了，但不知道干什么。”舒氏对人生之彻悟由此可见一斑。

人生最难的莫过于找寻适合的人、适合的事，以及拥有适合的心情。不知道这是不是舒氏经常旅行的原因。

停不下来，或许就是为了寻找。

很害怕与杜威这样的哲学家、教育家相遇，但却是屡屡相遇，无法回避。

早年间阅读杜威，毕竟心浮气躁，常常因为他西方哲人似的叙述方式而让人疲倦，无法深度阅读，每次都是草草收兵，算是对自己的交代。今夏再次与杜威相遇，不知道这算不算是命运。

杜威是美国著名哲学家、教育家，是现代西方教育史上最有影响的代表人物之一，他的实用主义教育思想流传深远，这些都不必细说。再次阅读时有两个细节吸引了我，一个是杜威早年曾在中学和乡村小学教过书，大约由此接触到最底层、最落后的教育现状，我猜想这也许是触动他日后研究教育的一个重要原因。第二个细节是杜威取得博士学位后即在大学里讲授哲学，却还在担任哲学及教育学系主任后开始儿童教育研究，并专门为研究教育而创设了芝加哥实验学校，这是尤其令我钦佩之处，许多人视儿童教育为小儿科，而杜威身为大学教授尚能俯身下蹲，深入研究儿童教育长达几十年，这不能不说是一个奇迹！除了说明杜威热爱教育之外，我找不到其他的理由。

许多人认为《学校与社会》是杜威所有著作中影响最大的一本，这是他为美国的工业化发展而引起社会生活的根本变化以及教育应当怎样适应这种变化而提出的改革措施，在教材中，他主张将各种作业引进课堂，使学校成为一个“雏形的社会”，儿童在其中受到种种的熏陶和感染，那么他所谓的“一个有价值的、可爱的、和谐的大社会”，就有了最可靠和最好的保证；在教育方法上，他尖锐抨击传统的课堂教学模式，主张给儿童更多的活动空间。他说，很久以来，教育的重心是教师、教科书以及诸如此类的东西，而不是儿童本身的直接本能的活动。新学校把这个重心转移到儿童生活是“哥白尼式的革命”。杜威也因此成为“现代教育”里程碑式的人物。

杜威也许还不知道，即使在他的教育思想提出 110 年后的今天，想要把教育的重心完全转移到儿童自身还是有相当大的阻力的，诸多因素限制了教育的改革，变革永远只能在迂回、缓慢中推进。但是透过杜威的教育名篇依然可以感受到这位伟大教育家的思想的力量，如重视儿童自身的活动、需要和经验，强调培养儿童的首创精神和独立思维的能力，以及对于形式主义的深刻批判等，都提醒着我们在革新教育时要保持清醒、审慎的态度。

“教育在本质上是一个无止境的圆形或螺旋形的东西。教育是一种包括科学在内的活动。正是在教育过程中，提出了更多的问题以便进一步研究，这些问题又反映到教育过程中去，进一步改变教育的过程；因此又要求有更多的思想、更多的科学，循环往复以至无穷。”

这段话充分显示了杜威作为教育家的哲学思考，换句话说，是哲学家的思维方式让杜威站在了那个时代的教育巅峰。

“教育实验终究要回到粗糙的地面上来，它需要我们勇敢面对。”阅读杜威的教育名篇时，我常常想到这句话。

相对而言，阅读教育家卢梭的著作就要轻松许多，他最著名的作品《爱弥儿》就是一部优美平实、娓娓道来的教育哲理小说，但在18世纪时，《爱弥儿》在教育领域堪称“战斗檄文”：在“性恶论”一统天下的时代，他坚持人性本善，坚决反对教育中盛行的体罚约束、死记硬背、机械灌输，主张呵护儿童的善良天性，尊重儿童的自由，让儿童率性发展。他讴歌自然，呼吁让儿童回归大自然，倡导要从自然界最普遍和最常见的事物中来学习，他反对当时占主流的“先天观念说”，坚持人的学习依赖感觉器官和直接经验，倡导感官训练、实物教学、直观教学……这些在今天看似常识的教育思想，在当时却与他生活的那个时代格格不入，因而导致卢梭经历长达八年的逃亡生活。传播新的思想有时是很危险的，那种磨难非常人可以忍受。单从这一点看，卢梭都是非常了不起的。

伟大的思想圣徒或先知皆莫如此，卢梭生前受尽磨难，死后却得到了他本人并未刻意追求的巨大荣耀。这是因为他的教育思想指引了启蒙时期教育理论和实践的发展方向，后世的名家巨匠源源不断地从他那里汲取了丰富的教育智慧，谱写出一曲曲教育史上的伟大乐章！这其中就有杜威。

“如果可以的话，我要让整个的大自然来同我们的谈话作证；我要那永恒的存在——自然的创造者——来证明我所讲的话是真理，我要他做爱弥儿和我之间的裁判；我要在我们谈话的地方打上句话，把我们周围的岩石、森林和山脉作为记载他的诺言和我的诺言的石碑；我将在我的眼睛、声调和姿势中表达我希望对他唤起的热情；到了那个时候，我才开始讲话，而他也才听我，我心情激动，而他也深受感动……”（《爱弥儿》第472页）

如果当你知道这是卢梭为爱弥儿进行性教育而精心挑选的环境、地点，你就会明白具有深邃而烂漫情怀的教育家是怎样的一个人，并从这感人至深的描述中获得启示。毕竟，在我们已有的经验中还从未有人如此严肃、如此用心地跟孩子们谈“性”。

早年读卢梭的《忏悔录》，感叹世间尚有如此坦荡、真诚的人，哪怕历尽磨难依然不改初衷，今天再读《爱弥儿》，始知童年丧母、10岁即成孤儿的卢梭在颠沛流离的生活中饱尝人世的艰辛，是善良人的爱让卢梭得以了解高贵而有品质的生活是多么美好，一个儿童受到良好的教育对他的一生是多么重要，所以卢梭写《爱弥儿》不足为怪，卢梭在那个严苛的时代敢于发表这样的“战斗檄文”，实在是因为他阅历深广而又无所畏惧。

有时候，一无所有是财富，也是一种力量。

又一山人早在他设计“红白蓝”系列艺术作品时就提出“香港建造九忌”，具体内容如下：忌无宗无旨，忌无厘头绪，忌无羞无耻，忌无利损人，忌无精打采，忌无动于衷，忌无病呻吟，忌无的放矢，忌无中生有。这九忌从内涵到外延、从精神到品质对“香港建造”提出种种忠告，但我以为这并非单指“香港建造”，它适合许多行业，它提醒我们做任何事之前，是否都应该坐下来沉思再三呢？

阅读，或者只为遇见。遇见某一种人，某一种生活方式，某一种思想。有时感慨、有时忧伤、有时喜悦，但有时也可能不悲不喜，只不过默然相对、淡然处之。这就是阅读的常态，也是生活的常态。

打开一本书，就是打开一个崭新的世界，并由此通往更广阔、更辽远的世界。

炎炎夏日里，我喜欢坐在家中与书默默相对，与古人或今人做深度的交流。

“谁谓河广？一苇可航。”河的宽广永远只是一种感觉，要紧的是乘一页“小舟”的远航。其实悠游在宽广的河流中就是享受生命的大自在，至于航行到哪里，那又有什么关系呢！泛游河上，观飞鸟回旋，看近在眼前的青山，是何等美妙！

这样的夏日，甚好！

后　记

做一条守望幸福的安康鱼

每天晚上，我最期待的就是坐在灯下，静静地阅读书籍，或是翻阅孩子们的日记。这几乎已成为我每日的功课。

阅读于我，不啻于一种宗教，甚至有超越宗教的力量。在我看来，没有阅读的日子是不值得过的。

一天之中，忙碌之余，总有心绪飘忽的时刻。此时，我选择阅读。读一首诗，或一篇文章，和一个沉默的“你”对话，叙说自己每日工作的欢欣、思索与收获。语文，就这样简单、平常，却和我的生命如此贴近。在一个个寻常的日子里，我和孩子们一道学习语文，享受语文。

我曾经是庄子笔下那条缺水缺氧的鱼，在众多的语文流派和炫目的名词术语间徘徊。语文是什么？到底该怎么教？那些高深的理论无法解答我的种种疑问。那时的我，只有跟随潮流、亦步亦趋。直到有一天，我聆听了徐冬梅老师关于母语教学的讲座，拜读了薛瑞萍老师的《给我一个班，就足够了》，心中涌起一股莫名的兴奋与冲动。我所期待的充满活力与魅力的语文课，不就是类似的吗？从此，我开始了一段艰辛而愉悦的跋涉与探索。

从声律启蒙到上古歌谣与诗经，从唐诗宋词到《论语》《庄子》与《孟子》，再到明清小说；然后是大量的现、当代世界各国优秀的童书、绘本；期间还阅读了大量的教育教学理论书籍。爬罗剔抉，甘苦倍尝，虽然寂寞，却自得其乐。“读书无禁区，思想无国界，智慧跨世代。”阅读，带我走入了一个崭新的天地，也给了我自由思想与大胆实践的勇气与决心。

阅读，思考，写作。从牛刀小试，到大刀阔斧。学习的自主权回到了学生手里，师生的阅读面不断扩大，眼界也日益开阔。我们大胆地舍弃了一些平庸的课文，代之以优秀的儿童文学作品及古典诗词。春风和煦的课堂上，孩子们或诵读、或默读、或沉思、或交流。书籍成了我和孩子们最好的营养品，我们由此获得快乐、幸福与前进的力量。

回想这几年来的儿童阅读之旅，一些难忘的瞬间还历历在目。

我的孩子们，他们应该还记得罗尔德·达尔笔下那位具有非凡才能的巧克力制造商威利·旺卡先生吧：

他是一个多么矮小的人啊！

他头上戴着一顶黑色高顶礼帽。

他身上穿着一件漂亮的桃红色天鹅绒燕尾服。

他的裤子是深绿色的。

他的手套是银灰色的。

他的一只手里拿着一根精致的金头手杖。

他的下巴有一小把整齐的黑色尖胡子——山羊胡子。还有他的眼睛——他的眼睛亮得惊人，它们好像一直在闪烁不停。事实上，他满脸焕发着快活的神色。

读这样的文字，我想，就是一个成年人也会心有所动吧。超凡脱俗的想象，生花妙笔，让人物描写变得如此生动可爱、充满魅力！浸染在这样的语言环境中，如何遣词造句，恐怕就不用老师讲解了，孩子们应该各有所悟吧！

还有美国作家玛格丽特·亨利的传奇佳作《风之王》，至今仍深深刻在我们的脑子里。阅读这本书，我和孩子们用了整整一个月的时间，我们是用生命来感悟这本书的！翻开 2009 年我读过的那本书，扉页上的一段话，见证了这弥足珍贵的记忆：

反反复复阅读这本书已不下五遍了，眼前交替出现的是闪或阿格巴的身影，他们历尽磨难但从未屈服于命运。最后，在阿格巴的帮助下，闪凭借他的儿孙们出众的表现赢得了世人的认可。闪用自己的血液书写了一份新的血统书，证明了他的高贵与伟大。

生或死，屈服或抗争，这样的问题也同样出现在我们的生命里。闪的故事引领我们深思：究竟用什么样的方式证明我们自己？

这样的瞬间还有多少，我已无法记清。点点滴滴的记忆，串成了美丽的珠链，在悠长的岁月里，熠熠生辉。

曾有资深语文老师说，我们是“戴着镣铐的舞者”。是的，我也曾经如此。但是，我现在把“镣铐”取下来了，把所有束缚思想的东西逐一卸下。我们也可以是“轻盈的舞者”，我们也可以轻松走过开满鲜花的原野，走到更远的地方。正如印度哲人克里希纳穆提所说，“教育，从本质上来说是给人思想上的自由。”只有开放的教育，才可能给灵魂以真正的自由。心灵自由了，一个人的创造力才可以释放出来。

有人曾问我，最好的阅读方法是什么。我以为，对于阅读教学而言，阅读方法不是最重要的问题。我们固然需要训练学生阅读方法，但我认为，选择好的书籍来阅读更重要。另外，保持儿童的阅读热情，培养儿童对阅读的持久兴趣，也是至关重要的。只要一个孩子热爱读书，并能读到好书，他一定能感受到阅读的快乐。

几年的探索与实践，让我明白了“大道至简”的真意。语文教学之“道”，何尝不是“至简”！简单的道理却不一定容易明白，简单的事情却不一定能坚持到底。

亚伯拉在《犹太人之谜》中记载了这样的故事：一个研究《塔木德》的犹太学者，刚刚结束他的学习生涯，到艾黎扎拉比那里，请求给他写封推荐信，艾黎扎拉比非常热情地接待了他。

“我的孩子，”拉比对他说，“你必须面对严酷的现实。如果你想写作充满知识的书，你就必须像小贩那样，带着坛坛罐罐，挨门挨户地兜售，忍饥挨饿直到 40 岁。”“那我到 40 岁以后会怎样?”年轻的学者满怀希望地问。

艾黎扎拉比鼓励地笑了：“到了 40 岁以后，你就会很习惯这一切了！”

这是一则耐人寻味的故事。对于一件有价值的事情，要想让它成为现实，我们唯有坚持、坚持，再坚持，哪怕忍辱负重。只有让追寻的过程成为一种习惯，成为一种信念，才有希望到达彼岸。

我情不自禁地又想起了刘缗缗同学，想起了她的《安康鱼的幸福静候》，一篇出自六年级学生的习作。

我叫“安康”，是一只再丑陋不过的鱼，我的双眼无法像你们一样看到世间事物的美，但我的生命是明亮的！我曾经也想过为何我叫“安康”，但现在我明白了，因为一个执着的信念和一张地图，让我把爱的种子播撒到了世界上最深、最暗的马里亚纳海沟深处，那颗爱的种子将孕育出更多的“安康”。

虽然安康鱼成长后视力几乎全盲，看不到前面的路，但只要拥有情感和信念，它们就会在心里生长出一盏照亮前路的灯，从而幸福安然地在深海里畅游。

我从被众鱼无视直到追寻到自己生命中的真爱与最美，历经千辛万苦的过程让我懂得：每一个生命都有着独一无二的幸福静候着你，只要你肯追逐自己的梦，即使知道其不可为亦要执着为之。一个追求生命意义的生命即使到达世界上最深最暗的地方，依旧能用心中的光照亮前进的道路。

看看习作下面标注的时间，已经过去半年多了，可是我的心依然未能平静下来。我亲眼见证了一个个孩子的成长蜕变，他们带给了我无数的惊喜与震撼。有时候，推动我继续坚持下去的不是某种信念，而是来自孩子们自身的力量，是他们推着我越走越远。生命原本就是这样，相互摆渡，相互温暖。

如今，我就是那条静静守候幸福的安康鱼，它带给我新的生命体验。在每一个繁忙、喧嚣的日子里，在每一次提笔书写的时候，都让我想起还有那么多可爱的孩子们，他们都期待着有人陪伴他们走过成长的岁月，引领他们走过生命中的幽暗，一直走到天青、水美、阳光灿烂的生命高地。

有那么多的好书相伴，我相信他们都会走得很远。而我，因为曾经和他们一同享受过美好的阅读，这份深厚的情谊也将永驻心间。

感谢相伴的岁月，感谢那些默默支持与帮助过我们的朋友们。成长的路上，因为有了你们的关心与扶持，让我们倍感温馨。

吴书华

2013 年 6 月